Ökonomische Theorie des Tourismus

Reihe »Wirtschaftswissenschaft«, Band 5

Herausgegeben von den Professoren Niklaus Blattner, Dieter Bös, Edwin von Böventer, Bernhard Gahlen, Gerd Hansen, Richard Hauser, Christof Helberger, Reinhard Hujer, Erhard Kantzenbach, Heinz König, Jürgen Kromphardt, Hans-Jürgen Krupp, Karin Peschel, Hajo Riese, Manfred Rose, Kurt-W. Rothschild, Winfried Schmähl, Horst Siebert, Hans Werner Sinn, P. Bernd Spahn, Hans-Jürgen Vosgerau.

Herausgeber und Autoren der Reihe wollen mit anwendungsorientierten Arbeiten, die theoretische Analyse *und* empirische Prüfung verbinden, beitragen zur Lösung der wachsenden Probleme, vor denen die modernen Industrienationen stehen.

Edwin von Böventer, geb. 1931, ist ordentlicher Professor für Volkswirtschaftslehre am Seminar für Empirische Wirtschaftsforschung der Universität München und am Deutschen Wirtschaftswissenschaftlichen Institut für Fremdenverkehr. Autor zahlreicher Bücher, darunter *Theorie des räumlichen Gleichgewichts* (1963), *Standortentscheidung und Raumstruktur* (1969) und *Einführung in die Mikroökonomie* (5. Auflage 1988).

Edwin von Böventer

Ökonomische Theorie des Tourismus

Unter Mitarbeit von Kai Vahrenkamp

Campus Verlag
Frankfurt/New York

CIP-Titelaufnahme der Deutschen Bibliothek

Böventer, Edwin von:
Ökonomische Theorie des Tourismus / Edwin von Böventer.
Unter Mitarb. von Kai Vahrenkamp. – Frankfurt/Main ;
New York : Campus Verlag, 1989
 (Reihe »Wirtschaftswissenschaft« ; Bd. 5)
 ISBN 3-593-34111-5
NE: GT

Das Werk einschließlich aller seiner Teile ist urheberrechtlich geschützt. Jede Verwertung ist ohne Zustimmung des Verlags unzulässig. Das gilt insbesondere für Vervielfältigungen, Übersetzungen, Mikroverfilmungen und die Einspeicherung und Verarbeitung in elektronischen Systemen.
Copyright © 1989 Campus Verlag GmbH, Frankfurt/Main
Umschlaggestaltung: Atelier Warminski, Büdingen
Satz: VPA, Landshut
Druck und Bindung: KM-Druck, Groß-Umstadt
Printed in Germany

Dankbar

gewidmet:

Weit Gereisten

Weiter Schauenden

Inhalt

Einführung 15

Erstes Kapitel
Ferienreisen als ökonomische Güter 19

I. Ferienreisen im Rahmen der ökonomischen Theorie 19
   a) Der Charakter des Gutes Ferienreisen 19
   b) Einordnung in die Fragestellung der ökonomischen Theorie .. 22

II. Fremdenverkehr und Raumwirtschaftstheorie 24
    a) Typen der Tourismus-Nachfrage 24
    b) Beziehungen zur herkömmlichen Raumwirtschaftstheorie ... 26
    c) Notwendige Modellerweiterungen 27

III. Wichtige Ansätze zur mikroökonomischen Grundlegung der Theorie des Tourismus 29
     a) Bedeutung der Entfernung: »Theorie der Peripherie«, Kosten und Mühen 29
     b) Reisekosten und Gravitationsansätze 31
     c) Zusammenfassung 32

Zweites Kapitel
Die Struktur der Reiseausgaben 34

I. Ansatzpunkte zu einer Analyse der Reiseausgaben 34
II. Einfache Modellbetrachtungen: die Nachfrageseite 40

a) Ansätze und Fragen 40
b) Möglichkeiten aggregierter Modellbildung: unterschiedliche Präferenzen und Zufallseinflüsse 41
c) Strukturen der Bevölkerung und ihre Reisegewohnheiten; Trends und Prognosen 43
d) Ansätze für empirische Untersuchungen 46

III. Strukturen der Ausgaben 47
a) Qualitätsstrukturen und beeinflussende Faktoren 47
b) Regionale und internationale Strukturen 49

Drittes Kapitel
Makroökonomische Betrachtungen 54

I. Einkommen, Tourismusausgaben und Tourismuseinnahmen eines Landes 54

II. Das Angebot in makroökonomischen Modellen 56

III. Wechselseitige Abhängigkeiten im Tourismus 58
a) Das Einkommen eines Reiselandes: Export-Basis-Ansätze ... 58
b) Wechselseitige Zusammenhänge zwischen Sektoren und Ländern 61

Viertes Kapitel
Theorie der Urlaubsfläche: Reiseentfernungen und Urlaubsdauer 64

I. Theoretische Grundlagen 64

II. Grundmodelle zur Bestimmung von Reiseentfernungen und Aufenthaltslängen 66
a) Annahmen und Fragestellungen 66
b) Das Grundmodell mit entfernungsabhängigen Aufenthaltskosten 68
1. Konsummöglichkeiten 69
2. Haushaltspräferenzen 71
c) Erweiterungen 73

    1. Unterschiedliche Präferenzen verschiedener Haushalte 73
    2. Bedeutung der Zeitbeschränkung 74
    3. Die Verteilung der Urlauber im Raum 75
 III. Einkommens- und Preisänderungen:
    komparativ-statische Analyse 76
    a) Erhöhung des Einkommens 77
    b) Senkung der Aufenthaltskosten 78
    c) Senkung der Fahrtkosten 81
 IV. Positive Wertschätzungen der Ferne 83
    a) Einleitung 83
    b) Das Modell 83
  V. Die Gesamtverteilung der Urlauber 85
    a) Theoretischer Zusammenhang zwischen den verschiedenen
       Modellen 85
    b) Verteilung bei Kostenminimierung und Entfernungs-
       maximierung 86

Fünftes Kapitel
Standortwahl auf der Urlaubsfläche: Das theoretische
Instrumentarium der Preis-Indifferenz-Funktionen 88

  I. Vorbemerkungen zur Behandlung von Preisvergleichen 88
    a) Ziele dieses Kapitels 88
    b) Beziehungen zu den Ansätzen in Kapitel 4 89
 II. Auswahl unter verschiedenen Gütern und Urlaubsorten 90
    a) Die Behandlung verschiedener Arten von Alternativen 90
    b) Darstellung verschiedener Indifferenzkonzepte 91
 III. Preis-Indifferenz auf einer homogenen Urlaubsfläche 95
    a) Allgemeine Modellformulierung 95
    b) Graphische Ableitung von Preis-Indifferenzlinien 98
 IV. Standortwahl auf der Fläche: die optimale Urlaubsreise 101
    a) Die optimale Reiseentfernung: Gegenüberstellung von
       hypothetischen und tatsächlichen Preisen 101
    b) Die Reiseempfindlichkeit der Urlauber 103

c) Beziehung zur landwirtschaftlichen Standortlehre 107

V. Die optimale Qualität des Urlaubs 109
   a) Die Behandlung von Qualitäten in Optimierungsmodellen ... 109
   b) Das Qualitätsoptimum 111
   c) Einkommen und Qualität 112

Sechstes Kapitel
Theorie der homogenen Urlaubsfläche: Erweiterungen 115

I. Einleitung 115

II. Die Erfassung wirtschaftlich relevanter Wechselbeziehungen ... 115
   a) Möglichkeiten zur Behandlung des Angebots 115
   b) Direkte externe Effekte zwischen Urlaubern 116

III. Das Modell mit nachfrageabhängigen Aufenthaltspreisen 118
   a) Das Grundmodell 118
   b) Der Zusammenhang zwischen Aufenthaltspreis, Urlauber-
      dichte und optimaler Entfernung 120
   c) Modifikation bei positiven Entfernungspräferenzen 121

IV. Maximierung des »Freiraums in der Natur«:
die Urlauberzahl als negativer externer Effekt 122
   a) Allgemeine Überlegungen 122
   b) Das Modell 123
   c) Ergebnisse bei nachfrageabhängigem Aufenthaltspreis 124
   d) Zusammenfassender Vergleich der behandelten Ansätze 125

V. Urlaubsangebot und -nachfrage:
ein integriertes Gleichgewichtsmodell 126
   a) Einführung 126
   b) Die Modellannahmen 127
      1. Die Angebotsseite 127
      2. Die Nachfrageseite 127
   c) Das Gesamtsystem 129

Siebtes Kapitel
Differenzierte Urlaubsflächen, Wechselbeziehungen in den Präferenzen und die Wahl des Urlaubsortes im Zeitablauf 130

I. Einleitung: von der homogenen zur differenzierten Fläche 130
   a) Die veränderte Fragestellung 130
   b) Freizeitaktivitäten und Angebotsfaktoren: allgemeine Zusammenhänge 131
   c) Das Anbieterverhalten: Arbeitsteilung, Spezialisierung und Zusammenarbeit 133

II. Wahl zwischen verschiedenen Orten: theoretische Grundlagen .. 134
   a) Vergleich, Bewertung und Auswahl 134
   b) Grundlage für empirische Anwendungen 137

III. Besondere Einflüsse der Zeit und Wechselbeziehungen in den Präferenzen 139
   a) Änderungen in den Präferenzen der Urlauber 139
   b) Wechselbeziehungen: Mitläufereffekte, Snob-Effekte, Modeeinflüsse 143

IV. Zeit, Raum und Abwechslung bei Ferienreisen 148
   a) Der Wechsel zwischen Urlaubszielen 148
   b) Die Erlebnisdichte im Raum 153

V. Die saisonale Verteilung der Reiseausgaben 156
   a) Einleitung 156
   b) Die Wahl der Urlaubssaison 158
   c) Heterogene Präferenzen und die saisonale Verteilung der Urlaubsnachfrage 159
   d) Die Beeinflussung der Saisonnachfrage: saisonale Ausgleichspolitik 162
      1. Saisonale Preisdifferenzierung 162
      2. Veränderung der saisonalen Attraktivität 163
   e) Die saisonale Urlauberdichte und externe Effekte 163

Achtes Kapitel
Angebot und Nachfrage an einem Ferienort:
Wechselbeziehungen zwischen Urlaubsaktivitäten 165

I. Urlauberziele und Aufenthaltsexternalitäten 165
   a) Einleitung 165
   b) Variable und fixe Nutzungsintensitäten 167

II. Die optimale Nutzung einer Freizeitattraktivität 167
   a) Der Modellansatz mit externen Effekten 167
   b) Steuerungsmöglichkeiten über den Preis 170
   c) Gewinn- und Wohlfahrtsmaximierung 173

III. Erweiterungen: Kosten und komplementäre Einrichtungen 174
   a) Die Existenz einer Konkurrenzaktivität 174
   b) Kosten der Nutzung der Ressource 175
   c) Produzierte Ferieneinrichtungen 181

IV. Anpassungen bei verschiedenen Ferieneinrichtungen 184
   a) Das Optimierungsmodell 184
   b) Kapazitätserweiterungen, Anpassungen auf der Nachfrage-
      seite und die optimale Angebotspolitik 185
   c) Größenstrukturen 185

Neuntes Kapitel
Strukturen von Feriengebieten 188

I. Der Rahmen der Analyse 188
   a) Einleitung 188
   b) Möglichkeiten eines theoretischen Modells 190

II. Die Ortsgrößenstruktur 191
   a) Die Annahmen des Modells 191
   b) Ortsgrößen: Vielfalt, Kosten und Präferenzen 193
   c) Optimale Ortsgrößenzuordnungen 195

III. Die Verteilung der Ferienorte im Raum 200
   a) Zwischenörtliche externe Effekte: die Fremdenverkehrs-
      Potentialvariable 200

  b) Die Verteilung der Orte im Raum 203
  c) Die Lagepräferenzen innerhalb der Orte 204
  d) Die Anpassungen des Systems 208

 IV. Eigenschaften der gesamten Ferienregion 211
  a) Zusammenfassung 211
  b) Ausblick: die Anpassung der Raumstruktur 212

Zehntes Kapitel
Entwicklungstendenzen des Tourismus 214

 I. Grundlagen und wichtige Einflußfaktoren 214
  a) Betrachtungsmethoden und Ziele 214
  b) Relativ »sichere Variablen«: Fortsetzung bisheriger Trends .. 216
  c) Einstellungen und institutionelle Faktoren 217

 II. Reiseausgaben in der Zukunft 220
  a) Die Gesamtausgaben 220
  b) Die Reiseentfernungen 222
  c) Qualitäten und Entfernungen 224

 III. Die Entwicklung der Raumstruktur 225
  a) Freizeit, Nachfrage und Agglomerationseffekte 225
  b) Einflüsse auf die Gesamtstruktur 226

Literaturverzeichnis 228

Einführung

Die vorliegende Abhandlung soll den Tourismus als einen Gegenstand ökonomisch-theoretischer Forschung darstellen und damit dem Gewicht der Reisetätigkeiten innerhalb der gesamtwirtschaftlichen Aktivitäten Rechnung tragen.

Der Fremdenverkehr hat sich aus bescheidenen Anfängen seit der Mitte des letzten Jahrhunderts zu einem sehr bedeutenden Wirtschaftszweig entwickelt. Dies gilt vor allem für die europäischen Alpenländer, aber auch für die Mittelmeerstaaten sowie einige Entwicklungsländer, für die der Fremdenverkehr zu einer der wichtigsten Devisenquellen geworden ist. Auch in der Bundesrepublik Deutschland gehört die Tourismusindustrie heute zu den am stärksten expandierenden Wirtschaftszweigen.

Mit seiner wachsenden Bedeutung hat der Fremdenverkehr zunehmend wissenschaftliches Interesse gefunden. Schon früh haben sich auch die Wirtschaftswissenschaften mit diesem Untersuchungsobjekt befaßt; die ersten volkswirtschaftlichen Studien erschienen zu Beginn dieses Jahrhunderts. An der Handelshochschule in Berlin entstand 1929 ein »Forschungsinstitut für den Fremdenverkehr«, das sich zu einem wesentlichen Träger der deutschen Fremdenverkehrsforschung entwickelte. In der Nachkriegszeit konnte 1951 mit der Gründung des »Deutschen Wirtschaftswissenschaftlichen Instituts für Fremdenverkehr an der Universität München« an diese Forschungstradition angeknüpft werden.

Die ökonomische Fremdenverkehrsforschung ist traditionell stark praxisbezogen und eher an betriebswirtschaftlichen Problemen und Denkweisen orientiert. Weiten Raum nehmen Aspekte wie Fragen des touristischen Marketing oder der Hotelführung ein. Volkswirtschaftliche Arbeiten haben sich mit dem Tourismus vor allem im Hinblick auf zahlungsbilanzpolitische Probleme und auf seine Bedeutung für die wirtschaftliche Entwicklung bestimmter Regionen und Länder beschäftigt. Sie basieren zum großen Teil auf der statistischen Auswertung der mittlerweile sehr umfangreichen Fremdenverkehrsstatistik.

Obwohl schon früh vereinzelte theoretische Beiträge erschienen, besteht ein Mangel an einer systematischen theoretischen Fundierung. Eine »ökonomische Theorie des Tourismus«, die fest innerhalb des umfangreichen theoretischen Lehrgebäudes verankert ist und das analytische Instrumentarium der Volkswirtschaftslehre in Theorie und Anwendung systematisch nutzt, existiert bisher nicht.

Ziel der vorliegenden Abhandlung ist es in diesem Sinne, einen Beitrag zu einer systematischen Integration einer Theorie des Fremdenverkehrs in die ökonomische Theorie zu leisten. Neben der Entwicklung eines grundsätzlichen Bezugsrahmens für die (theoretische und empirische) ökonomische Analyse touristischer Phänomene stehen dabei zwei Fragestellungen im Vordergrund:

– Wie lassen sich die einzelwirtschaftlichen Entscheidungsprozesse der Reisenden im Rahmen formaler Optimierungsmodelle abbilden und was sind die wesentlichen Determinanten und Ergebnisse dieser Entscheidungen?
– Welche Konsequenzen ergeben sich aus den individuellen Nachfragen nach Ferienreisen und den zwischen touristischen Anbietern und Nachfragern bestehenden Wechselbeziehungen für die Herausbildung touristisch geprägter Raumstrukturen?

Im ersten Kapitel werden die spezifischen Eigenschaften touristischer Güter herausgearbeitet, an die eine ökonomische Analyse anknüpfen kann, und die Verbindungen einer ökonomischen Theorie des Tourismus zur traditionellen Raumwirtschaftstheorie beschrieben.

Das zweite Kapitel definiert mögliche Ansatzpunkte für die Analyse von Reiseausgaben und entwickelt Ansätze zur einzel- und gesamtwirtschaftlichen Modellierung der touristischen Nachfrage.

Das dritte Kapitel stellt die Integration von Tourismuseinnahmen und -ausgaben in ein einfaches makroökonomisches Modell dar und untersucht insbesondere die Einkommenswirkungen des Exportes touristischer Dienstleistungen.

Im Mittelpunkt des vierten Kapitels steht die Entwicklung eines mikroökonomischen Grundmodells, aus dem sich die individuelle Tourismusnachfrage ableiten läßt. Dabei wird zunächst unterstellt, daß das in Frage kommende Feriengebiet homogen ist, d.h. die möglichen Urlaubsorte unterscheiden sich nur in den Entfernungen vom Wohnort und in den Aufenthaltskosten, nicht aber in ihrer Attraktivität.

Das fünfte Kapitel zeigt, wie sich die Standortentscheidungen der Reisenden aus Vergleichen der Zahlungsbereitschaft der Urlauber für den Urlaub an verschiedenen Orten mit den jeweiligen tatsächlichen Aufenthaltspreisen ableiten lassen, und untersucht den Einfluß verschiedener Urlaubsqualitäten.

Das sechste Kapitel analysiert, wie sich die einzelwirtschaftlichen Urlaubsentscheidungen gegenseitig beeinflussen und entwickelt ein Gleichgewichtsmodell, mit dem die bisher als exogen unterstellte Struktur der Aufenthaltspreise endogen bestimmt werden kann.

Im siebten Kapitel wird die unrealistische Annahme einer homogenen Fläche aufgegeben und untersucht, wie sich die Standortentscheidungen für heterogene Urlaubsorte bestimmen lassen. Präferenzänderungen im Zeitablauf und Wechselbeziehungen in den Präferenzen durch Mitläufereffekte werden berücksichtigt; anschließend wird ein Modell entwickelt, das den Wechsel des Urlaubsortes erklärt. Der letzte Abschnitt untersucht das Problem der saisonalen Verteilung der Urlaubsnachfrage.

Das achte Kapitel diskutiert die volkswirtschaftlich optimale Nutzung einer Freizeiteinrichtung, deren Nutzung externe Effekte verursacht, und erläutert ökonomische Steuerungsmöglichkeiten. Dabei wird sowohl unter der Annahme gegebener Kapazitäten argumentiert als auch die Möglichkeit von Kapazitätserweiterungen und die Existenz konkurrierender Einrichtungen berücksichtigt.

Im neunten Kapitel wird die optimale Struktur eines Feriengebietes abgeleitet; dabei werden nacheinander die Ortsgrößenstruktur der Ferienorte, sodann deren räumliche Anordnung unter Beachtung der zwischenörtlichen externen Effekte und schließlich die Verteilung der Urlauber in den Ferienorten bestimmt.

Das letzte Kapitel enthält einen zusammenfassenden Ausblick auf wichtige Entwicklungstendenzen des Tourismus und erörtert insbesondere die Folgen für zukünftige Veränderungen der Raumstruktur der Feriengebiete.

*

Eine erste Fassung dieser Arbeit ist in den Jahren 1985 und 1986 im Rahmen eines Forschungsauftrags der Akademie für Raumforschung und Landesplanung konzipiert worden. Für tatkräftige Unterstützung spreche ich besonders dem damaligen Generalsekretär der Akademie, Karl Haubner, meinen verbindlichen Dank aus, auch für die Gelegenheit, im Rahmen eines Arbeitskreises der Akademie über Teile der Arbeit zu referieren.

Die Arbeit ist seitdem in Zusammenarbeit mit Kai Vahrenkamp erweitert und wesentlich verbessert worden. Kai Vahrenkamp hat das Ganze im Hinblick auf Konsistenz der Argumentation gründlich überarbeitet und dabei so viele konstruktive Verbesserungen eingebracht, daß es gerechtfertigt ist, ihn als Mitarbeiter ausdrücklich aufzuführen.

Für kritische Durchsicht und vielerlei Anregungen danke ich herzlich Gisela Gerhardt, Petra Gross, Robert Koll, Johannes Wackerbauer und Henning Wüster. Mein Dank gebührt ebenso dem Deutschen Wirtschaftswissenschaftlichen Institut für Fremdenverkehr, insbesondere den Herren Alfred Koch und Manfred Zeiner für ihre Unterstützung. Last not least gebührt ganz herzlicher Dank Irmgard Fischer und Brigitte Gebhard für außerordentlich kompetentes und geduldiges Anfertigen verschiedener Versionen des Manuskripts.

Am meisten danke ich meiner Frau Maria und unserem Jüngsten Hans für liebevolles Verständnis und Geduld.

Schäftlarn, im Mai 1988   Edwin von Böventer

Erstes Kapitel
Ferienreisen als ökonomische Güter

I. Ferienreisen im Rahmen der ökonomischen Theorie

a) Der Charakter des Gutes Ferienreisen

Beim Gut *Ferienreisen* haben wir es mit einem komplexen Gut zu tun, das in unzählig vielen Varianten in sehr vielen stark differenzierten Qualitäten angeboten wird beziehungsweise in vielfältiger Weise gestaltet werden kann und welches aus mannigfaltigen, zum Teil widersprüchlichen Motiven nachgefragt wird. Man kann mehr oder weniger weit, mehr oder weniger bequem und schnell reisen, sich mehr oder weniger komfortabel unterbringen lassen und tagsüber auch sehr unterschiedlich hohe Summen für ganz unterschiedliche Zwecke ausgeben, und man kann mehr oder weniger lange bleiben: Man kann von den eigenen Tapeten und anderen Menschen weg, aber auch zu anderen Menschen und zu Erlebnissen hin wollen, Neues sehen oder sich einfach ausruhen wollen. Dabei kauft man einen großen Teil der Güter, die man zu Hause konsumiert, aber auch andere Arten von Gütern: Dienstleistungen in Form von Beförderungsleistungen und viele verschiedene Dienstleistungen in Form der gebotenen Natur und Erholung, der jeweils gebotenen Geselligkeit und Abwechslung oder in Form der dargebotenen historischen Schätze oder auch der modernen Kunst.

Das einzelne Gut »Ferienreise« besteht aus vielen Einzelelementen mit vielen verschiedenen Einzelmerkmalen. Es ist deshalb nicht sinnvoll zu versuchen, ein typisches ökonomisches Gut »Reise« zu definieren.[1] Zweckmä-

---

[1] Zum Problem der Differenzierung von Fremdenverkehrsarten, sowie zu definitorischen Abgrenzungen vgl. u.a. Kaspar (1986).

ßiger ist es, für verschiedene Analysezwecke jeweils bestimmte Merkmale – mit möglicherweise systematischen Variationen in den Merkmalsausprägungen – herauszugreifen, diese in Einzelmodellen zu analysieren und später eine Verallgemeinerung oder Synthese anzustreben.

Auf dem Wege dahin halten wir zunächst einige vom ökonomischen Standpunkt wesentliche Eigenschaften fest, in denen sich – ganz allgemein gesprochen – Reisen unterscheiden: Hier ist zuerst zu nennen der
– Typ der Reise: Dieser steht häufig aber nicht immer mit dem *Zweck* oder dem *Motiv* im Zusammenhang und kann in folgender Weise nach den angestrebten Objekten klassifiziert werden:
– Natur,
– Freizeiteinrichtungen,
– Kunst und Geschichte.

In jedem Falle kommt es zu Kontakten mit anderen Menschen[2]: So können gleichzeitig entweder
– Geselligkeit und Kontaktaufnahme zu anderen Menschen Ziele an sich sein beziehungsweise jeweils mehr oder weniger im Vordergrund des Interesses stehen. Der Urlaub kann in jedem Fall mehr oder weniger
– aktiv gestaltet oder aber
– passiv erlebt werden. Schließlich wird in allen Fällen eine
– Nachfrage nach Dingen des täglichen Bedarfs entfaltet, welche sich mehr oder weniger von der »normalen« täglichen Nachfrage unterscheidet.

Bei jedem Reisetyp hat man auch bei größter Vereinfachung die folgenden Dimensionen zu unterscheiden:
– die Entfernung vom Wohnort und die für die Reise gewählte Route,
– die Dauer des Aufenthalts wie auch die Länge der Reise selbst,
– die Qualität der Reise: das Komfort-Niveau bei der Fahrt und beim Aufenthalt, sowie schließlich
– den Zeitpunkt der Reise als die Saisonkomponente, wobei alle diese Dimensionen mehr oder weniger unabhängig voneinander variiert werden können, allerdings nicht immer unabhängig vom Zweck der Reise.

Die Entscheidungen über die genannten Variablen unterliegen meistens zwei Beschränkungen: Neben die
– Ausgabenbeschränkung tritt eine

---

[2] Mit den Aktivitäten der Urlauber befaßt sich ausführlich die alljährlich durchgeführte Reiseanalyse des Studienkreises für Tourismus, Starnberg; publiziert wird eine Kurzfassung mit den wesentlichen Ergebnissen.

– Zeitbeschränkung.
Letztere bezieht sich auf längere Urlaubszeiten, kürzere Ferien und auch auf Wochenenden. Je nach den Wünschen der einzelnen und den vorhandenen Ausgaben- und Zeitbudgets können somit mehr oder weniger viele weite und unterschiedlich aufwendige
– lange Urlaubsaufenthalte,
– kurze Ferienaufenthalte oder
– schnelle Wochend- und Ausflugsfahrten
vorgesehen werden.[3] Mit der Ausdehnung der Freizeit und der jährlichen Urlaubszeit hat die Zeitbeschränkung zwar generell an Bedeutung verloren; jahreszeitliche Beschränkungen durch die Ferienzeiten im Jahr bleiben jedoch sehr wichtig.

Ein Charakteristikum vieler Reisen ist die
– *gewollte Abwechslung* zwischen einzelnen Reisen: Das heißt, eine Reise kann im allgemeinen nicht für sich allein, sondern muß häufig
– im Zusammenhang mit früheren und mit für die Zukunft geplanten Reisen gesehen werden.

Bei vielen Reiseplanungen ist
– die unvollkommene Information (vgl. Datzer, 1983)
über den Ferienort und die dort möglichen Unternehmungen (manchmal schon wegen des Wetters) ein wichtiges Element.

Somit sind zu den Aufwendungen für eine Reise auch die Kosten der Beschaffung von Information und der dafür notwendige Zeitaufwand zu zählen.

Soweit Urlauber Neues erleben wollen, ist die unvollständige Information nicht nur etwas Lästiges, sondern teilweise erwünscht. Im allgemeinen beschafft man sich ein Minimum an Information über Alternativen und trifft dann entsprechende Vorbereitungen. Es gibt häufig einen zur Auswahl eines bestimmten Ortes führenden – je nach Wünschen der Urlauber natürlich unterschiedlichen – optimalen Kenntnisstand mit (nachfolgender) optimaler Vorbereitung, so daß einige Vorkenntnisse vorhanden sind, und der Reiz des Neuen bleibt. Somit gibt es je nach Situation und Wünschen einen (natürlich nur mit Wahrscheinlichkeiten festzulegenden)
– optimalen Informationsaufwand, dessen Umfang insbesonders auch von der Risikoversion des Urlaubers abhängt.

---

[3] Zur quantitativen Erfassung der einzelnen Reisearten vgl. u.a. Statistisches Bundesamt, Wiesbaden, Fachserie 6. Reihe 7.3 Urlaubs- und Erholungsreisen, sowie die Reiseanalyse des Studienkreises für Tourismus.

Aufgrund der eigenen Erfahrungen, der Berichte anderer Urlauber sowie der Reklame verändern sich laufend die Vorstellungen und Wünsche vieler Urlauber: Stabile Präferenzen sind die Ausnahme, das Auftreten von systematischen Verschiebungen und von Modetrends die Regel. Deshalb sind
– die Präferenzen selbst eine wichtige Variable: Diese sind eine Funktion eigener Erfahrungen, des vorhandenen Informationsstandes und des Verhaltens anderer Menschen
– wie dies in der Theorie des Konsumentenverhaltens auch in bezug auf andere Güter bekannt ist.

Dies ist ein wichtiges Beispiel für das Auftreten von *externen Effekten* im Tourismus. (Vgl. Tschurtschenthaler, 1982)

Externe Effekte treten außerdem bei gegebenen Präferenzen in vielfältiger Weise *an den Urlaubsorten* selbst auf. Dies gilt für die Nachfrager des Gutes Ferienaufenthalt wie auch für die Anbieter.

Die Urlauber erleben externe Effekte in negativer Form beim Konsum im Falle gegenseitiger Behinderung, soweit sie unter Überfüllung der Aufenthaltsplätze leiden beziehungsweise Wartezeiten in Kauf nehmen müssen, was oft schon bei der Reise selbst beginnt und erst bei deren Ende aufhört.

In positiver Form treten externe Effekte auf, soweit die Nähe anderer Menschen und deren Geselligkeit gesucht und geschätzt wird. Ebenso finden sich externe Effekte in vielfältiger Form (positiv und negativ) bei den Anbietern (Produzenten) von Dienstleistungen für Urlauber. Häufig fallen diese Wirkungen in die Kategorie der
– Agglomerationseffekte der Ferienreisen und -Aufenthalte.

Vergleicht man die hier aufgeführten Eigenschaften des Gutes Ferienreise mit denen anderer Güter, so kann man feststellen:

Alle erwähnten einzelnen Eigenschaften finden sich in der Regel *auch* bei *anderen* Konsumgütern. Auffallend sind sie nur in dieser Kombination und in der Vielfältigkeit.

Bevor dies weiter im einzelnen untersucht wird, ist es zweckmäßig, danach zu fragen, wie sich das Gut »Ferienreisen« in den Rahmen der ökonomischen Theorie einfügt.

b) Einordnung in die Fragestellungen der ökonomischen Theorie

Ausgaben für Reisen und Freizeit sind ein Teil der Haushaltsausgaben; sie konkurrieren auf der Nachfrageseite mit anderen Verwendungen der Haushaltseinkommen. Mit diesen Ausgaben werden produzierte Waren und Dienstleistungen in Anspruch genommen und natürliche Ressourcen genutzt. Die Anbieter dieser Leistungen konkurrieren bei deren Bereitstellung mit anderen Verwendungen volkswirtschaftlicher Ressourcen. Die ökonomische Theorie der Ferienreisen und der Freizeitausgaben muß deshalb in der Haushaltstheorie wie auch in der Produktionstheorie verankert sein.

Reise- und Freizeitausgaben müssen als bedeutsamer und auch in der Zukunft weiter anwachsender Teil der gesamtwirtschaftlichen Konsumausgaben und damit als
– ein Bestimmungsfaktor des gesamtwirtschaftlichen Einkommens behandelt und gleichzeitig
– bei der Nutzung des gesamtwirtschaftlichen Produktions- und Umweltpotentials
berücksichtigt werden. Dies gilt für statische einzelwirtschaftliche und gesamtwirtschaftliche Untersuchungen wie auch für dynamische Betrachtungen. In der Zahlungsbilanz vieler Länder sind die Tourismusausgaben ein wichtiger Posten, der in empirischen Untersuchungen über die Außenhandelsströme eine zunehmende Rolle spielt.

Im Rahmen dieser Untersuchung sind folgende Variablen und ihre Ausprägungen von Bedeutung:
(1) Die *Höhe der Gesamtausgaben* für Reisen und Freizeit und deren *Anteil am Budget* der einzelnen Haushalte. (Vgl. Koch, 1980)
(2) Von gleichrangiger Bedeutung ist die Frage, *wo* diese Ausgaben getätigt werden, d.h. in welcher Höhe bereits
am Wohnort Ausgaben getätigt werden und in welcher Höhe Ausgaben *in den Feriengebieten* getätigt werden.
(3) Zu untersuchen ist neben der gütermäßigen und räumlichen Zuordnung bzw. Aufteilung auch die Wahl der *Urlaubszeit* durch die einzelnen Haushalte sowohl hinsichtlich
– der Dauer als auch
– der saisonalen Verteilung der Zeiträume im Jahr.

Dazu kommt die Frage nach der Verteilung der Aktivitäten bzw. Ausgaben *innerhalb* einzelner Feriengebiete – auf Zentren verschiedener Größen, auf Dörfer oder einsam gelegene Anwesen – und damit nach
(4) der räumlichen Struktur der einzelnen Feriengebiete.

Diese Frage schließt in allgemeiner Form die Betrachtung der räumlichen Verteilung der Freizeitaktivitäten an den Wohnorten selbst ein (vgl. Kersiens-Köberle, 1979) und erfaßt gleichzeitig die Saisonkomponente.

Die Reise- und Freizeitaktivitäten haben somit zunächst zwei wichtige allgemeine Aspekte: Die Wahl der *Güter* und die Wahl der *Standorte*. Dazu kommt die Wahl der Jahreszeit. Wichtige *zeitliche* Aspekte treten auch einerseits in Form der Gesamtbeschränkung der Zeit unter Berücksichtigung des jahreszeitlichen Aspektes auf, andererseits wegen der stark eingeschränkten Teilbarkeit der Ferienaufenthalte, welche sich u.a. aus den Fahrtkosten ergibt. Weiterhin ist zu beachten, daß die Entscheidungen über Reisen auch Entscheidungen über den *Transport von Gütern* nach den Angebotsorten der Freizeitaktivitäten implizieren.

Die Entscheidungen über Konsumausgaben für Freizeit und Reisen und über das Angebot von Freizeitkapazitäten sind wechselseitig abhängig, sie implizieren Entscheidungen über die Inanspruchnahme von volkswirtschaftlichen Ressourcen an bestimmten Orten im geographischen Raum.

Beim Angebot sind zwei Ebenen der Betrachtung zu unterscheiden:
Die Betrachtung der
– Angebotsentscheidungen einzelner Anbieter, vor allem über Mengen, Qualitäten, Angebots- und Öffnungszeiten der Fremdenverkehrseinrichtungen, und der
– Arbeitsteilung zwischen verschiedenen Regionen und Ländern aufgrund relativer Angebotsvorteile bei ganz verschiedenen Waren und Dienstleistungen und aufgrund der Lage, hier der Entfernungen von den Wohnorten potentieller Urlauber.

II. Fremdenverkehr und Raumwirtschaftstheorie

a) Typen der Tourismus-Nachfrage

Unter den touristischen Aktivitäten sind längere Ferienreisen von besonderem Interesse. Diese unterliegen neben der Ausgabenbeschränkung einer wesentlichen Zeitbeschränkung, wobei zum einen für die meisten Urlauber die Urlaubszeit durch arbeits- oder tarifvertragliche Regelungen begrenzt ist und zum anderen saisonale Restriktionen für bestimmte Freizeitaktivitäten bestehen.

Für die späteren theoretischen Untersuchungen und insbesondere die Spezifizierung von Modellen ist es zweckmäßig, die Ziele oder Zielorte von

Reisen und Urlaubsaufenthalten in drei Kategorien zu unterteilen, die in der Wirklichkeit zwar häufig kombiniert werden, theoretisch aber unterschiedlich zu behandeln sind:
(1) bestimmte *Anziehungspunkte*, welche naturgegeben oder produziert sein können: Zum Beispiel ein Wasserfall oder ein historisches Bauwerk oder eine Gemäldesammlung,
(2) die »*Natur allgemein*« mit gewissen klimatischen Eigenschaften in bestimmten Feriengebieten,
(3) bestimmte *Freizeiteinrichtungen* mit Agglomerationen von Menschen, wobei die Agglomeration einer Mindestzahl von Urlaubern
(a) wegen gewisser *Unteilbarkeiten* beim Freizeitangebot oder allgemein aus *Kosten*gründen die Voraussetzung für ein wirtschaftliches Angebot der Einrichtungen sein kann oder
(b) ein *unmittelbares Ziel* der Urlauber darstellen mag, wenn nämlich Geselligkeit an sich gesucht wird. (Vgl. zu empirischen Ergebnissen über das Reiseverhalten Tietz, 1980: 314ff.)

Im Fall (1) folgt die Urlaubsnachfrage unter Berücksichtigung der jeweiligen Kosten den jeweiligen (historischen) Gegebenheiten auf einer differenzierten Fläche.

Im Fall (2) haben wir *Analogien zur Nachfrage nach Land*, insbesondere für Wohnzwecke, in der städtischen Standortlehre. Diese Art der Analyse gilt immer dann, wenn – im Gegensatz zum gerade erwähnten Fall (3b) – ein jeder Urlauber in gewissem Rahmen einen möglichst großen »Anteil der Fläche« beziehungsweise der Natur für sich allein haben möchte, möglichst wenig gestört werden möchte und daher eine Minimierung der Kontakte mit anderen Menschen sucht, weil deren Nähe als Belästigung empfunden wird, die den Genuß der Natur vermindert.

Im Fall (3) ist die Wirksamkeit von internen und externen Ersparnissen beziehungsweise von positiven und auch negativen Agglomerationseffekten als fundamentales Argument zu berücksichtigen.

Die Analyse konzentriert sich somit – jeweils unter Berücksichtigung von Kosten und Vorteilen – entweder auf (1) einzelne Punkte oder (2) eine Fläche oder (3) Agglomerationseffekte.

In bezug auf die Urlaubsziele und Freizeitaktivitäten kann man entsprechend unterscheiden zwischen
(1) standort-spezifischer Nachfrage,
(2) natur-intensiver Nachfrage und
(3) agglomerations-orientierter Nachfrage.

Diese treten wie schon erwähnt selten in reiner Form, sondern im allgemeinen mit unterschiedlichen Gewichten gemeinsam auf.

Außerdem kann
(4) die Bewegung an sich
eines der Motive einer Reise sein, neben dem Genuß der (wechselnden) Landschaft oder des Meeres, und abgesehen von der Attraktivität bestimmter Ziel- und Aufenthaltsorte.

b) Beziehungen zur herkömmlichen Raumwirtschaftstheorie

Bei der Entscheidung für einen unter verschiedenen möglichen Anziehungspunkten – Fall (1) – werden im allgemeinen verschiedene Standortqualitäten in unterschiedlichen Entfernungen betrachtet und es wird ein optimaler Standort (Ferienort) ausgewählt. Solche Betrachtungen werden auch in Ansätzen der Industriestandortlehre angestellt. (Vgl. etwa Schätzl, 1981, 1983, 1986) Es ist zu prüfen, wie bestimmte dieser Ansätze für die Tourismus-Theorie nutzbar gemacht werden können. Dabei ist im besonderen zu berücksichtigen, daß hier schon deshalb nicht eine Analogie zu einer Transportkosten- plus Produktionskostenminimierung anzustreben ist, weil bei der Wahl eines Reiseziels jeweils nur einer von vielen unterschiedlichen Standorten – mit nur einer relevanten Entfernung vom Wohnort – zu bestimmen ist.

Für die naturintensive Nachfrage in reiner Form wurde schon die Analogie zur städtischen Standortlehre erwähnt. Diese Analogie wäre dann vollständig, wenn im Falle der Stadt nur im Zentrum gearbeitet und eingekauft wird und die Stadtbewohner keinerlei nachbarschaftliche Beziehungen pflegen und im Falle der Wahl des Urlaubsortes alle Einkäufe während des Urlaubs vernachlässigt werden; ein (extremer) Idealfall bestünde darin, daß die Urlauber in sehr beweglichen Zelten kampieren und alle jeweils die Abstände von ihrem nächsten Nachbarn maximieren.

Wird in etwas realistischerer Betrachtung unterstellt, daß sowohl der Genuß der Natur allgemein in bestimmten Feriengebieten als auch der Aufenthalt in bestimmten Ferien-Agglomerationen oder Touristik-Zentren gesucht wird, so ergeben sich Fragestellungen, welche im Prinzip in den Theorien der Struktur der Landschaft analysiert werden, wenn man dabei die Aktivitäten des Staates hinsichtlich der Bereitstellung von Infrastruktureinrichtungen sowie der Festlegung der Nutzungsmöglichkeiten von Ferienstandorten berücksichtigt (in D. Bökemanns Terminologie die »Produktion von Standorten« auch in Urlaubsgebieten – Bökemann, 1982: 327). Diese Beziehung zu Fragen der Landschaftsstruktur gilt insbesondere dann, wenn gleichzeitig die Natur an sich genossen *und* bestimmte Agglomerationsvorteile wahrgenommen werden sollen. In Landschaftsstrukturmodellen werden einerseits Abstände von Konkurrenten und damit Absatzgebiete maximiert und andererseits wird die Nähe zu anderen Unternehmungen mit dem Ziele der Wahrnehmung von (positiven) Agglomerationseffekten angestrebt. Es wirken jeweils zwei Faktoren in entgegengesetzte Richtungen, und es ist ein Optimum zu bestimmen.

Eine Analogie zu Elementen der Landschaftsstruktur-Modelle besteht auch darin, daß ganz *unterschiedliche Präferenzen* verschiedener Haushalte zu berücksichtigen sind, so wie in Christaller- und Lösch-Ansätzen in der Produktionssphäre für verschiedene Güter unterschiedliche Technologien zugrundegelegt werden, das heißt insbesondere: unterschiedliche Bedeutungen der internen und externen Ersparnisse, der Nutzung des Bodens und der Transportkosten.

Bei der Angebotsseite der Fremdenverkehrseinrichtungen geht es dementsprechend um die Frage, inwieweit eine *Hierarchie* der Einrichtungen und der Fremdenverkehrszentren und inwieweit eine *Spezialisierung und Arbeitsteilung* innerhalb der Erholungsgebiete die jeweilige optimale Lösung darstellen. Dazu gehört die Frage nach dem anzustrebenden institutionellen Regelungen im Fremdenverkehrsangebot und der Rolle der Verbände sowie staatlicher Stellen.

c) Notwendige Modellerweiterungen[4]

Eine wichtige Modifikation herkömmlicher Landschaftsstruktur-Ansätze folgt aus der besonderen Rolle der Zeit.

Erstens wird im Tourismus nicht *ein* optimaler Ort für eine laufende (möglicherweise über die gesamte für die Analyse relevante Zeitdauer sich erstreckende) Produktions- und Konsumaktivität gesucht, sondern optimale Orte werden im allgemeinen lediglich für *beschränkte* Zeiträume gesucht, und zweitens sind die bereits erwähnten Ausgaben- und Zeit-Restriktionen zu beachten.

Dabei sind für verschiedene Freizeitaktivitäten beziehungsweise Reisen

---

[4] Vgl. Akademie für Raumforschung und Landesplanung (1980).

unterschiedliche Zeitbeschränkungen wirksam:
- Jahresurlaubszeit: für eine oder mehrere längere Reisen,
- Freizeit an Wochenenden: für Wochenend-Aktivitäten, sowie
- freie Stunden an einzelnen (Arbeits-)Tagen.

Von den Ansätzen üblicher standorttheoretischer Modelle müssen sich Modelle deshalb in diesen Punkten unterscheiden: Reiseaktivitäten erstrecken sich im Gegensatz zu anderen Konsumaktivitäten (wie die Nutzung von Wohnungen oder Land)
- nicht gleichmäßig über das ganze Jahr und
- wiederholen sich auch nicht regelmäßig wöchentlich oder täglich (wie Essen oder Schlafen).

Häufig handelt es sich um einmalige Entscheidungen. So gibt es hier im Sinne der üblichen mikroökonomischen Theorie kein statisches Gleichgewicht, dessen Verwirklichung als optimal angestrebt werden könnte.

Dies hängt im besonderen, wie bereits erwähnt, damit zusammen, daß
- Reiseentscheidungen im allgemeinen unter unvollständiger Information getroffen werden,
- von vielen Urlaubern bewußt Abwechslung gesucht wird und
- die Präferenzen der vielen potentiellen Urlauber sich ändern.

Was für eine stationäre Wirtschaft gelten würde, trifft erst recht auf eine evolutorische Wirtschaft zu: hierbei sind zusätzlich Änderungen in
- den Einkommen,
- den Technologien vor allem denen der Fortbewegung,
- den Angebotsbedingungen zu beachten, welche alle zu
- Änderungen der relativen Preise, der Mengen und der Möglichkeiten der Erholung und der Beschäftigung bei verschiedenen Urlaubsreisen führen können.

Hinzu kommen in jedem Falle die ebenfalls schon erwähnten Änderungen in den Präferenzen der Haushalte, welche aus *Wirkungen der Reklame* und aus *interpersonellen Interdependenzen* zwischen verschiedenen Haushalten beruhen und sich sowohl in
- Mitläufer- und Snob-Effekten als auch in
- Modetrends und Modezyklen niederschlagen können.

Im Rahmen einer umfassenden Theorie des Urlaubsreiseverkehrs sind deshalb *historische Prozesse* zu erfassen, für die sowohl auf der Nachfrage- wie auch auf der Angebotsseite vielfältige – interdependente – Bestimmungsfaktoren wirksam sind und die Präferenzen selbst teilweise endogene Variablen sind.

III. Wichtige Ansätze zur mikroökonomischen Grundlegung der Theorie des Tourismus

Die bisherigen Erörterungen sollten deutlich machen, daß ein wesentliches Merkmal einer befriedigenden ökonomischen Theorie des Fremdenverkehrs sein muß, die Bedeutung ökonomischer Faktoren herauszuarbeiten: Dabei kommt den Entfernungen und Reisekosten eine zentrale Rolle zu, und die läßt sich am klarsten unter der Annahme einer homogenen Reisefläche herausarbeiten. Bedeutende Werke wie Hunziker und Krapf (1942), so wichtig sie auch für die Praxis und die Formulierung von weitergehenden theoretischen Fragestellungen gewesen sind, bleiben weiterhin wichtig innerhalb einer umfassenden Fremdenverkehrstheorie, sie können aber nicht als Fundament einer solchen Theorie dienen.

a) Bedeutung der Entfernung: »Theorie der Peripherie«, Kosten und Mühen

Einen weitreichenden Anstoß für eine solche Theorie hat, nachdem er 1933 mit seinem genialen Werk »Die Zentralen Orte in Süddeutschland« bleibende Grundlagen für die Theorie der Raumstruktur geschaffen hatte, W. Christaller (1955), gegeben, indem er eine Theorie der Peripherie konzipierte. Christaller sah sie als das Gegenstück zur übrigen Raumwirtschaftstheorie, wie sie von ihm selbst und von A. Lösch (1940) entwickelt wurde. Denn während in der Theorie der Landschaftsstruktur die Wirtschaftssubjekte – die Anbieter von Gütern – zur Mitte, also zu Zentralen Orten hin streben, wollen im Reiseverkehr die betrachteten Wirtschaftssubjekte möglichst weit vom Zentrum weg und zur Peripherie hin.

Mit der Annahme einer homogenen Reisefläche rücken die Reisekosten als ein ökonomischer Faktor in den Mittelpunkt des Interesses. Durch Einkommen und Kosten werden der Reiseentfernung objektive Grenzen gesetzt, innerhalb derer Präferenzen und ökonomische Faktoren das tatsächliche Verhalten bestimmen. Dies gilt – wenn auch in vermindertem Maße – selbst dann, wenn die Fahrtkosten nur einen geringen Anteil der gesamten Kosten des Urlaubs darstellen.

Hier ist die große Leistung Christallers zu betonen. Die Tragfähigkeit seiner Konzepte liegt vor allem darin, daß die ökonomischen, raumbezogenen Überlegungen im Prinzip auf den gleichen Variablen basieren, wie sie sich bei der Konzeption der modernen Raumwirtschaftstheorie schon als fruchtbar erwiesen hatten. Tatsächlich stehen sich auch gar nicht Prinizpien der Entfernungsminimierung und der -maximierung gegenüber. In den Raumstrukturtheorien Christallers und Löschs läßt sich zwar der *erste* Anbieter im Zentrum nieder, weil er dort von den *Nachfragern allgemein* am leichtesten erreichbar ist, er somit also die Entfernung zu den Nachfragern *minimiert*. Betrachtet man aber mehrere oder viele Anbieter, so maximiert ein jeder von ihnen seinen Abstand von den anderen, genauer: von seinen *nächsten Konkurrenten*, weil er so für eine maximale Anzahl von Käufern der nächste Anbieter ist, vorausgesetzt die Nachfrage ist gleichmäßig über die Fläche verteilt.

Suchen die Touristen die Einsamkeit und die Ruhe vor anderen Menschen, so maximieren sie auf einer homogenen Fläche ebenfalls die Abstände von den nächsten Urlaubern. Bei Abwesenheit von Transportkosten und -mühen würden sie sich auch völlig gleichmäßig über diese Fläche verteilen – im Idealfall eben auch in den Zentren von regelmäßigen Sechsecken. Wegen der Transportkosten allein schon ist die Verteilung aber nicht gleichmäßig: in größeren Entfernungen ist immer noch »mehr Platz« als in der Nähe – deshalb der Drang der Urlauber zur Peripherie hin. Auf einer homogenen Urlaubsfläche würde sich ein einziger (oder der »erste«) Tourist auch am nächsten Platz beziehungsweise im Zentrum niederlassen, weil es ja annahmegemäß keine anderen, ihn »behindernden« Touristen gäbe, erst die weiteren maximieren ihre Abstände. (Vgl. von Böventer, 1979: Anhang A zu den Modellen Christallers)

Die Tragfähigkeit der Kombination einer homogenen Urlaubsfläche mit Kosten- und Mühen-Überlegungen hat sich in dem wichtigen Werk H.Todts (1965) erwiesen. Die theoretischen Betrachtungen sind in die Theorie des Haushalts integriert, und sie werden zum Zwecke der Anwendung mit Gravitationsmodellen verknüpft, damit makroökonomische Beziehungen ermittelt werden können. Todt geht davon aus, daß eine jede Reise sowohl mit Geldausgaben als auch mit Mühen verbunden ist und zwischen letzteren Substitutionsbeziehungen bestehen: wer unbequemer reist, spart Geld; die Neigung hierzu nimmt mit dem Alter ab. Je nach *subjektiver Bewertung* ergibt sich eine (vom Ursprung konvexe) Indifferenzfunktion, welche den (objektiven) *Möglichkeiten* der Substitution von Ausgaben durch größere Mühen oder Unbequemlichkeiten – dargestellt durch eine (vom Ursprung gesehen) konkave Substitutionsfunktion – gegenübergestellt wird; so läßt sich eine optimale Reisequalität ableiten, in Analogie zur Bestimmung des Arbeitsangebots in der

Haushaltstheorie. So folgt in komparativ-statischer Analyse aus einer Höherbewertung von Mühen (etwa im Alter) eine Erhöhung der Reiseausgaben und eine Verminderung der Reiseentfernung als optimale Anpassung – und umgekehrt für eine niedrigere Bewertung der Mühen, während eine erhöhte Ausgabenbereitschaft neben höheren Ausgaben die Mühen sinken und damit die Qualität der Reise wie auch deren Entfernung steigen läßt. Die Länge des Aufenthalts wird nicht betrachtet; sie ließe sich mit dem Instrumentarium ebenfalls ableiten.

Für die empirische Anwendung arbeitet Todt mit Wahrscheinlichkeiten und berücksichtigt damit Zufallseinflüsse. Für Entfernungen jenseits einer gewissen Mindest-Reiseweite postuliert er einen negativen Zusammenhang zwischen der Entfernung eines Reiseziels und der Wahrscheinlichkeit seiner Auswahl für eine bestimmte Reise; die (negative) relative Veränderung dieser Wahrscheinlichkeit ist proportional der relativen Veränderung der betrachteten Entfernung – etwa im Vergleich zweier Zielorte. Gleichzeitig ist die Besucherzahl eine Funktion der Bevölkerungszahl der Herkunftsorte. In gleichen Entfernungen werden dabei auch unterschiedlich attraktive Kreissegmente – verschiedene Fremdenverkehrszonen – betrachtet.

b) Reisekosten und Gravitationsansätze

In der Anwendung entspricht der Ansatz von Todt dem der Gravitationsmodelle, und Todt erzielt damit quantitative Ergebnisse, welche in beachtlicher Weise (1) das Verhalten von Urlaubern im Einzugsbereich von Taunus und Odenwald beschreiben und (2) die Bedeutung des Alters der Reisenden quantitativ bestimmen. Todt analysiert dabei Besonderheiten großer Städte und erfaßt Regionen mit unterschiedlichem Reiseverhalten.

Die Beziehung der gewählten Ansätze zu Gravitations- oder Potentialmodellen überrascht nicht, weil im allgemeinen die Kontakte oder Fahrten zwischen zwei Orten auch eine inverse Funktion ihrer Entfernung und (im einfachsten Fall) auch proportional zu den Einwohnerzahlen sind. Die Bevölkerungsverteilung im Raum, insbesondere die Lage und die Attraktivität der Reiseeinrichtungen, werden in Todts Modell als gegeben betrachtet. Die Erfassung tatsächlichen Verhaltens durch einen Gravitationsansatz beinhaltet dabei, daß verschiedene Wirkungsfaktoren vermengt werden. Eine vergrößerte Entfernung bedeutet einerseits eine Höherbewertung des Zieles und andererseits auch erhöhte Kosten: die Entfernungsfunktion ist das kombinierte Ergebnis einer Höherbewertung und einer Bremswirkung der Entfernung – es sei denn, die Höherbewertung entfällt jenseits einer Mindest-Reiseweite; dann ist der reine Gravitationsansatz gerechtfertigt. Eine andere Möglichkeit wäre die, daß (Höher-)Bewertungen und (negativ bewertete) zusätzliche Kosten der Entfernungen in einer festen Relation stehen.

Das bisher umfassendste, theoretisch anspruchsvollste und originellste Modell ist die Theory of Movement von W. Alonso (1978); er verknüpft unter anderem Gravitationsmodelle, Input-Output-Systeme und Markoff-Modelle miteinander, betrachtet Agglomerationseffekte und allgemeine Interdependenzen in einer sehr unterschiedlich interpretierbaren und entprechend vielseitig anwendbaren Struktur eines theoretischen Gesamtmodells.

c) Zusammenfassung

Als vorläufiges Resumée der auf mikroökonomischen Überlegungen basierenden Entwicklungen sei hier folgendes festgehalten:

Entsprechend den Intentionen der Raumwirtschaftstheorie kann die Bedeutung von Entfernungen und Transportkosten dann gut herausgearbeitet werden, wenn dem Modell ein homogene Erholungsfläche zugrunde liegt (denn dann ist die Entfernung zu Wohngebieten in der Tat das einzige Charakteristikum einer Erholungsfläche). In diese Richtung hat Christaller gewiesen.

Als weitere Entwicklung geschieht eine zumindest teilweise Einbettung dieser Überlegungen in die Haushaltstheorie – Todts Intention – bei vorgegebener räumlicher Angebotsstruktur und ebenfalls vorgegebener Bevölkerungsverteilung: Das praktische Ziel ist die Zuordnung von Nachfragern und Angebotsorten von Fremdenverkehrseinrichtungen. Dabei wird allerdings in den Gravitationsmodellen die explizite Verknüpfung mit der Haushaltstheorie aufgegeben, auch wenn Einkommenserhöhungen und die Vermehrung der Freizeit (neben weiteren Faktoren) in die Analyse einbezogen werden: Dies führt zu einer stärkeren Berücksichtigung von sehr komplexen ökonomischen Interdependenzen (bis hin zu Alonsos Ansatz) einerseits und der Analyse von gesellschaftlichen, psychologischen beziehungsweise sozialpsychologischen Faktoren und damit in die Verhaltensforschung im weiteren Sinne andererseits.

Von hier kann die Entwicklung in verschiedene Richtungen weiter getrieben werden. Die eine ist der Ausbau der Fremdenverkehrstheorie als Teil sowohl der Haushaltstheorie als auch der Raumwirtschaftstheorie; ein erster Versuch in dieser Richtung hat von Böventer (1967 a und b) unternommen. Dieser wird auch in den auf diesem Ansatz basierenden Arbeiten weiter verfolgt. Für die Entwicklung einer ökonomischen Theorie des Tourismus bleibt die Bedeutung der Entfernung und der Transportkosten wichtig; darüber hinaus wird es sich als besonders fruchtbar erweisen, die beiden Elemente naturintensive und agglomerationsorientierte Nachfrage in unterschiedlicher Weise miteinander zu kombinieren. Eines der Ziele muß die Ableitung einer räumlichen Struktur der Angebotsorte selbst sein, also einer Raumstruktur der Feriengebiete. Dabei ist die Berücksichtigung von externen Effekten insbesondere in der Form von Agglomerationseffekten ein wichtiges Element. Von hier aus führt die Analyse in die Betrachtung der Angebotsfaktoren im Fremdenverkehr und der Möglichkeiten wirtschaftspolitischer Beeinflussung und damit schließlich auch in die Wirtschafts- und Regionalpolitik, also zu makroökonomischen Fragestellungen.

Eine andere Richtung weist in die erwähnte Sozialforschung auf dem Gebiet des Fremdenverkehrs. Diese ist wichtig für die Beschreibung oder Erklärung des Konsumentenverhaltens in einer Welt mit gegebenen differenzierten Urlaubsgebieten. Wichtige Arbeiten auf diesem Gebiet sind die von Mazanec (1981, 1983) und Barff, MacKay, Olshavsky (1982). Mit Analysen der beobachteten Veränderungen in Verhaltensweisen wie auch der Erwartungen über Verhaltensänderungen können im Verein mit Untersuchungen über Bewegungen von Einkommens-, Preis- und Kostenfaktoren und von Freizeiteinflüssen wichtige Änderungen in den Reiseentscheidungen in der Vergangenheit und der Zukunft erfaßt beziehungsweise prognostiziert werden. Nicht die Angebotsstruktur oder die Raumstruktur der Feriengebiete selbst kann damit erklärt werden: Die wichtige Funktion solcher Arbeiten besteht – als ein grundlegendes Ziel sozialgeographischer Arbeiten – in der Analyse von Veränderungen überkommener Raumstrukturen.

Zweites Kapitel
Struktur der Reiseausgaben

I. Ansatzpunkte zu einer Analyse der Reiseausgaben

Als Einführung in die weitere Analyse erscheint es zweckmäßig, die Reiseausgaben an Hand einer Übersicht (Abbildung 2.1) zu erläutern, welche die Entscheidungsprozesse sowie verschiedenen Aspekte beziehungsweise Dimensionen zum Ausdruck bringt und gleichzeitig als Grundlage für mikroökonomische und makroökonomische Betrachtungen dienen kann. Die Reiseausgaben R_t^k einer Herkunftsregion k im Jahr t werden dabei als
– Ergebnis eines *Entscheidungsprozesses*
– in ihren verschiedenen *Qualitäts*komponenten sowie
– in ihren *zeitlichen* saisonalen Aspekten und in
– ihren *räumlichen* Dimensionen gesehen.

Da dieselben Beiträge nur jeweils von verschiedenen Seiten betrachtet werden, sind die angegebenen Summen notwendigerweise identisch. Gleichzeitig sind alle vier Aspekte wechselseitig voneinander abhängig.

In die Entscheidungsprozesse zur Bestimmung der individuellen Reiseausgaben R_t^{kh} des Haushalts h aus der Herkunftsregion k während der Periode t gehen folgende Einflußfaktoren ein:
– das gegenwärtige Einkommen Y_t^h,
– das zu Beginn der Periode vorhandene Vermögen V_t^h,
– die für Reisen verfügbare Zeit $\bar{D}_t^h$,
– die Informationen des Haushalts über verschiedene Urlaubsmöglichkeiten J_t^h,
– die Präferenzen des Haushalts U_t^h sowie
allgemeine Einflußfaktoren (der Vektor der relevanten Preise p_t, der Einfluß demographischer Faktoren und Siedlungsstrukturen B_t und globale Entwicklungstrends T_t):

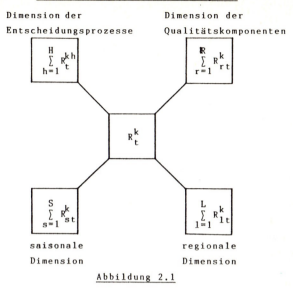

Abbildung 2.1

(2.1) $R_t^{kh} = R_t^{kh} (Y_t^h, V_t^h, \bar{D}_t^h, J_t^h, U_t^h, p_t, B_t, T_t)$

Die gesamten Reiseausgaben aller H Haushalte der Region k ergeben sich als Summe der individuellen Ausgaben:

(2.2) $R_t^k = \sum_{h=1}^{H} R_t^{kh}$

Auf einer anderen Ebene können die Reiseausgaben in ihrer qualitativen Struktur analysiert werden. Als wichtigste Qualitätskomponenten seien hier erwähnt
– die Reise- bzw. Aufenthaltsdauer D,
– die Entfernung W der Zielregion von der Herkunftsregion,
– die Fahrtkosen F,
– die Qualität der Unterkunft sowie
sonstige spezifische Nutzungen und Qualitäten Q (als zusammenfassende Restgröße).

Jeder denkbare Reisetyp RT_r zeichnet sich durch eine bestimmte Ausprägung der Qualitätskomponenten aus:

(2.3) $RT_r = RT_r (D_r, W_r, F_r, Q_r)$

Die Reiseausgaben einer Region k für einen bestimmten Reisetyp ergeben sich dann multiplikativ aus dem entsprechenden Preisvektor p_{rt}, dem Reisetyp RT_r, der spezifischen Reise(typ-)intensität der Region RI_{rt}^k (gemessen durch die Häufigkeit der Wahl dieses Typs) und der Anzahl der Haushalte N_t^k aus der Region k:

(2.4) $R_{rt}^k = p_{rt} RT_r RI_{rt}^k N_t^k$

Die Summe der typspezifischen Ausgaben entspricht wieder den gesamten Ausgaben:

(2.5) $R_t^k = \sum_{r=1}^{R} R_{rt}^k$

In zeitlicher Dimension kann die Verteilung der Reiseausgaben in saisonaler Hinsicht betrachtet werden:

(2.6) $R_t^k = \sum_{s=1}^{S} R_{st}^k$, s = Saisonindex

Schließlich kann auf der räumlichen Ebene untersucht werden, in welcher Weise sich die Reiseausgaben auf die verschiedenen Zielregionen verteilen:

(2.7) $R_t^k = \sum_{l=1}^{L} R_{lt}^k$, l = Index der Zielregion

Eine mikroökonomische Analyse geht von den in Abbildung 2.1 angedeuteten Elementen aus und versucht, die wechselseitigen Abhängigkeiten quantitativ (ökonometrisch) zu ermitteln und gleichzeitig weiter zu nutzen – einerseits für die Abschätzung in der Wirklichkeit quantitativ nicht genügend zuverlässig erfaßter Größen, andererseits für die Abschätzung beziehungsweise die Prognose zukünftiger Entwicklungen. Hierfür ist wie erwähnt eine Aggregation notwendig: deren Problematik ist zu erörtern.

Die Aggregation über sämtliche Haushalte der Herkunftsregion k liefert ex post die notwendigerweise identischen Reiseausgaben während des Zeitraums t:

$$(2.8) \quad \sum_{h=1}^{H} R_t^{kh} = \sum_{r=1}^{R} R_{rt}^{k} = \sum_{s=1}^{S} R_{st}^{k} = \sum_{l=1}^{L} R_{lt}^{k} = R_t^{k}$$

Die Reiseausgaben R_t^k werden in der Ursprungsregion k aus Einkommen gespeist und sind damit (überwiegend) eine Funktion der Einkommen Y^{kh} (zeitlich zunächst nicht spezifiziert), gleichzeitig tragen sie in der Zielregion 1 zur Einkommensbildung bei, zusammen mit den Reise*einnahmen* der Zielregion 1 aus anderen Herkunftsregionen:

$$(2.9) \quad E_t^l = \sum_{k=1}^{K} R_{lt}^{k}$$

Diese letzten Überlegungen führen als andere Seite des Betrachtung zur Analyse
– der *Einkommensbildung* in den Zielregionen,
– der Beeinflussung der *Struktur der Feriengebiete* durch die Reise- und Ausgabenentscheidungen der Urlauber,
– der Entwicklung der Feriengebiete aufgrund von *Investitionsentscheidungen* in der Region 1 und schließlich zu
– der Betrachtung *wirtschaftspolitischer Maßnahmen* und Möglichkeiten auf verschiedenen Ebenen, insbesondere
– der Infrastrukturmaßnahmen und der Entscheidungen über Bebauungs- und Flächennutzungspläne in den Feriengebieten sowie
– der politischen, sozialen und ökologischen Probleme und Konflikte.

Dies wird durch die Abbildung 2.2 in einer groben Übersicht angedeutet. Dabei sind wieder mit entsprechenden Niveaus der Aggregation verschiedene Arten der Betrachtung mit Hilfe mikro- oder makroökonomischer Analysen möglich. In der Größe E_t^l findet wie angedeutet der Wechsel der Betrachtungsweise von der Herkunfts- zur Zielregion statt: Die Entscheidung der Urlauber aus k für ein bestimmtes Zielgebiet l hängt von den Preisen, den gebotenen Qualitäten und Kapazitäten und den Reisekosten nach l im Vergleich zu anderen Zielgebieten sowie von vielen anderen Größen ab, welche im Verlaufe der Analyse von Urlaubsreisen näher zu betrachten sind.

Die Region l hat eine interne Struktur und ist Teil einer größeren Region oder einer Nation. Deshalb sind Investitionsentscheidungen und Entwicklungstrends in wechselseitigen Abhängigkeiten und mit resultierenden Spezialisierungen und Arbeitsteilungen zu betrachten und die wirtschaftspolitischen (lokalen, regionalen, nationalen) Maßnahmen und Entwicklungen auf verschiedenen Ebenen zu sehen. In der Abbildung sind nationale Größen ohne oberen Index angegeben.

Das Untersuchungsfeld der Tourismusökonomie

Relevante Entscheidungsträger :

- private Haushalte (Reisende,Urlauber)
- private Investoren/Unternehmungen
- öffentliche Investoren
- Träger der Wirtschafts/Struktur/Umweltpolitik auf lokaler/regionaler/nationaler Ebene

Zahlungsströme :

- individuelle Reiseausgaben (R_t^{kh})
- lokale/regionale/nationale Reiseeinnahmen (E_t^l, E_t)
- lokale/regionale/nationale Investitionen (I_t^l, I_t)
- lokale/regionale/nationale Einkommen (Y_t^l, Y_t)

Betroffene Strukturen :

- Beschäftigungsstrukturen
- Sektorale Strukturen
- Siedlungsstrukturen
- Infrastrukturen
- natürliche Strukturen
auf lokaler/regionaler/nationaler Ebene

Politische Konflikte/Probleme :

- wirtschaftliche
- soziale
- kulturelle
- ökologische
Probleme der Entwicklung

Abbildung 2.2

II. Einfache Modellbetrachtungen: die Nachfrageseite

a) Ansätze und Fragen

Betrachtet man als Bestimmungsgrund der verschiedenen Ausgaben (zunächst) allein die Rolle der Einkommen der privaten Haushalte, so ergibt sich aus empirischen Untersuchungen, daß (in der Terminologie der ökonomischen Theorie) Ferienreisen *Luxusgüter* darstellen, deren Ausgabenanteil (unter sonst gleichen Bedingungen) mit steigendem Einkommen wächst. (Vgl. z.B. Tietz 1980:300) Dies kann man bei Zugrundlegen entsprechender Präferenzen aus (mikroökonomischen) Überlegungen für einzelne Haushalte ableiten, wie das in Abbildung 2.3 für eine Haushalt h, welchen man hier zunächst als einen repräsentativen Haushalt ansehen mag, geschehen ist. In Analogie zur graphischen Behandlung des Zwei-Güter-Falles für die Aufteilung der Gesamtausgaben des Haushaltes h hat man hier die Aufteilung auf andere Konsumgüter (X_c) und auf das Ferienreisen-Gut (X_r), wenn einerseits die jeweilige *Budgetsumme* (Ausgaben) Y vorgegeben ist – hier in Form von Budgetlinien Y_1 bis Y_4 – und andererseits von bestimmten Nutzenvorstellungen oder *Präferenzen* ausgegangen wird – hier in Form von Indifferenzlinien (U_1, U_2, U_3, U_4) für jeweils konstante Nutzen- oder Nutzenindex-Niveaus. Bei Budgeterhöhungen von Y_1 über Y_2 und Y_3 bis Y_4 ergibt sich hier für die optimale Aufteilung der Ausgaben ein Expansionspfad E (von E_1 bis E_4), bei welchem die Reiseausgaben relativ schneller steigen als die anderen Ausgaben, wie für ein Luxusgut üblich. Abbildung 2.3b) gibt die entsprechende Engelkurve wieder. (Vgl. von Böventer 1988: Kap. II)

Wichtige Fragen sind die nach
– dem Aussehen der Präferenzen der Haushalte (dem Verlauf der Funktionen U) in bezug auf Reisen und andere Konsumgüter,
– der Entwicklung der Präferenzen selbst – in Abhängigkeit von (steigenden) *Einkommen* der einzelnen Haushalte und dem Verhalten anderer Haushalte,
– der Rolle der *Preise* verschiedener Güter,
– der Bedeutung *demographischer* Faktoren, *soziostruktureller* Entwicklungen und der Veränderungen der *Siedlungsstruktur* eines Landes (der Verteilung der Bevölkerung auf Wohnorte verschiedener Größenklassen – auch etwa »Stadt« und »Land«),
– dem Verhalten der Haushalte im *Konjunkturverlauf* und insbesondere bei

unterschiedlichen Graden der wirtschaftlichen Sicherheit, sowie schließlich
– den Möglichkeiten der Ableitung gesamtwirtschaftlicher Verhaltensfunktionen aus den Präferenzen beziehungsweise Verhaltensfunktionen einzelner Haushalte (unter anderem unter Berücksichtigung demographischer Faktoren).

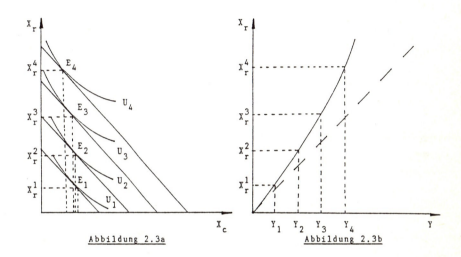

Abbildung 2.3a   Abbildung 2.3b

*b) Möglichkeiten aggregierter Modellbildung:
unterschiedliche Präferenzen und Zufallseinflüsse*

Die Überlegungen des ersten Kapitels weisen darauf hin, daß gründlich aggregierte, makroökonomische Analysen nur auf der Basis einer bis jetzt fehlenden *mikroökonomischen Fundierung* möglich sind. Hier sei zunächst festgehalten, daß in die oben als gegeben betrachteten Präferenzen oder Nutzenfunktionen (die U-Funktionen), wie komplex auch immer diese sein mögen, frühere *Erfahrungen* und insbesondere das *bisher erreichte Konsumniveau* oder der Lebensstandard eingehen müssen, also der Konsum und die Reisen während der letzten, der vorletzten, der vorvorletzten (etc.) Zeitperioden – bis hin zu einem (allerletzten) Zeitraum, *vor* welchem alle *früheren Erfahrungen nicht mehr bedeutsam sind.*

Das heißt, insbesondere für empirische Untersuchungen kann man nicht von feststehenden Präferenzen ausgehen, sondern muß diese selbst als variabel betrachten. Zumindest in der Nachkriegszeit ist die Reisefreudigkeit in der Bundesrepublik und anderen Industrieländern allgemein kontinuierlich gewachsen – man hat einen (statistischen) Aufwärtstrend der Reiseausgaben beobachtet. Die *Reisewünsche* sind stärker geworden und ein über lange Zeit ebenfalls positiver Trend der *Realeinkommen* hat häufigere und kostspieligere Reisen ermöglicht: *beides* ist gleichzeitig gewachsen und läßt sich in der Wirkung nicht exakt auseinanderhalten. Wie man selbst *rein theoretisch* diese beiden Wirkungen trennt, ist nicht eindeutig: diese Trennung (Identifizierung der beiden Einflüsse) hängt auch davon ab, *wie* man als Reisewünsche die Präferenzen definiert – ob man *fundamentale Einstellungen* oder mehr *oberflächliche Bedürfnisse im Auge* hat: die Behandlung der Zeitkomponente bestimmt jeweils den zu wählenden Ansatz für empirische Untersuchungen.

Für den *erwarteten* Beitrag eines bestimmten ins Auge gefaßten Reiseerlebnisses für das Wohlergehen (oder das erwartete Vergnügen) eines Haushalts (einer Familie) gilt dabei, daß dieser Beitrag
– um so kleiner ist, je mehr der potentielle Reisende zu der betrachteten Zeit sich in dieser (Erlebnis-)Richtung als »gesättigt« fühlt, und
– um so größer ist, je mehr er aufgrund von früheren Erlebnissen und/oder von Berichten anderer »auf den Geschmack gekommen« ist und deshalb eine baldige Wiederholung wünscht.

Auch im Bewußtsein solcher Probleme kann man, wie dies in der Makroökonomie häufig geschieht, auf aggregierter Ebene gewisse annäherungsweise gültige Aussagen machen. Wo immer *zufällige Ereignisse* ins Spiel kommen, ist man mit der *Aggregation* viel besser dran als bei Betrachtung von *Einzelentscheidungen* oder *einzelnen* Ereignissen. Denn bei der Betrachtung von vielen Individuen kann man dann, wenn sie ihre Entscheidungen unabhängig voneinander treffen, davon ausgehen, daß *zufällige* Einflüsse einander ausgleichen (dies ist später auch noch näher zu erörtern).

Man muß dabei beachten, daß in quantitativen ökonomischen Analysen eine Aggregation über eine Vielzahl von Individuen im strikten Sinne nur dann erlaubt ist, wenn – für unsere Frage grob formuliert – sie in bezug auf die betrachteten Entscheidungen entweder (a) sich (alle) *gleich verhalten* (das heißt alle Einkommenssteigerungen jeweils eine bestimmte Wirkung haben, unabhängig davon, welchen Haushalten sie zugute kommt) oder aber (b) für die einzelnen Bevölkerungsgruppen, wenn diese sich *unterschiedlich* verhalten, die jeweiligen Anteile am *Gesamteinkommen konstant* sind.

Wenn wir zum Beispiel die Reiseausgaben R_t als Anteil am laufenden Einkommen Y_t betrachten, so ist der Fall (a) einfach einzusehen: Geben alle Haushalte von jeder verdienten Markt immer 10 Pfennig für Ferienreisen aus, so gilt immer

(2.10) $\quad R_t = \rho Y_t = 0,1\ Y_t$

Die *Reiseausgaben-Quote* ρ ist hier immer O.1, unabhängig davon, wie die Einkommensverteilung aussieht. Ändert sich aber die Einkommensverteilung und ist eine Gruppe sehr stark reisefreudig und eine andere reisescheu – der Reiseausgabenanteil ρ sei für die erste Gruppe ρ_1=O.16, für die zweite ρ_2 = O.06 –, so hängt die durchschnittliche Ausgabenquote von den Anteilen der beiden Gruppen am Gesamteinkommen ab.

Eine Möglichkeit der Aggregation ist dennoch dann wieder gegeben, wenn die Anteile verschiedener Bevölkerungsgruppen sich im Zeitablauf kontinuierlich, systematisch und damit vorhersehbar verändern oder aber eine enge (lineare) Beziehung zwischen der Einkommensentwicklung (beziehungsweise dem Niveau der wirtschaftlichen Entwicklung) und der hier relevanten Sozialstruktur und der Einkommensverteilung besteht (vgl. neuere Ergebnisse der mikroökonomischen Aggregationstheorie, z.B. Shafer u.a. (1982)).

c) *Strukturen der Bevölkerung und ihre Reisegewohnheiten; Trends und Prognosen*

Die bisher dargelegten Erörterungen führen unmittelbar zu der Überlegung, daß für Untersuchungen und Prognosen von Reiseausgaben außer dem Einkommen auch *Strukturelemente* der Bevölkerung in die Betrachtungen einbezogen werden müssen. Sieht man von Einkommensunterschieden ab, so sind im historischen Ablauf vor allem (1) die *Altersstruktur* der Bevölkerung, (2) deren *Berufsgruppenstruktur* und (3) die *Gemeindegrößen-Struktur* oder der Verstädterungsgrad eines Landes oder einer Region für die Reisefreudigkeit von Bedeutung gewesen. Traditionell reisen jüngere Menschen mehr als ältere, Beamte mehr als Landwirte, Großstädter mehr als Leute vom Lande. Diese Unterschiede haben sich indes während der letzten Jahrzehnte mehr und mehr abgeschliffen: die Reisegewohnheiten verschiedener gesellschaftlicher Gruppen sind ähnlicher geworden.

Die *Reisegewohnheiten* und ihre Änderungen sind in der Tat eine wichtige *Variable* im Reiseverhalten gewesen und müssen in makroökonomischen wie mikroökonomischen quantitativen Analysen berücksichtigt werden; die Frage ist, wie dies zu geschehen hat. Zunächst kann man davon ausgehen, daß der *Reiseausgaben-Koeffizient* ρ eine Funktion der *Sozialstruktur* S (Altersstruktur, Berufsgruppenstruktur, Gemeindegrößenstruktur) und von den gewachsenen Gewohnheiten G ist:

(2.11) $\rho = \rho(S, G)$

Nimmt man zusätzlich an, daß die Reiseausgaben vom Einkommen abhängen, so ergibt sich eine allgemeine Funktion der Form:

(2.12) $R_t = R_t(S_t, G_t, Y_t)$

Soweit aber ein stetiges Wachstum der Einkommen stattfindet und im Zuge dieses Wachstums sich S und G ebenfalls (parallel) stetig ändern, folgen auch S *und* G einem Trend T und können durch diese eine Variable beschrieben werden, also ρ = ρ (T) und damit allgemein

(2.13) $R_t = R_t(T_t, Y_t)$

Darüberhinaus können in diesem Fall die Einflüsse der *Zeit an sich* auf die Reisegewohnheiten und die Einflüsse der *Einkommen selbst* gar nicht mehr statistisch getrennt beziehungsweise *ökonometrisch identifiziert* werden, weil alle *demselben Trend* folgen. Man gelangt zurück zu der anfänglichen Formulierung, wie in (2.10), daß R = ρY. In einer Zeitreihenanalyse ist allerdings bei der Interpretation des Koeffizienten ρ zu beachten, daß er gleichzeitig eine Reihe unterschiedlicher, in der Zeit parallel wirkender Einflüsse mißt und nicht allein die Wirkung von Einkommenserhöhungen.

Solange sich solche Einflußfaktoren auch in der Zukunft parallel und mit dem Einkommen entwickeln, ist dies für *Prognosen* nicht weiter schlimm, sondern erleichtert diese sogar. Man braucht ja nur *eine* Variable zu kennen, beziehungsweise zu prognostizieren, wenn man über die Gesamteinflüsse *aller* dieser Variablen auf die Reiseausgaben etwas aussagen will. Eine mangelhafte Möglichkeit, für die Vergangenheit die verschiedenen Einflüsse zu trennn – die Unmöglichkeit der statistisch-ökonometrischen *Identifikation* – wird erst dann zu einem Problem, wenn für die Zukunft mit wesentlich *unterschiedlichen Entwicklungen* der relevanten Einflußvariablen gerechnet werden muß. Will man die verschiedenen Einflüsse für die Vergangenheit quantitativ erfassen, also *identifizieren*, müssen sich in dem untersuchten (Schätz-)Zeitraum diese einzelnen Einflußfaktoren quantitativ meßbar *unterschiedlich* entwickelt haben. Nur dann, wenn zum Beispiel – grob gesprochen – eine von den anderen Variablen *abweichende Entwicklung eines Faktors* auch zu *Ausschlägen* in der Entwicklung der Reiseausgaben gegenüber dem Entwicklungstrend der anderen Variablen führt, kann es gelingen, den gesonderten Einfluß dieses Faktors zu erfassen. (Vgl. als Einführung zu diesem Problem von Böventer 1973)

Diese Überlegungen werden wichtig bei der Analyse *konjunktureller Bewegungen*, wenn das Einkommen entweder fällt oder aber mit einer *anderen* Geschwindigkeit steigt als dies den längerfristigen *Trend* beziehungsweise den systematischen Veränderungen der Bevölkerungs- und Sozialstruktur und der Gewohnheiten entspricht. Während einer Rezession stehen möglicherweise weniger Mittel zur Verfügung, als zur Fortsetzung der bisherigen Entwicklung notwendig wären, und die Menschen disponieren häufig vorsichtiger und halten sich bei ihren Reiseplänen mehr zurück, als es der unmittelbar beobachtete Rückgang der Einkommen erfordern würde; dabei spielen die Erwartungen über die zukünftige Einkommensentwicklung eine Rolle.

Das Zusammenspiel der erwähnten Strukturveränderungen und der *Gewohnheitsbildungen* einerseits und der *Einkommen* andererseits kann man annäherungsweise durch den Trend T und die Einkommensvariable Y in der folgenden Weise erfassen:[1]

(2.14) $R_t = aY_t + bT$; $a, b > 0$

Der Koeffizient von Y – die Größe a – hat jetzt eine andere Bedeutung als bisher und wird deshalb nicht mehr mit ρ bezeichnet, weil der Einfluß anderer Größen in der Form von bT hier abgespalten worden ist. Der Koeffizient a als der *marginale Reiseausgaben-Koeffizient* in bezug auf das Einkommen gibt hier die Reiseausgaben-Erhöhung an, welche aus einer Einkommenserhöhung um 1 DM resultiert, wenn alle anderen Größen – insbesondere die Sozialstruktur und die Gewohnheiten der Bevölkerung – unverändert bleiben. Die Größe a ist kleiner als der oben durch ρ definierte Reiseausgaben-Koeffizient, da nach (2.14) der Wert ρ sich errechnet als $(aY_t + bT)/Y_t = a + bT/Y_t > a$: Der Koeffizient ρ erfaßt auch den Trendeinfluß, a hingegen nicht.

---

[1] Die Form (2.14) als linearer Ansatz ist hier nur zur Illustration gewählt worden, die korrekte Spezifizierung ist nur innerhalb empirischer Untersuchungen zu klären.

d) Ansätze für empirische Untersuchungen

In vielen makroökonomischen Untersuchungen hat sich der folgende Ansatz bewährt:

(2.15) $R_t = aY_t + cR_{t-1}; \quad a,c > 0$

Darin sind die Ausgaben der Vorperiode t-1 gewissermaßen mit einem Anteil c fortgeschrieben und daneben ist die Einkommenshöhe Y_t als Bestimmungsgrund der laufenden Reiseausgaben R_t berücksichtigt. Konjunkturelle Bewegungen werden damit auch erfaßt (wie in (2.14)), und man muß nicht unterstellen, daß ein stetiger Einkommenstrend wirkt. Die Wirkung der Gewohnheitsbildung mag dabei so sein, daß eine *Erhöhung* der Reiseausgaben von Jahr zu Jahr ins Auge gefaßt wird. Wäre dabei der Einfluß des laufenden Einkommens sehr gering, oder gar zu vernachlässigen, würde der Koeffizient c einen Wert *größer Eins* annehmen. Übt aber das Einkommen einen wesentlichen Einfluß aus, so daß der Koefizient a bedeutsam ist, muß die Größe c weit unter Eins liegen; beide Einflußfaktoren zusammen können dann R von Jahr zu Jahr wachsen lassen.

Die konjunkturelle Lage kann zusätzlich Eingang in die Analyse finden, indem entweder die Einkommenserwartungen Y^e_{t+1} für das nächste Jahr *oder* die erwarteten *Veränderungen* gegenüber dem laufenden Jahr $\Delta Y^e_{t+1} = Y^e_{t+1} - Y_t$ *oder* aber als direkt meßbare Größe die Veränderungen vom letzten Jahr zur Gegenwart in die Analyse eingeführt werden – etwa als $\Delta Y_t = Y_t - Y_{t-1}$ in Form der Wirkung adaptiver Erwartungen. So sind in Erweiterung von (2.15) zwei mögliche vereinfachte (alternative) Ansätze diese Formulierungen:

(2.16a) $R_t = aY_t + cR_{t-1} + dY^e_{t+1}; \quad a,c,d > 0, \; d < 1$

(2.16b) $R_t = aY_t + cR_{t-1} + d(Y_t - Y_{t-1})$

Solche unterschiedlichen Spezifizierungen bringen interessante Schätz- und Interpretationsprobleme, auf die an dieser Stelle indes nicht näher einzugehen ist. Zu erwähnen ist hier, daß neben den Sozialstrukturen der Bevölkerung samt ihren Reisegewohnheiten und dem Einkommen jeweils die Preisentwicklung eine wichtige Variable ist, insbesondere die Reise- und Aufenthaltskosten im Urlaub in Relation zu den (sonstigen) Lebenshaltungskosten. Hierauf ist später genauer zurückzukommen.

Wichtig für die Interpretation der Reiseausgaben in der Realität ist in jedem Falle, daß die *positive* Wirkung der Gewohnheitsbildung (cR_{t-1} in (2.15) beziehungsweise bT in (2.14)) *in einer Rezession* den (negativen) Einkommenswirkungen entgegensteht: Die Ausgaben fallen weniger, als es dem Einfluß der Rezession entspricht. Vernachlässigt man Gewohnheitsbildungen oder die durch T erfaßten Struktureffekte in einer quantitativen Analyse, so erscheint der Effekt der Rezession auf die Reiseausgaben kleiner als er tatsächlich gewesen ist und damit wird auch der nach einem erneuten wirtschaftlichen Aufschwung eintretende *Wiederanstieg* der Reiseausgaben zu niedrig eingeschätzt. Gleichzeitig muß man sich hierbei allerdings auch die Frage vorlegen, ob nicht eine Rezession – wie auch jede Art von positiver Änderung der Rahmenbedingungen – die Einstellungen in der Bevölkerung und damit auch das *Reiseverhalten längerfristig* beeinflußt und damit die bisherigen Entwicklungstrends modifiziert. In diesem Zusammenhang sind auch *Mode*-Erscheinungen zu analysieren; diese sind jedoch weniger in bezug auf die Gesamthöhe der Ausgaben für Reisen als für die Aufteilung dieser Ausgaben auf verschiedene Typen oder *Arten von Reisen* wichtig. Denen wenden wir uns nun auf aggregierter Basis zu.

III. Strukturen der Ausgaben

a) Qualitätsstrukturen und beeinflussende Faktoren

Die Überlegungen über die Gesamtausgaben für Urlaubsreisen beinhalten immer Entscheidungen über die genaue Art und Qualität der Unterbringung, die Länge des Aufenthalts und die Entfernung des zu wählenden Reiseziels – also Entscheidungen über die Struktur der Gesamtausgaben. Hier geht es nicht um eine Wiederholung von mikroökonomischen Betrachtungen des Kapitels I, sondern um (durchschnittliche) Charakteristika von Reiseentscheidungen, wie sie zum Beispiel durch repräsentative Befragungen ermittelt werden können.

Die gesamten Ausgaben R eines Landes sollen als das Produkt von gesamtwirtschaftlichen Daten und deren groben Strukturen beschrieben werden. Für die Größe R sind wichtige Bestimmungsgründe:
– die Bevölkerungszahl N,

- die durchschnittliche Reiseintensität RI oder Häufigkeit der Urlaubsreisen pro Kopf im Jahr,
- die durchschnittliche Dauer der Reise (Länge und Zeit) D,
- Art und Qualität der Unterbringung und Verpflegung einschließlich des »Niveaus« der unternommenen Aktivitäten (allein dadurch gemessen, wie sich dies in Kosten niederschlägt)
- hier zusammengefaßt in einem Qualitätsindex Q,
- die Reiseentfernungen W und die Fahrtkosten F sowie schließlich
- das Preisniveau p der Reiseausgaben am Urlaubsort.

Bei der Betrachtung eines durchschnittlichen Qualitätsniveaus Q sind die Unterbringungsarten (Hotel, Pension, Ferienwohnung, Camping) entsprechend den jeweiligen Kostenniveaus zu gewichten. Ist nun auch das durchschnittliche Preisniveau p wohl definiert (jeweils auf *einen* Tag bezogen) und die Dauer D bekannt, dann gibt das Produkt pQD die Aufenthaltskosten für eine bestimmte (repräsentative oder durchschnittliche) Urlaubsreise an. Sodann gebe g an, um welchen Prozentsatz die Gesamtausgaben der Reise aufgrund der *Fahrtkosten* gegenüber den *Aufenthaltskosten* (im Durchschnitt) steigen. Damit betragen die Gesamtausgaben für eine Reise pQD(1+g). Die Anzahl der Reisen für das betrachtete Jahr errechnet sich als Produkt aus der Bevölkerungszahl N und der Reiseintensität RI und damit ergibt sich ex post als Reiseausgaben-Größe R der Wert

(2.17) $R = pQD(1+g) \, RI \cdot N$

Die Beziehung (2.17) als für Durchschnittsgrößen geltend ist definitorisch erfüllt, sie enthält nur eine Zerlegung der Gesamtausgaben[2].

Unterscheidet man für empirische Zwecke zwischen verschiedenen Typen von Unterbringungen und Reisen (Hotels, Pensionen, Ferienwohnungen, Camping; Individualreisen, Gesellschaftsreisen; Charterflüge etc.), so hat man die Beziehung (2.17) in verschiedene Komponenten zu zerlegen:

(2.18) $R = \sum_{k=1}^{K} \sum_{r=1}^{R} p_r Q_r D_r (1+g_r) \, RI_r^k N^k$

---

[2] Die Formulierung (2.17) ist insofern problematisch, als ein konstanter Aufschlag der Fahrtkosten g auf die Aufenthaltskosten nur dann berechnet werden kann, wenn diese als konstant unterstellt werden können. Da es sich hier jedoch um ex-post-Durchschnittsgrößen handelt, ist diese Voraussetzung erfüllt.

Die Art dieser Zerlegung ergibt sich allein aufgrund praktischer Zweckmäßigkeiten beziehungsweise der Möglichkeiten der Datenerhebung. Solche Beziehungen kann man benutzen, wenn man aus bekannten Größen auf eine letzte oder auf das (mathematische) Produkt zweier unbekannter Größen schließen will.

Alle Größen in (2.18) sind wechselseitig und vom Einkommen, den Gewohnheiten und den Erwartungen abhängig, wie oben angedeutet. Zusätzlich zu den oben angedeuteten Beziehungen zwischen R und Y und S kann man nun einkommensabhängige und strukturabhängige Trends in den einzelnen Komponenten von R analysieren. So gilt zum Beispiel:
– *Strukturveränderungen* wirken auf die durchschnittliche Reiseintensität RI beziehungsweise die einzelnen RI_r;
– *Preisänderungen* beeinflussen R: die Frage ist, wie sie durch Anpassung in Q,D und in W kompensiert werden;
– Angebotsänderungen (in Q und bei g: neue *Reiseangebote*) können das Reisen insgesamt attraktiver machen, damit R erhöhen – oder lediglich zu Substitutionsprozessen innerhalb der betrachteten Größen führen.

Abschätzungen der Komponenten von (2.18) sind wichtig für die Prognose *regionaler Aufgliederungen* in den Reiseausgaben und damit für regionale Entwicklungsmöglichkeiten sowie für Angebotsüberlegungen im Tourismus, wobei man schließlich immer den allgemeinen Zusammenhang zwischen p,Q,D,g und W und der Entwicklung des Einkommens als wichtige Beschränkung nicht aus dem Auge verlieren darf.

Als Grundlage makroökonomischer Analysen bieten sich somit ganz unterschiedliche Methoden an. Im Rahmen solcher verschiedenen Einzelansätze kann man makroökonomische Entwicklungen, aber auch Geschmacksveränderungen (etwa in Form von Mode-Erscheinungen im Reiseverkehr) mit Aussicht auf Erfolg intensiver zu analysieren versuchen. Hier ist ein weites Feld interdisziplinärer Forschung, bei der unter anderem ökonomische und sozialpsychologische Erkenntnisse zu verknüpfen sind und für makroökonomische Überlegungen und regionale Entwicklungspolitiken fruchtbar gemacht werden können.

b) Regionale und internationale Strukturen

Die erwähnten Gewohnheiten und Motive spielen neben ökonomischen Faktoren im engeren Sinne auch bei der regionalen und internationalen Aufteilung der Reiseausgaben eine Rolle. Neben der Sektor- oder der Qualitätsstruktur der Reisen ist die räumliche Komponente, also die Verteilung auf die Zielgebiete von Interesse. Für jedes Reiseland zählt vor allem, was es an internationalen Tourismusströmen an die »eigenen Ufer« ziehen kann, um damit Einkommen zu erzielen beziehungsweise Devisen zu erwirtschaften. Die Gesamtausgaben ergeben sich als Summe der Ausgaben in sämtlichen Zielländern 1 – vgl. auch (2.7):

(2.19) $$R_t = \sum_{l=1}^{L} R_{lt}$$

Im Rahmen makroökonomischer Ansätze geht es einerseits um die Analyse der Art der Aufteilung der Reiseausgaben eines Landes auf die potentiellen Reiseziel-Länder und andererseits um die jeweiligen Beiträge verschiedener Ursprungsländer oder -regionen zu den *Exporten von Waren und Dienstleistungen* der einzelnen Zielgebiete. Die Beiträge zu den *Einkommen* der Zielgebiete hängen unter anderem davon ab, in welcher Höhe für die Bereitstellung dieser Dienstleistungen *Importe von Gütern* notwendig sind.

Eine empirische Analyse kann zwei verschiedene Schwerpunkte setzen. Sie kann
(1) die *Verteilung* der Reisenden auf verschiedene Reiseziele mit Hilfe anderer Variablen zu *erklären* versuchen (wie Preise, Entfernungen) oder
von einem *in der Vergangenheit erreichten Niveau ausgehend* jeweils (2) die *Veränderung von Reiseströmen* analysieren.

Dabei kann man ausdrücklich (i) die *Änderung* als die durch andere Veränderungen zu erklärende Variable betrachten oder (ii) das *absolute Niveau* in der *Gegenwart* durch (unter anderem) das absolute Niveau der *Vergangenheit* sowie gegenüber der Vergangenheit sich ändernde Variablen (deren jeweilige absolute Niveaus) zu erklären versuchen.

Der Hauptunterschied zwischen den beiden Ansätzen (1) und (2) ergibt sich daraus, inwieweit man Gewohnheiten zu erklären versucht (etwa durch Preise oder Entfernungen) oder aber sie als gegeben betrachtet, seien diese nun »ökonomisch begründet« oder nicht.

Es ist unmittelbar einsichtig, daß die Frage der Aufteilung der Reiseausgaben auf verschiedene Zielgebiete oder Zielorte schwieriger zu beantworten ist als die nach der Höhe der Reise-Ausgaben R insgesamt. Die *einzelnen* Größen sind weniger stabil und weniger leicht voraussagbar als deren Summe. Bei der Erklärung der einzelnen Reiseströme kommen den jeweiligen Entfernungen und den Bekanntheitsgraden der einzelnen Orte, den Reise- und den Aufenthaltskosten, den Qualitäten der einzelnen Feriengebiete einschließlich der jeweiligen Modetrends bei der Einschätzung dieser Qualitäten – und zwar jeweils im Vergleich aller Zielgebiete untereinander – sowie anderen Faktoren Bedeutung zu, welche in späteren Kapiteln näher zu analysieren sind.

Für Zwecke *makroökonomischer Betrachtungen* kann man, wenn man nicht zukünftige Größen aus vergangenen Niveaus erklären will, die Bestimmungsgründe für die Aufteilung der gesamten Reiseausgaben R^k auf potentielle Zielgebiete oder Reiseländer l so zusammenfassen: es sind dies – jeweils im *Vergleich* zu anderen potentiellen Zielen – neben

(1) der schieren *Größe* des Ziellandes und seines Angebots

(2) die *Attraktivität* der Ferienmöglichkeiten und

(3) der *Bekanntheitsgrad*,

(4) die *Unterbringungs-* und *Aufenthaltskosten*-Niveaus sowie nicht zuletzt

(5) die *Entfernungen* und damit die *Reisekosten*.

Hier stellt sich die wichtige Frage, wie man solche Bestimmungsgründe für eine makroökonomische Analyse messen kann; zunächst geht es dabei um allgemeine Überlegungen, welche bei Anwendungen im Einzelfall zu spezifizieren sind. Wir beschränken uns deshalb auf diese groben Hinweise:

(1) die Größe des Angebots spiegelt sich in der *Zahl der Betten* B_l,

(2) Attraktivität kann man u.a. durch die durchschnittliche Anzahl der *Sonnentage* ST_l in den Ferienmonaten und

(3) den Bekanntheitsgrad (wenn man nicht direkt durch die Anzahl früherer Urlaubsreisen, sondern durch *andere* ökonomische Variable messen will) durch die Stärke der *Handelsströme* H_l^k [3] erfassen: darin schlagen sich häufig persönliche Bekanntschaften der Völker und ein gemeinsames kulturelles Erbe nieder,

(4) das *Preisniveau* p_l im Fremdenverkehr für das Land 1 ist jeweils unter Berücksichtigung des Wechselkurses im Vergleich zu den einheimischen Preisen zu erfassen,

---

[3] Dies gilt, wenn es darum geht, die Existenz einer bestimmten Reisestruktur *zu erklären*. Besteht dagegen das Ziel darin, Strukturveränderungen zu erklären, so sind möglicherweise die Besucherströme der Vergangenheit ein besserer Indikator für den Bekanntheitsgrad. Umgekehrt werden natürlich auch häufig Handelsbeziehungen durch Urlaubsreisen beeinflußt.

(5) Entfernungen sind durch repräsentative *Fahrtkosten* F_l^k zu berücksichtigen.

Es ist in dieser allgemeinen Übersicht zu erwähnen, daß bei der Beeinflussung der Größen R_l^k eher eine multikplikative Wirkung zu vermuten ist, die jedoch normalerweise nicht proportional den Veränderungen der Einflußfaktoren ist. Vernachlässigt man weiterhin alle Zufallseinflüsse, so ist die folgende *eine mögliche* Formulierung als Basis für empirische Untersuchungen der Reiseströme von k in alle Länder 1 (1 = 1, ..., L):

$$(2.20) \quad R_l^k = c_k(B_l)^\alpha (ST_l)^\beta (H_l^k)^\gamma (p_l)^\delta (F_l^k)^\varepsilon \quad \text{mit:} \quad \sum_{l=1}^{L} R_l^k = R^k$$

Dabei ist c_k eine Konstante, welche wesentlich durch die Größe des Ursprungslandes k bestimmt ist. Die Exponenten α, β, γ mit Werten größer Eins bedeuten überproportionale Wirkungen, das heißt: eine Art wachsender Agglomerationsvorteile ($\alpha > 1$), eine mit der Zahl der Sonnentage überproportional wachsende Attraktivität ($\beta > 1$) beziehungsweise überproportionale Wirkungen der Handelsströme ($\gamma > 1$), während die Preiswirkungen üblicherweise negativ sind mit entsprechenden (negativen) Preiselastizitäten (absolut) größer oder kleiner Eins. Im Koeffizienten ε für die Entfernung beziehungsweise die Reisekosten steckt bei diesem einfachen Ansatz eine *kombinierte Wirkung*: die der *Präferenzen* für die Ferne und die der *Belastung* durch das Reisen.

Für empirische Anwendungen ist dieser Ansatz in vielerlei Weise zu ergänzen, unter anderem durch die Betrachtung von Wechselwirkungen zwischen einzelnen Reisezielen. Tatsächlich wird in empirischen Makro-Untersuchungen radikal vereinfacht. Dies ist besonders dann der Fall, wenn der Untersuchungszweck in der Ableitung von Veränderungen gegenüber einem schon erreichten Ausgangsniveau besteht. Verschiebungen der Anteile der Zielregion an den gesamten Reiseausgaben einer Region k, $A_l^k = R_l^k/R^k$, mögen dann vor allem auf Änderungen der Relation der Preise von 1 gegenüber denen der Konkurrenten zurückzuführen sein. In linearer Approximation ist eine der Beziehung (2.15) analoge erweiterte Hypothese die folgende

$$(2.21) \quad R_{l,t}^k = a_l^k Y_t^k + c R_{l,t-1}^k - d(p_{l,t} - p_{l,t-1})$$

Dem liegt die folgende Vorstellung zugrunde: In der Vergangenheit haben sich bestimmte Reiseströme und damit Gewohnheiten entwickelt, und diese ändern sich nur, wenn die Konkurrenzsituationen oder die Einkommen sich ändern; Phänomene wie Modeeinflüsse oder -zyklen sind damit natürlich nicht erfaßt. Die Formulierung gilt in *dieser* Form nur dann, wenn die Preise anderer Zielregionen konstant bleiben.

In ähnlicher Weise kann der Standpunkt des Ziellandes einggenommen werden. Betrachtet werden jetzt *verschiedene* Herkunftsländer k, um deren Reisende die Region 1 mit anderen Zielgebieten konkurriert, dabei beschränkt sich die Analyse auf die Betrachtung von *Änderungen* in den Reise*einnahmen* $E^1 = \Sigma R_1^k$. Land 1 hat als Ausgangspunkt der Analyse einen bestimmten Anteil an den Ausgaben der einzelnen Ländern k, die wie in Beziehung (2.20) abgeleitet sein mögen. Die wichtigsten quantitativ leicht erfaßbaren Ursachen für *Änderungen* in R_1^k sind Änderungen der Einkommen Y^k der Herkunftsländer der Reisenden sowie Preissteigerungen in 1 gegenüber anderen Reiseländern. Bei konstanten Preisrelationen und insgesamt unveränderter Konkurrenzsituation gegenüber anderen Zielgebieten ist der einfachste Fall derjenige, in dem alle Einkommensänderungen sich *proportional* zu den bisherigen Reiseausgaben auf die einzelnen Reiseländer auswirken. Man erhält dann die Änderung ΔE^1 der Reiseeinnahmen des Zielgebietes 1 als:

$$(2.22) \qquad \Delta E^1 = \sum_{k=1}^{K} A_1^k a_1^k \Delta Y^k$$

Dies ist ein Ansatz, welcher wegen seiner konstanten Anteile A_1^k der einzelnen Zielgebiete an den Ausgaben der Herkunftsregionen dem der Input-Output-Analyse entspricht. Dieser Ansatz kann jedoch wieder modifiziert werden, indem Änderungen der Anteile infolge von Änderungen der Preise (des Aufenthalts und des Transports) analysiert werden. Dies führt zur Betrachtung von Wechselbeziehungen zwischen wirtschaftlichen Größen und damit zu interdependenten Modellen, zu deren Erörterung später wieder zurückgekehrt werden soll.

Drittes Kapitel
Markoökonomische Betrachtungen

I. Einkommen, Tourismusausgaben und Tourismuseinnahmen eines Landes

Allgemeine Überlegungen

Zwei wichtige Eigenschaften der Reiseausgaben der Haushalte wurden in den mikroökonomischen Erörterungen erwähnt:
(1) Die Konsumausgaben für Reisen konkurrieren mit allen anderen Konsumausgaben der privaten Haushalte, und
(2) sie tragen zur Einkommensbildung in der Volkswirtschaft bei. Sie sind einerseits eine *Funktion der gesamten Einkommen* und andererseits ein konstituierender *Teil dieser Einkommen*. Das gilt für alle anderen Konsumausgaben auch; die quantitative Bedeutung ist von Gut zu Gut (beziehungsweise zwischen Gütergruppen) und jeweils von Land zu Land oder Region zu Region verschieden.

In der makroökonomischen Analyse ist es üblich, diese Zusammenhänge – nicht nur theoretisch, sondern auch empirisch – quantitativ zu untersuchen. Für Reiseländer, in denen der Tourismus einen großen Beitrag zum Sozialprodukt erbringt, gewinnt die Erfassung von wechselseitigen Abhängigkeiten zwischen Tourismus-Einnahmen und gesamtwirtschaftlicher Entwicklung eine große Bedeutung. Dabei ist es wichtig, auch die Preise und die Wechselkurse in ihrer (umgekehrten) Abhängigkeit vom Tourismus zu betrachten, also wechselseitige Abhängigkeiten zwischen Güterströmen und Preisen zu berücksichtigen.

Auf jeden Fall kommt dem *Einkommen* in der Analyse der Fremdenverkehrsnachfrage eine zentrale Bedeutung zu. Deshalb steht es bei allen makroökonomischen Analysen im Mittelpunkt.

Die erwähnten makroökonomisch gültigen Zusammenhänge lassen sich, wenn man – lediglich der Einfachheit halber – hier die Einnahmen und Ausgaben des Staates völlig ausklammert, wie folgt formulieren. Für die *Einkommensbildung* gilt: Die gesamten aggregierten Einkommen sind gleich der Summe aus den Konsumausgaben, den Nettoinvestitionen und der Differenz aus Exporten und Importen:

(3.1) $\qquad Y = C + I + X - M$

Für die Möglichkeiten der *Einkommensverwendung* gilt:

(3.2) $\qquad Y = C + S$

Das Einkommen kann konsumiert oder gespart werden.

In dieser Studie über den Tourismus ist zweckmäßigerweise der Tourismus-Sektor aus den übrigen wirtschaftlichen Aktivitäten herauszunehmen: Die *Tourismus-* oder *Reiseausgaben* R der Haushalte sind in den *anderen Konsumausgaben* C' (für im Inland produzierte Güter und für Importe) *nicht enthalten*, und bei den Investitionen wird entsprechend unterschieden zwischen den im Tourismus-Sektor getätigten Investitionen I^R und allen *anderen Investitionen* I'.

Für die Einkommensbildung im Inland ist es nun wichtig, zwischen den zu Hause beziehungsweise *im Inland getätigten Reiseausgaben* R^H und den in anderen Regionen beziehungsweise *im Ausland ausgegebenen Beträgen* R^A zu unterscheiden: Erstere tragen zur Einkommensbildung im Inland *direkt* bei, letztere natürlich zunächst nicht. Entsprechend sind die *Exporte* aufzuspalten in *alle übrigen Exporte von Waren und Dienstleistungen* (X') und die von der Region oder dem Land für Ausländer erbrachten (Tourismus-)Waren und -Dienstleistungen (X^R) als eine Art von »unsichtbaren Exporten«.

Beachtet man, daß hier weder in X' noch in C' und I' noch in den Importen M' Tourismusausgaben enthalten sind – aus den Importen sind die Reiseausgaben im Ausland R^A ausgesondert –, so gilt für die *Einkommensbildung:*

(3.3) $\qquad Y = (C' + R) + (I' + I^R) + (X' + X^R - M' - R^A)$

und für die *Einkommensverwendung* der Haushalte

(3.4) $Y = (C' + R) + S = C' + R^H + R^A + S$

Hierbei stellt sich – zunächst für die Einkommensverwendung – die Frage, welches die Bestimmungsgründe für die Ausgaben (C'+R) beziehungsweise die Ausgabenquote (C'+R)/Y und damit die Sparquote S/Y sind und wie sich die Ausgaben auf C' und R aufteilen. Aus empirischen Beobachtungen geht hervor, daß in der Vergangenheit bei steigenden Gesamteinkommen Y und Gesamtausgaben der Haushalte der Anteil der Reiseausgaben R systematisch gewachsen ist[1]. Hierfür gibt es eine Reihe von Gründen beziehungsweise Erklärungen, die es später näher zu erörtern gilt.

II. Das Angebot in makroökonomischen Modellen

Auf der *Angebotsseite* des Tourismus gilt, daß zusätzliche Investitionen dann vorgenommen werden, wenn eine zufriedenstellende Auslastung für sie erwartet wird, das heißt, wenn genügend *zusätzliche Gäste* erwartet werden, wenn deren Unterbringung beziehungsweise Bedienung bei den zu erwartenden Kosten und den erzielbaren Preisen rentabel ist, und wenn die für die geplanten Investitionen notwendigen finanziellen Mittel zu den zugrunde gelegten Zinsbelastungen auch tatsächlich beschafft werden können. Kapazitätsauslastung und Rentabilität sind von Unternehmen zu Unternehmen verschieden, in diesem Falle von Ort zu Ort und Beherbergungsstätte verschieden; deshalb haben makroökonomische Aussagen insbesondere im Tourismus nur eine sehr begrenzte Aussagekraft. Trotzdem haben Globalzahlen insoweit einen Sinn, wie einzelne Gemeinden beziehungsweise einzelne Hotels ihre eigene Attraktivität im Vergleich zu ihren Konkurrenten abzuschätzen vermögen. Für ganze Feriengebiete sind – ähnlich wie eben für die gesamte Nachfrage erwähnt – die Wirkungen von generellen Nachfrageveränderungen unter Einschluß von Zufallsereignissen im allgemeinen leichter abzuschätzen als für einzelne Hotels.

Wir können für den gesamten Tourismus zunächst als eine sehr allgemeine Annäherung festhalten: In der Zeitperiode t sind die geplanten Investitio-

---

[1] So ist der Anteil der Reiseausgaben am privaten Verbrauch von 1970 bis 1978 preisbereinigt von 3,8 auf 4,6% gewachsen. Vgl. Tietz (1980: 300).

nen im Tourismus eine Funktion der (zumindest) *mittelfristig erwarteten Nachfragesteigerung*, also der *zusätzlich erwarteten Touristen* und deren Anspruchs- und Ausgabenniveau. Sind die vorhandenen *Kapazitäten normal ausgelastet* und sind die ins Auge gefaßten Investitionen (Kapazitätserweiterungen) in Bezug auf die zusätzliche erwarteten Gäste proportional zu den bisherigen Kapazitäten, so gilt (mit R^e_t als Erwartungsgröße)

(3.5) $\quad I^R_t = \lambda\eta \ (R^e_{t+1} - R_t)$

Dabei ist der Koeffizient η als ein Akzelerationskoeffizient zu sehen, der das Verhältnis der Erweiterungskosten (je Bett) zu den Ausgaben der Touristen (je Bett) pro Zeiteinheit angibt. Der Reaktionskoeffizient λ gibt hier an, ein wie hoher Anteil der notwendigen Anpassungen an die erwartete Nachfragesteigerung in der *laufenden Periode realisiert* wird. Sind die Investoren vorsichtig, so sind die Erweiterungen kleiner – man behilft sich erst einmal –, ganz abgesehen von der erforderlichen Zeitdauer bis zur vollständigen Fertigstellung der zusätzlichen Kapazitäten. Diese Formulierung gilt, wenn die Kapazitätsauslastung in der Gegenwart (t) als »normal« angesehen wird.

R^e_t ist als eine *Erwartungsgröße* definiert: Häufig werden Kapazitätserweiterungen vorgenommen in der Erwartung, daß aufgrund entsprechender Werbeaktionen die entsprechende Gästezahl erreicht wird. In solchen Fällen ist der Kausalzusammenhang umgekehrt: R^e_t ist abhängig von I^R_t.

Grundlage für die Erwartungen mögen Befragungen, Bestellungen oder Trendanalysen sein. Die Investitionsentscheidungen mögen einfach auf Veränderungsraten basieren, so daß gilt:

(3.6) $\quad I^R_t = \lambda\eta \ (R_t - R_{t-1})$

Wenn die aufgrund der Erwartungen benötigten Kapazitäten gleich K^e_t und die tatsächlichen Kapazitäten, welche in der Vorperiode »übernommen« wurden, gleich K_{t-1} sind, dann wird die Beziehung (3.5) zu

(3.7) $\quad I^R_t = \lambda \ (K^e_t - K_{t-1})$

Dabei sind Verbesserungsinvestitionen, mit denen die Konkurrenzfähigkeit verbessert werden soll, noch nicht berücksichtigt. Hier müßten spezielle Branchenkenntnisse und genauere Rentabilitäts- und Finanzierungsüberlegungen als Korrekturfaktoren in die üblichen makroökonomischen Betrachtungen eingeführt werden. Die Beziehungen (3.6) und (3.7) sind somit lediglich für aggregierte Ansätze verwendbare Ausgangsgleichungen, mit welchen bestimmte hypothetische Situationen beschrieben werden, welche aber nichts über die Realität selbst aussagen sollen.

III. Wechselseitige Abhängigkeiten im Tourismus

a) Das Einkommen eines Reiselandes: Export-Basis-Ansätze

Die Dienstleistungsexporte eines Reiselandes schaffen in diesem Lande Einkommen und diese werden (zumindest zum Teil) wieder ausgegeben – im Inland und im Ausland – und schaffen damit »in einer weiteren Runde« erneut Einkommen. Solche grundlegenden Zusammenhänge erörtert man am besten zunächst am Modell eines »reinen Reiselandes«, dessen Bewohner selbst nicht ins Ausland reisen. Gefragt wird nach den Bestimmungsgründen und der Höhe des Einkommens Y unter den folgenden Annahmen:
– Die Staatsausgaben G sowie die Investitionen I seien zunächst autonom festgelegt als G^0 und I^0.
– Die Exporte bestehen lediglich aus (Reise-) Dienstleistungsexporten $\bar{X}^R$ und sind in der Höhe $\bar{X}^R$ durch hier nicht betrachtete ökonomische Größen im Ausland bestimmt.
– Die Konsumausgaben C und die Importe M sind eine Funktion der inländischen Einkommen Y, wobei gilt:

(3.8) $C = a + bY$ und: $M = mY$

Dabei sind a,b und m als autonomer Konsum, marginale Konsumneigung und marginale Importneigung zu interpretieren (vgl. hierzu Lehrbücher der makroökonomischen Theorie, etwa Münnich 1982). Der Einfachheit halber sei angenommen, daß sich Konsum- und Importausgaben jeweils noch in der laufenden Periode voll an die Höhe des Einkommens anpassen, wobei die Importe einfach proportional dem Einkommen sind.

Wird generell unterstellt, daß alle vom Inland und vom Ausland nachgefragten Güter zu konstanten Preisen jeweils auch erstellt werden, die Nachfrage sich also immer in entsprechenden Einkommen niederschlägt, dann ist die Höhe des Einkommens durch diese Gleichung bestimmt:

(3.9) $Y = a + bY + I^o + G^o + \overline{X}^R - mY$

Die in Kap. 2 erwähnten Anpassungsprozesse sind in dieser Betrachtung nicht berücksichtigt; man kann sie sich leicht vor Augen führen, wenn man kürzere Zeiträume wählt mit einer Länge derart, daß erhöhte Einkommen erst in der folgenden Periode zu höheren Konsumausgaben und Importen führen.

Welche Einkommenshöhe stellt sich nun in diesem Modell im Gleichgewicht ein?

Ausklammern von Y ergibt die Beziehung

(3.10) $(1 - b + m) Y = a + I^o + G^o + \overline{X}^R$

oder

(3.11) $Y = \dfrac{1}{1 - (b - m)}(a + I^o + G^o + \overline{X}^R) = v(a + I^o + G^o + \overline{X}^R)$

Das Einkommen ist umso höher, je größer die autonomen Größen a, I^o, G^o und $\overline{X}^R$ sind. Die Größe 1/1-(b-m) ist für diese Volkswirtschaft der *Ausgaben-Multiplikator v*. Dieser gibt an, um wieviel DM das Einkommen wächst, wenn die als autonom angenommenen Ausgaben, also zum Beispiel die Fremdenverkehrseinnahmen, um eine DM ansteigen. Alle Größen a, I^o, G^o, $\overline{X}^R$ beziehungsweise deren Änderungen werden mit diesem Wert multipliziert.

Rückwirkungen in der »übrigen Welt« sind dabei vernachlässigt, was üblicherweise nur für ein *kleines Land* gerechtfertigt ist. Genau dies beinhaltet aber, daß auch die *Importe im Vergleich zum Sozialprodukt* dieses Landes *groß* sind. Liegt – wie häufig in der Realität – der Wert für die marginale Ausgabenneigung (b-m) zwischen 0,5 und 0,75, dann nimmt der Multiplikator Werte zwischen 2 und 4 an. Das gesamte Einkommen liegt damit wegen der induzierten Ausgaben um ein Vielfaches über den autonomen Ausgaben. Werden aber von einer DM jeweils 30 Pfennig (oder gar mehr) im Ausland ausgegeben, dann sinkt der Wert (b-m) entsprechend. Liegt der Wert (b-m) bei 0,33 oder nur 0,25, dann reduziert sich der Multiplikator auf 1/(1-0.33) oder 1/(1-0.25), das heißt, auf Werte von 1.5 oder 4/3.

Insbesondere für ein kleines Land oder eine Region sind die Exporte wichtige *(Basis-)Einnahmen*, auf deren Grundlage man sich die Gesamtstruktur der Wirtschaft aufgebaut denken kann und auf deren *Basis* der interne Kreislauf des Landes sich bewegt. Deshalb spricht man in diesem Zusammenhang vom Export-Basis-Ansatz. In diesem Zusammenhang hat man zunächst an die Industrieexporte gedacht; gleiches gilt aber auch für die Exporte an Dienstleistungen im Fremdenverkehr.

Die Wirkungen, welche von *Änderungen* in den Exporten ausgehen, sind häufig von besonderem Interesse. Betrachtete sei – zunächst weiter unter Vernachlässigung der dadurch induzierten Investitionen – eine Erhöhung der Exporte X^R um ΔX^R. Die Exportsteigerung in Form erhöhter Reiseausgaben bewirkt eine Gesamt-Einkommenssteigerung um das $1/(1-(b-m))$-fache: man erhält aus

$$(3.12) \quad \Delta Y = \frac{1}{1-(b-m)} \Delta X^R$$

den Fremdenverkehrsmultiplikator

$$(3.13) \quad v = \frac{\Delta Y}{\Delta X^R} = \frac{1}{1-(b-m)},$$

der dem Ausgabenmultiplikator entspricht.

Dieser Multiplikator gibt die Erhöhung des Einkommensniveaus an, wenn alle Anpassungsvorgänge wie angenommen schon vollendet sind. Man kann sich diesen Anpassungsprozeß von der Erhöhung der Exporte über die induzierten Ausgabenerhöhungen bis auf das v-fache leicht vor Augen führen (wie schon erwähnt) mit Hilfe eines Modells, in welchem erhöhte Einkommen erst in der nächsten Periode für erhöhte Ausgaben genutzt werden; dies bedeutet, daß die Beziehungen (3.8) ersetzt werden durch

$$(3.14) \quad C_t = a + bY_{t-1} \quad \text{und:} \quad M_t = mY_{t-1}$$

Nach vollständiger Anpassung, wenn sich alle Größen auf die neuen Werte eingespielt haben, gilt die Beziehung

$$(3.15) \quad \Delta Y_t = v \, \Delta X_t^R$$

Dabei ist es für ein kleines Land einerseits leichter, zu Lasten anderer Ferienländer sein Einkommen zu steigern, andererseits aber – wegen der Ausgabenabflüsse in andere Länder, das heißt hohem m – auch viel schwerer, daraus eine zusätzlichen Einkommensgewinn zu ziehen, weil der Multiplikator relativ gering ist.

b) Wechselseitige Zusammenhänge zwischen Sektoren und Ländern

Die beschriebenen Entscheidungsprozesse haben Wirkung auf andere Sektoren: Zunächst sei verwiesen auf die Investitionen im Fremdenverkehr. Unterstellen wir, daß ein Teil dieser Institutionen durch die Veränderung der Reiseausgaben gegenüber denen der Vorperioden induziert werden:

(3.16) $I_t^R = I_t^o + \Theta(R_t - R_{t-1})$

Die Reiseausgaben hängen wie der sonstige Konsum und die Importe (vgl. (3.14)) vom Einkommen der Vorperiode ab:

(3.17) $R_t = \rho Y_{t-1}$

Dann ergibt sich für die Einkommensgleichung:

(3.18) $Y_t = a + bY_{t-1} + I_t^o + \Theta\rho (Y_{t-1} - Y_{t-2}) + G_t^o + X_t^R - mY_{t-1}$

und nach Umstellung:

(3.19) $Y_t = (b - m + \Theta\rho) Y_{t-1} - \Theta\rho Y_{t-2} + a + G_t^o + \overline{X}_t^R + I_t^o$

und nach Vereinfachung:

(3.20) $Y_t = z_1 Y_{t-1} + z_2 Y_{t-2} + A_t$
mit: $z_1 = b - m + \Theta\rho, z_2 = -\Theta\rho, A_t = a + G_t^o + \overline{X}_t^R + I_t^o$

Bei (3.20) handelt es sich um eine lineare inhomogene Differenzgleichung zweiter Ordnung, die bei bestimmten Parameterkonstellationen von z_1 und z_2 eine zyklischen Ausgangsprozeß an ein neues Gleichgewicht beschreibt, wenn die autonomen Ausgaben A_t (also auch die Reiseausgaben des Auslands $\overline{X}_t^R$) sich verändern. (Vgl. zu den näheren mathematischen Details Assenmacher 1987: Kap. IV)

Diese ökonomischen Prozesse mit ihren Fluktuationen näher zu beschreiben, lohnt sich in unserer einführenden Darstellung schon deshalb nicht, weil sie nur für eine ganz besondere Datenkonstellation gelten würde. Die Erarbeitung entsprechender Daten wäre die Aufgabe empirischer Untersuchungen, insbesondere über die Konsum- und Investitionsentscheidungen.

Die beschriebenen Entscheidungen über Konsum-Ausgaben und Investitionen hängen von privaten Erwartungen und Rentabilitätsüberlegungen wie auch von der staatlichen Politik ab, welche insbesondere die Investitionsentscheidungen begleitet und welche einem Ausbau der Fremdenverkehrs-Kapazitäten und den entsprechenden Auswirkungen auf die Qualität des Landes entweder positiv, neutral, oder zurückhaltend gegenüberstehen mag. Für eine *verschiedene Raumeinheiten übergreifende* staatliche Politik ist es eine ganz entscheidende Frage, wo im einzelnen die komparativen Vorteile der verschiedenen Regionen liegen. Die Frage ist dabei auch, ob diese Vorteile überhaupt innerhalb makroökonomischer Analysen erfaßt werden können. Dies führt zu interessanten Verbindungen von mikro- und makroökonomischen Betrachtungen im Rahmen der Fremdenverkehrspolitik, auf die wir später zurückkommen.

Innerhalb der theoretischen Diskussion sind folgende allgemeine Überlegungen wichtig: Erstens zieht ein Ausbau der Fremdenverkehrseinrichtungen (über Multiplikator- und Akzelerationswirkungen) auch *andere Investitionen* im Inland nach sich; die Beziehung (3.20) müßte schon deshalb nicht unbeträchtlich erweitert werden, wenn sie auch dies erfassen sollte. Dabei geht es insbesondere um die für den *Ausbau der Produktionskapazitäten* notwendigen Importe und ganz allgemein um die Importe, welche als *Vorleistungen* unter anderem für den *Fremdenverkehrsbereich* zusätzlich notwendig werden. Wegen dieser Importe mag – wie erwähnt – die netto sich ergebende Erhöhung des Einkommens relativ gering sein.

Drittens sind *Preiserhöhungen* zu erfassen, welche aus der Nachfrageerhöhung durch die Touristen resultieren und neben der möglichen Überfüllung an manchen Orten dieses Land (wieder) weniger attraktiv machen. In diesem Zusammenhang sind auch mögliche Wechselkurssteigerungen auf Grund erhöhter Nachfrage zu erwähnen.

Selbst wenn es sich um ein kleines Land handelt, haben die erwähnten Importsteigerungen bestimmte Einkommenswirkungen im Ausland, und sei es nur in angrenzenden Regionen. Für große Reiseländer können *wechselseitige Zusammenhänge* mit den *Einkommen*, *Preisen* und *Wechselkursen* anderer Länder keineswegs vernachlässigt werden. Dabei sind die Exporte als Variable in Abhängigkeit von ausländischen Einkommen und Preisen zu betrachten und die Importe eines Landes k, einfach formuliert als $M^k = m^k Y^k$ als die Summe ausländischer Exporte – also von l nach k – zu sehen, welche selbst zur Entstehung der Einkommen im Ausland (den einzelnen Ländern l) beitragen, und so fort. Wenn wir vereinfachend unter Vernachlässigung der Investitionen, Staatsausgaben und der zeitlichen Relationen schreiben

$$(3.21) \qquad Y^k = a + bY^k - m^k Y^k + \sum_{l=1}^{L} w^{kl} Y^l$$

worin die Exporte des Landes k eine Funktion der Einkommen in L anderen Ländern l sind, dann sind nicht nur die (Export-)*Koeffizienten* w^{kl} für die einzelnen Handelsströme zwischen k und l (die Importe der l-Länder aus k) von den Preisen (und Lieferbedingungen etc.) abhängig, sondern *untereinander interdependent* (und von den Einkommen Y^l der anderen Länder abhängig).

Mögliche Vereinfachungen bei der Analyse der Exporte in bezug auf die ausländischen *Einkommen* bestehen darin, entweder wie in Input-Output-Ansätzen *proportionale Veränderungen* der einzelnen Reiseströme zu unterstellen oder die *Veränderungen ausländischer Einkommen* zu *gewichten* und damit Wahrscheinlichkeiten einzuführen dafür, daß zusätzliche Reiseausgaben im betrachteten Lande k getätigt werden: Dabei können die Gewichte wie in *Potential*-Ansätzen eine (fallende) Funktion der Entfernungen sein oder in den *Anteilen des Reiselandes k an den Reiseausgaben der einzelnen Länder l* bestehen. In ähnlicher Weise wären *Preisänderungen* in Konkurrenzländern entsprechend ihrer Bedeutung für Land k zu gewichten.

Die makroökonomische Analyse des Fremdenverkehrs kann immer nur einige wenige Fragestellungen herausgreifen und muß den Zielen entsprechend vereinfachen. Über die zweckmäßigste Art der Konkretisierung und Spezifizierung kann erst in der empirischen Analyse selbst entschieden werden.

Viertes Kapitel
Theorie der Urlaubsfläche: Reiseentfernungen und Urlaubsdauer

I. Theoretische Grundlagen

Die Modelle der Raumwirtschaftstheorie kann man zunächst ganz grob nach den Annahmen über die *Eigenschaften der Fläche* unterteilen: eine *unregelmäßige Fläche* oder eine *völlig homogene Fläche*. Dementsprechend kann man von zwei einander entgegengesetzten Standpunkten aus
– entweder mit dem Launhardt-Weber-Ansatz – von naturgegebenen und historisch gewachsenen Unregelmäßigkeiten der Erdoberfläche ausgehend - die *Anpassungen* der wirtschaftlichen Aktivitäten *an* diese *geographischen Gegebenheiten* analysieren
– oder mit dem Christaller-Lösch-Ansatz *Raumstrukturen ableiten*, welche sich aufgrund ökonomischer Wechselbeziehungen entwickeln, wenn von einer ursprünglich völlig homogenen Fläche ausgegangen wird. (Vgl. zu diesen Ansätzen von Böventer 1979: 145 ff. und 223 ff.)

In der Tourismus-Theorie bietet es sich in ähnlicher Weise an, mit zwei entgegengesetzten Ansätzen zu beginnen und diese später miteinander zu verknüpfen. Tatsächlich kann man nun die in Kapitel I erörterten Typen der Tourismus-Nachfrage den beiden Analyseansätzen zuordnen. Im Hinblick auf diese unterschiedlichen Analysemöglichkeiten war deshalb bei den Zielen der Urlaubsreisen zunächst zwischen

(1) besonderen historisch gegebenen Anziehungspunkten (beziehungsweise besonderen *Qualitäten* einzelner Orte) und

(2) der *Natur allgemein* unterschieden worden.

Obwohl in der Wirklichkeit eine solche Trennung immer unscharf bleiben muß, ist sie in der Theorie sinnvoll, wenn man das Wirken ökonomischer Kräfte herausarbeiten will.

Im ersten Fall hat man es mit der Anpassung der Nachfrage an unterschied-

liche historische Gegebenheiten zu tun, während man im zweiten Falle die Herausbildung einer Raumstruktur analysieren kann – hier zunächst allein für den Tourismus. Diese Raumstruktur hat zwei Elemente:
– Entfernungs-Ring-Elemente wie in Thünen-Ansätzen und
– Agglomerations-Elemente, wie in Theorien der Dorfgrößen (oder der Einkaufszentren) behandelt werden (vgl. von Böventer 1979: 193 ff.).

Im folgenden geht es zunächst um die Herausarbeitung des ersten Elementes – der Bedeutung des Zusammenhangs zwischen *Entfernung* und *Reisekosten*.

Es wird deshalb von einer homogenen Urlaubsfläche ausgegangen und gefragt, welche Reiseentfernungen die Urlauber auf ihr auswählen würden. Später ist zu fragen, welche Art von Urlaubszentren sich dabei herausbilden, welche Art von Raumstruktur dabei entstehen würde. Wie in Thünen-Modellen wird unterstellt, daß die (städtischen) Wohnsitze vorgegeben sind – der Einfachheit halber in *einem* städtischen Zentrum in der »Mitte« der Fläche.

Christaller hat, wie schon erwähnt, seiner Theorie der *Zentralen Orte* eine *Theorie der Peripherie* für das Urlauberverhalten gegenübergestellt und damit einen fruchtbaren Denkanstoß gegeben, welcher von dem oben erwähnten *Anpassungs*-Denken an Naturgegebenheiten weg und in die Richtung der *Raumstrukturentwicklungs*-Überlegungen führt. Die (anderen) wirtschaftlichen Aktivitäten sind zum Zentrum hin orientiert, die Urlauber aber wollen *möglichst weit weg* vom Zentrum, zur Peripherie hin, sagt Christaller und stellt deshalb die beiden Theorie-Ansätze als Gegensätze einander gegenüber.

Tatsächlich aber sind diese Ansätze als Varianten derselben Modelle zu sehen: Streben die Urlauber nach Einsamkeit – weg vom Zentrum und auch möglichst weit weg von anderen Urlaubern –, so entspricht dies exakt

(1) dem Streben der einzelnen Anbieter in den Theorien der Landschaftsstruktur, ihre *Abstände* von den *nächsten Konkurrenten* zu *maximieren*; auf diese Weise gewinnen sie ein Maximum an Nachfrage, wie im anderen Falle die Touristen auch ihren freien Raum um sich herum und somit ihren Anteil an unbewohnter Natur maximieren.

(2) Unter Berücksichtigung der Transportkosten gelangt man zu Modellen, welche in ihrer logischen Struktur gewissen Modellen der städtischen Standortlehre entsprechen, in denen möglichst *große Grundstücke* gesucht werden.

Eine direkte Anwendung der Landschaftsstruktur-Prinzipien *ohne* Transportkosten und ohne Agglomerationsvorteile würde so (unter gewissen weiteren Bedingungen) zu einer Gleichverteilung der Urlauber über die gesamte (Ferien-)Fläche führen – ähnlich wie die Standorte eines *einzelnen Gutes* in einem Christaller-Lösch-(Partial-)System verteilt sind. Mit der Berücksichtigung von Transportkosten ändert sich das Bild in einem wesentlichen Punkt: Die einfache Regelmäßigkeit und Gleichverteilung der Urlauber auf der Fläche geht verloren. Dies folgt daraus, daß die Entfernungen zwischen dem Wohnort und den Reisezielen variieren und damit auch die Reisekosten für verschiedene Touristen unterschiedlich hoch sind.

Widerspruchsfreie Ableitungen sind erst möglich, wenn Präferenzen und Nachfrage und Angebot sowie insbesondere Fahrt- und Aufenthaltskosten berücksichtigt und – später – auch Agglomerationsvor- und -nachteile beziehungsweise Unteilbarkeiten ins Spiel gebracht werden.

In diesem Kapitel werden *Agglomerationseffekte* wie alle anderen Arten von externen Effekten zwischen Urlaubern vernachlässigt: Hier geht es um die Ableitung einer reinen Theorie der Entfernung und Aufenthaltsdauer für verschiedene Urlauber auf einer in bezug auf die *Erholungsmöglichkeiten homogenen* Fläche, damit – wie in grundlegenden landwirtschaftlichen beziehungsweise städtischen Standortmodellen – die Wirkungen von Entfernungskosten und das Zusammenspiel mit Ausgaben-Alternativen herausgearbeitet werden können. In komparativ-statischen Betrachtungen werden Variationen der Einkommen, der Reisekosten und der Aufenthaltskosten eingeführt.

II. Grundmodelle zur Bestimmung von Reiseentfernungen und Aufenthaltslängen

a) Annahmen und Fragestellungen

In einem ersten Schritt in Richtung auf eine *reine Theorie des Tourismus* wird eine homogene, um ein städtisches Wohn- und Produktionszentrum gelegene Fläche betrachtet, deren *Qualitäten für die Erholung* von den Urlaubern *überall* als *gleich* bewertet werden – zunächst für den Fall, daß für jeden einzelnen Touristen die Zahl der *anderen* Urlauber überall völlig *gleichgültig* ist und somit auch keine Kostenwirkungen hat.

Die einzelnen Haushalte h geben ihr Einkommen Y^h entweder zu Hause für ein Bündel von Konsumgütern (jeweilige Ausgaben C^h) – der Preis des Konsumgüterbündels sei auf 1 normiert – oder für eine Ferienreise an den Ort k in der Entfernung W_k^h aus, bei der Fahrtkosten und Aufenthaltskosten anfallen.

Die *Fahrtkosten* seien proportional zur gewählten Kilometerentfernung W_k^h (mit f DM je km), also gleich f · W_k^h; und die *Aufenthaltskosten* seien ebenfalls proportional zur Aufenthaltsdauer D_k^h; der Tagessatz p_k am Ort k ist entweder entfernungsunabhängig oder als $p_k(W_k^h)$ eine Funktion der Entfernung; dabei mögen p_k die Nettoausgaben sein, das heißt abzüglich der sonst zu Hause getätigten Ausgaben. Die Ausgaben des Haushalts h für den Aufenthalt betragen somit $p_k D_k^h$.

Für die Haushalte zählen nur das Konsumniveau C^h und die Aufenthaltsdauer D^h: Sie besitzen eine Nutzenfunktion U^h (vgl. zum Konzept der Nutzenfunktion etwa von Böventer 1988: Kap. III), in die lediglich C^h und D_k^h als Argumente eingehen. Die bestmögliche Kombination von C^h und D_k^h wird gewählt; das bedeutet, ein maximal mögliches Nutzenniveau U^h wird angestrebt. Dafür wird das gesamte Einkommen Y^{ho} entweder zu Hause als C^h oder für die Reise als $R^h = fW_k^h + p_k D_k^h$ ausgegeben. Die Haushalte haben somit in allgemeiner Formulierung die

(4.1)   *Zielfunktion*: $U^h = U^h(C^h, D^h)$

zu maximieren unter der

(4.2)   *Nebenbedingung*: $C^h + fW_k^h + p_k D_k^h \leq Y^{ho}$

mit C^h, W_k^h, D_k^h als Variablen und f, p_k und Y^{ho} als Daten.

Es ist unmittelbar klar, daß in diesem Ansatz bei entfernungs*un*abhängigen Tagessätzen *alle* die *geringst*mögliche Entfernung wählen würden: Das ergibt kein vernünftiges Modell für den Tourismus. Ökonomisch interessante Fragestellungen erhält man, wenn
(1) p_k eine fallende Funktion der Entfernung W_k oder
(2) p_k eine steigende Funktion der Zahl der Urlauber ist oder aber
(3) die Entfernung W_k selbst positiv bewertet wird.

b) Das Grundmodell mit entfernungsabhängigen Aufenthaltskosten

Zunächst gelte die *Annahme*, daß die Tagessätze p für den Ferienaufenthalt mit der Entfernung W vom Zentrum sinken[1]:

(4.3) $\quad \dfrac{dp(W)}{dW} = p_W < 0$

Der Einfachheit wird einen linearer Zusammenhang unterstellt:

(4.4) $\quad p(W) = p^o - aW, a \geq 0$

Die gesamten Reiseausgaben R setzen sich aus den Fahrtkosten f W und den Aufenthaltskosten p(W) D zusammen:

(4.5) $\quad R(W,D) = fW + (p^o - aW)D$

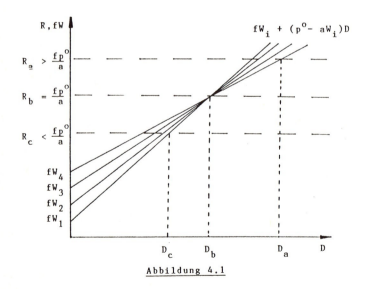

Abbildung 4.1

---

[1] Im folgenden wird zunächst ein gegebener Modellhaushalt betrachtet, so daß der Index h weggelassen werden kann.

Dieser Funktionalzusammenhang ist für vier ausgewählte Entfernungen (1,2,3,4) in Abbildung 4.1 aufgezeichnete. Kurze Aufenthalte sind in kurzen Entfernungen, lange Aufenthalte in größeren Entfernungen relativ billiger.

Dies kann man anhand der Beziehung (4.5) leicht ableiten. Diese gibt bei gegebenem Reisebudget und gegebenen Fahrt- und Aufenthaltspreisen implizit die maximal mögliche Aufenthaltsdauer an. Formt man so um, daß die Aufenthaltsdauer D als die abhängige Variable erscheint und setzt man sodann die Ableitung dD/dW des erhaltenen Funktionalzusammenhangs nach der Variablen W gleich Null, um diejenige Entfernung zu erhalten, bei der die Aufenthaltsdauer möglichst lang ist, so erhält man die Bedingung:

(4.6) $\quad R = \dfrac{fp^o}{a}$

Bei den unterstellten Zusammenhängen bedeutet dies: Bei Gültigkeit dieser Bedingung ist die mögliche Aufenthaltsdauer in allen Entfernungen gleich groß (vgl. den Punkt D_b in Abb. 4.1). Die maximale Aufenthaltsdauer kann durch Veränderung der Entfernung nicht verändert werden: Insofern ist der Haushalt bezüglich der Entfernung W indifferent. Hingegen gilt:

– bei $R > \dfrac{fp^o}{a}$: Es wird die *größte* Entfernung (W_4) und

– bei $R > \dfrac{fp^o}{a}$: Es wird die *kleinste* Entfernung (W_1) gewählt,

welche innerhalb des Definitionsbereiches der Beziehung (4.4) möglich ist. Dieses Ergebnis gilt in der Tendenz auch dann, wenn kein linearer Zusammenhang zwischen Aufenthaltspreis und Entfernung besteht.

1. Konsummöglichkeiten

Im letzten Unterabsatz wurden vorgegebene Reiseausgaben unterstellt, dafür ergaben sich auf einer homogenen Fläche aufgrund der entfernungsabhängigen Kosten eindeutige Entfernungs- und Aufenthaltslängen. Im folgenden soll die Annahme einer vorgegebenen Aufteilung des Haushaltsbudgets auf Reiseausgaben und sonstigen Konsumausgaben aufgegeben werden.

Die möglichen Konsum-Urlaubsdauer-Kombinationen { $(C,D_k),Y^o$ } bei vorgegebenem Einkommen sind in Abbildung 4.2 für den Fall linearer Fahrtkosten im rechten Quadranten aufgezeichnet; für die folgenden Ableitungen werden zunächst nur drei Entfernungen (W_1 bis W_3) herausgegriffen. Die Ordinatenwerte geben die möglichen sonstigen Konsumausgaben an – mit dem Maximum $C^{max} = Y^o$ für den Fall, daß auf eine Urlaubsreise verzichtet wird. Im linken Quadranten werden die Fahrtkosten $F = f \cdot W_k$ als Funktion der Entfernung von diesem Konsummaximum abgezogen.

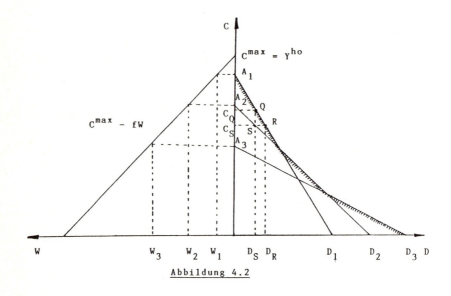

Abbildung 4.2

Dies ergibt für die Entfernungen W_1 bis W_3 die Werte A_1 bis A_3 als diejenigen Summen, welche bei der Wahl dieser Entfernungen nach Abzug der Fahrtkosten jeweils maximal für den Konsum zu Hause *plus* Ferienaufenthalt selbst noch zur Verfügung stehen, also unter der Bedingung:

(4.7) $C + p_k D_k = Y^o - fW_k$

Die maximale Aufenthaltsdauer D_k am Ort k ist jeweils gleich

(4.8) $D_k^{max} = (Y^o - fW_k - C)/p_k$

Effizient sind außer dem Punkt C^{max} die in Abbildung 4.2 im rechten Quadranten eingezeichneten schraffierten Streckenabschnitte: Dies gelte für den

Fall, daß (aus irgendwelchen Gründen) nur diese drei Entfernungen in Frage kommen. Im Innern des schraffierten Bereichs sind entweder die Konsumausgaben oder die Aufenthaltsdauer kleiner als möglich. Ausgangspunkt der Betrachtung sei der Punkt S für $W=W_2$ mit C_S, D_S; von hier aus sind (zum Beispiel) zwei Verbesserungen möglich – ein gleich langer Urlaub in der geringeren Entfernung W_1 würde eine höheren Konsum C_Q (Punkt Q) ermöglichen, oder bei gleichem Konsum D_P könnte in der Entfernung W_1 der Aufenthalt verlängert werden (von D_S nach D_R in der Abbildung 4.2).

Je länger der Urlaubsaufenthalt ist, desto größer ist die Aufenthaltskostenersparnis, die mit einer weiteren Reise erreicht werden kann. Deshalb werden, wie oben schon erwähnt, unter den beschriebenen Bedingungen kurze Ferien in der Nähe des Wohnorts verbracht und für *lange* Aufenthalte werden auch hohe Fahrtkosten in Kauf genommen.

Wenn man die möglichen Reiseentfernungen von Null an kontinuierlich variiert bis zu dem Extrem hin, daß für den Konsum C nichts mehr übrigbleibt, erhält man eine glatte Linie, wie sie in Abbildung 4.3 aufgezeichnet ist. Die möglichen Kombinationen von C und D_k werden durch die einhüllende Linie $B(C, D_k; Y^o)$ der für alle einzelnen Entfernungen abgeleiteten Beschränkungslinien beschrieben – für gegebenes Y^o und bei Gültigkeit der Funktionen f W_k und $p_k(W_k)$. Man kann deshalb diese Linie als *Budgetlinie* bezeichnen. Jeder einzelne Punkt auf dieser Budgetlinie gibt (C, D_k)-Möglichkeiten an und impliziert eine eindeutige Entfernung – zum Beispiel D_a und D_b (mit C_a und C_b) bei den Entfernungen W_a und W_b. (Es wird darauf verzichtet, anzugeben, wie sie in diesem Diagramm abgelesen werden können. Es sei nur angedeutet, daß aus den Schnittpunkten der Tangenten in S_a, S_b mit der C-Achse die jeweiligen Reisekosten $A_a C^{max}$ und $A_b C^{max}$ abgelesen und daraus wiederum die entsprechenden Entfernungen errechnet werden können.)

Der Schnittpunkt der Linie B mit der Abszisse als die maximal mögliche Aufenthaltsdauer (D^{max}) ergibt sich als die Lösung von Max $((Y-fW_k)/p(W_k))$ für $C = 0$. Dieser Schnittpunkt kennzeichnet (implizit) auch die maximale Entfernung, welche sinnvollerweise zurückgelegt werden sollte (d.h. noch effizient ist). Damit sind die Konsum-Reise-*Möglichkeiten* eindeutig beschrieben.

2. *Haushaltspräferenzen*

Zur Bestimmung der optimalen Reiseentfernung und -dauer müssen den durch die Budgetlinie beschriebenen Möglichkeiten die Präferenzen der

Haushalte gegenübergestellt werden. Unterstellt wird, daß die Haushalte eine *Präferenzordnung* für Kombinationen von C und D besitzen, welche sich in der Form von Indifferenzlinien (I_1, I_2, I_3, I_4 – vgl. Abbildung 4.4) für entsprechende Nutzenindexniveaus U_1 bis U_4 (mit $U_1 < U_2 < U_3 < U_4$) darstellen lassen. Eine entsprechende Annahme hat schon der Formulierung des Optimierungsproblems in Abschnitt a) zugrundegelegen. (Vgl. von Böventer 1988: 81 ff.)

Bei den Indifferenzlinien spielen Entfernungen keine Rolle, weil die Haushalte laut Annahme auf der homogenen Fläche indifferent sind in bezug auf den Aufenthaltsort (aber natürlich nicht bezüglich der Reisekosten). Diese Annahme wird später modifiziert.

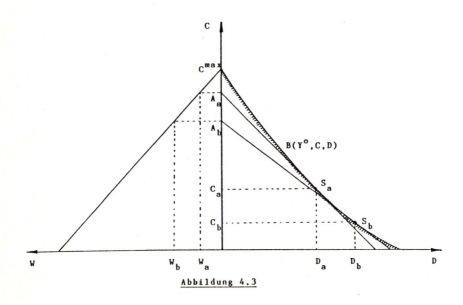

Abbildung 4.3

3. Optimale Entfernung und Aufenthaltsdauer

Der Haushalt versucht annahmegemäß, aus seinen Möglichkeiten das beste zu machen, d.h. die am meisten geschätzte (C,D)-Kombinationen wird realisiert. Die Indifferenzlinie mit dem höchstmöglichen Index ist also zu bestimmen. Anstelle einer mathematischen Ableitung sei auf die Abbildung 4.4 verwiesen; das Optimum wird dort charakterisiert durch den Punkt S. Das Nutzenniveau I_2 ist nur in dem einen Punkt S erreichbar.

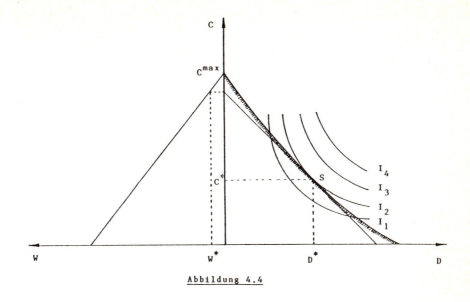

Abbildung 4.4

Für Punkt S gilt: Die Neigung $\frac{dC}{dD}$ der Beschränkungslinie oder Budgetlinie $B(C,D;Y^o)$ ist gleich der Substitutionsrate $\frac{dC}{dD}$ für den betrachteten Haushalt, also dem Anstieg der Indifferenzlinie I_2 im Punkt S. Die optimalen Werte C^*, D^* (mit W^*) sind die Lösungen des durch (4.1) und (4.2.) gekennzeichneten Maximierungsproblems. Bis zur Entfernung W^* kann der Haushalt wegen der Verminderung der Tagessätze p sich netto besserstellen. Jenseits von W^* ist dies nicht mehr der Fall, bei längerer Aufenthaltsdauer in größeren und geringeren Entfernungen müßte er seinen Konsum zu Hause mehr einschränken, als ihm dies der längere Aufenthalt pro Tag wert ist. (Eine eindeutige Lösung setzt voraus, daß die Indifferenzkurven des Haushalts stärker gekrümmt sind als die Budgetlinie.)

c) Erweiterungen

1. Unterschiedliche Präferenzen verschiedener Haushalte

Unterschiedliche Reisepräferenzen schlagen sich in entsprechend unterschiedlichen Indifferenzlinien nieder. In Abbildung 4.5 sind drei verschiedene Haushalte zugrundegelegt: Haushalt 1 hat (vergleichsweise) »mittlere« Präferenzen für Urlaubsreisen – vgl. die dick gezeichnete Indifferenzlinien-Schar (I^1) –, Haushalt 2 hat eine geringe, Haushalt 3 eine große Vorliebe für Urlaubsreisen und verzichtet lieber auf Konsumausgaben zu Hause als Haushalt 1 und erst recht als Haushalt 2 – vgl. die gestrichelte (I^2) und die punktierte (I^3) Indifferenzlinienschar.

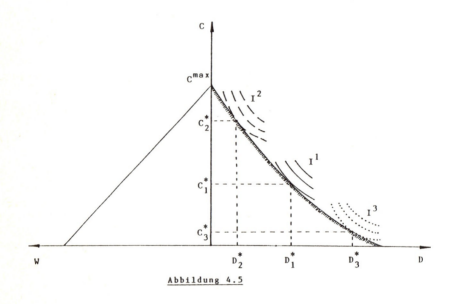

Abbildung 4.5

Die optimale Aufenthaltsdauer entspricht diesen Annahmen: D_1^* für Haushalt 1 ist von »mittlerer« Länge, D_2^* ist kurz und D_3^* ist lang. Die entsprechenden Konsumausgaben C_1^*, C_2^* und C_3^* verhalten sich umgekehrt.

2. Bedeutung der Zeitbeschränkung

An dieser Stelle soll erstmals die Bedeutung der Urlaubszeitbeschränkung kurz erwähnt werden. Wenn maximal $\bar{D}$ Urlaubstage zur Verfügung stehen, ist eine zweite Nebenbedingung zu beachten: Neben der monetären gilt die zeitliche Beschränkung:

(4.9) $\quad D \leq \bar{D}$

Durch sie wird in Abbildung 4.6 der mögliche Bereich ein zweites Mal – von rechts durch die Geraden $\bar{D}$ und $\bar{\bar{D}}$ – eingeschränkt. $\bar{D}$ würde gelten, wenn die Reisezeit vernachlässigt werden kann, $\bar{\bar{D}}$ hingegen für den Fall *zeitraubender Reisen*, weil ein Erhöhung von D und damit eine Bewegung nach unten *größere Entfernungen* impliziert. Bei Gültigkeit von $\bar{\bar{D}}$ verringert sich für den betrachteten Haushalt 1 die Lösung für die optimale Aufenthaltsdauer D – über eine Verringerung der Entfernung – D_1^* nach D_1'.

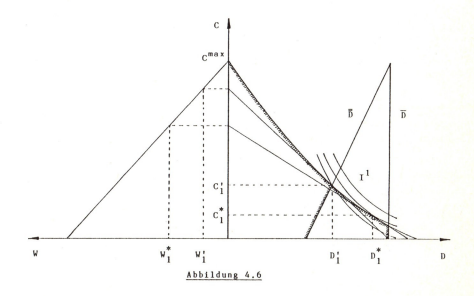

Abbildung 4.6

3. Die Verteilung der Urlauber im Raum

Aus diesem Modell ergibt sich bei Betrachtung aller Haushalte eine optimale Verteilung über die gegebene Fläche. Sind alle Haushaltseinkommen gleich, so entspricht in diesem einfachen Modell einer jeden Entfernung jeweils für alle dorthin reisenden Touristen dieselbe Aufenthaltsdauer – diese Eindeutigkeit wurde oben schon hervorgehoben. Werden unterschiedliche Einkommen betrachtet, so geht diese Eindeutigkeit verloren.

Die enge Annahme gleicher Haushaltseinkommen hat nur der Einführung in die theoretischen Zusammenhänge gedient, sie wird unten wieder aufgehoben. Zunächst sei noch erwähnt, daß die bisherige Analyse leicht ergänzt werden kann durch die Einführung unterschiedlicher Qualitäten von Reisen und Beherbergungen mit entsprechend unterschiedlichen Preisen (etwa: Billigflüge; Jugendherbergen oder Camping), wodurch auch bei niedrigen Einkommen große Reichweiten und lange Aufenthalte ermöglicht werden. Es ist zweckmäßig, auf diese Zusammenhänge erst nach der Behandlung von Einkommensänderungen und Änderungen in den Aufenthalts- und Reisekosten zurückzukommen.

III. Einkommens- und Preisänderungen: komparativ-statische Analyse

Im vorhergehenden Abschnitt sind jeweils das Einkommen Y^o, der Fahrpreis f je km und die Aufenthaltskosten p_k als Daten betrachtet worden. Im folgenden sollen diese Größen im Rahmen einer komparativ-statischen Analyse variiert werden. (Außer acht bleiben sollen Variationen der sonstigen Konsumgüterpreise.) Die Präferenzen der einzelnen Haushalte seien weiter unterschiedlich, aber für die Zwecke der Analyse konstant. Betrachtet wird unter jeweils sonst gleichen Bedingungen
(1) eine Einkommenserhöhung,
(2) eine proportionale Senkung der Aufenthaltskosten und
(3) eine proportionale Senkung aller Fahrtkosten.

Die Frage ist, wie sich jeweils die optimalen Werte für
a) die Reiseausgaben,
b) die Reiseentfernungen,
c) die jeweilige Aufenthaltsdauer sowie
d) die übrigen Konsumausgaben verändern.

Jede dieser Veränderungen wirkt sich auf die Nebenbedingung (4.2) aus und erweitert die Konsummöglichkeiten. Man kann die Nebenbedingung allgemeiner schreiben als:

(4.2') $\quad C^h + \alpha_3 f W^h + \alpha_2 p_k D^h \leq \alpha_1 Y^{ho}$

indem drei positive Parameter $\alpha_1, \alpha_2, \alpha_3$ eingeführt werden, welche in (4.2) gleich Eins sind, und die jetzt zum Zwecke der komparativ-statischen Analyse unterschiedlich festgelegt werden können:

Fall a) $\alpha_1 > 1, \alpha_2 = 1, \alpha_3 = 1$
Fall b) $\alpha_2 < 1, \alpha_1 = 1, \alpha_3 = 1$
Fall c) $\alpha_3 < 1, \alpha_1 = 1, \alpha_2 = 1$

a) Erhöhung der Einkommens

Im Falle der Einkommenserhöhung ($\alpha_1 > 1$, $\alpha_2 = \alpha_3 = 1$) verschiebt sich die Linie der Konsummöglichkeiten, die Budgetlinie, von B_1 nach B_1^* *parallel* nach oben. Dies ist anhand von Abbildung 4.7 erläutert. Um für einen einfach darstellbaren Fall eindeutige Ableitungen zu erhalten, sei folgende Spezifizierung der Zielfunktion (4.1) zugrunde gelegt:

(4.10) $U = cC^\beta D^\gamma$; $0 < \beta, \gamma < 1$, $c > 0$

Dabei können die Parameter β und γ innerhalb der gesetzten Grenzen für verschiedene Haushalte unterschiedlich sein.

Für diese Funktion, wie für übliche Fälle »normalen Verhaltens«, läßt sich nun leicht zeigen, daß mit steigendem Einkommen

(1) die Reiseausgaben ansteigen ($dR/dY > 0$),
(2) entferntere Reiseziele gesucht werden ($dW/dY > 0$),
(3) die Aufenthaltsdauer steigt ($dD/dY > 0$) und auch
(4) die sonstigen Konsumausgaben steigen ($dC/dY > 0$).

Diese Resultate entsprechen normalem Konsumentenverhalten; sie erhält man in allen Fällen, in denen in Abbildung 4.7 eine Bewegung nach rechts oben erfolgt, also S_1^* rechts oberhalb von S_1 liegt. In diesen Fällen steigt die Aufenthaltsdauer D, gleichzeitig wird der sonstige Konsum C größer und die gestiegene Aufenthaltsdauer impliziert hier auch eine Vergrößerung der Entfernung W. Dies sind nur qualitative Aussagen, in empirischen Untersuchungen ließe sich selbst dieser simple Ansatz in verschiedenen Weisen *quantitativ* testen.

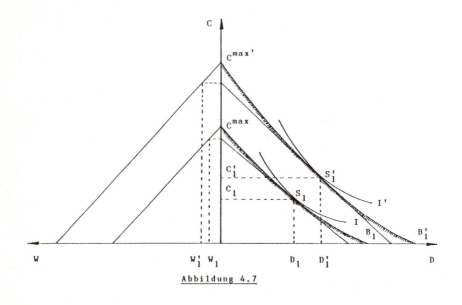
Abbildung 4.7

b) Senkung der Aufenthaltskosten

Wenn die Aufenthaltskosten in allen Orten um den gleichen Prozentsatz ($1-\alpha_2$) von p_k auf $\alpha_2 p_k$ gesenkt werden, kann jeweils ceteris paribus jeder beliebige mögliche Aufenthalt im Verhältnis $1:\alpha_2$ verlängert werden. Dadurch wird die Budgetlinie im Verhältnis $1:\alpha_2$ nach *rechts auseinander* gezogen: Vgl. in Abbildung 4.8 die Bewegung von B_2 nach B'_2 für $\alpha_2 = 0.5$. Die Neigung der Kurve wird geringer: Alle Orte in allen Entfernungen werden gegenüber dem Konsum zu Hause attraktiver, wobei der *relative Preisnachteil* näher gelegener Orte sich vermindert.

Der Aufenthalt an den näher gelegenen Orten wird damit absolut und relativ stärker attraktiv als vorher (vgl. die Bewegung von S_2 nach S'_2 in Abbildung 4.8). Dies bedeutet einen *längeren Aufenthalt* (D'_2 statt D_2) an einen *näher gelegenen* Ort. In diesem Beispiel nehmen die Reiseausgaben ab und die übrigen Konsumausgaben zu (von C_2 auf C'_2).

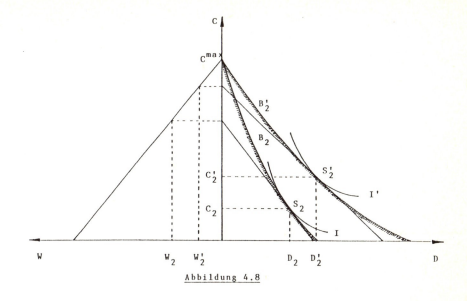

Abbildung 4.8

Dies gilt für den Typ der zugrunde gelegten Nutzenfunktion; es folgt aber nicht notwendigerweise für alle denkbaren Präferenzstrukturen. Würden zum Beispiel die Präferenzen der Haushalte der durch Q_2' bwz. durch Q_2'' laufenden Indifferenzlinie in Abbildung 4.9 entsprechen, so ergäbe sich

(1) im Falle der durch Q_2' laufenden Indifferenzlinie neben einer *starken Verminderung* der Reiseentfernung und einer *Erhöhung* der Konsumausgaben eine *Verkürzung* des Aufenthalts, und

(2) in dem Q_2'' charakterisierten Falle eine *starke Ausdehnung* der Dauer und eine *Erhöhung* der Reiseausgaben sowie eine *Verminderung* der Konsumausgaben. Im Falle (2) handelte es sich bei dem Konsum zu Hause um ein inferiores Gut, im anderen Falle (1) wären Urlaubsreisen inferior. Beide Fälle sind beim Konsumverhalten nicht typisch für große Ausgabenkategorien, bei starker Desaggregation und der Betrachtung ganz bestimmter *enger* Kategorien – also bei einer *Auswahl* unter den Konsumgütern bzw. Ferienreisen ist es hingegen eher normal, daß Haushalte zu anderen Ausgabentypen – etwa höherer Qualität – übergehen und von der vorher nachgefragten Qualität weniger kaufen, wenn das Einkommen steigt.

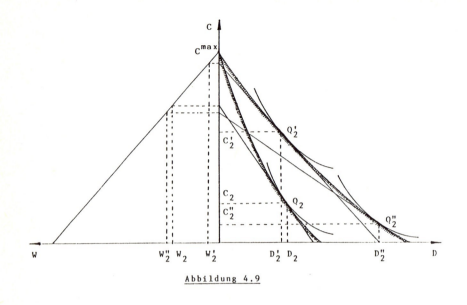
Abbildung 4.9

Für den »Normalfall« einer Bewegung nach rechts oben (in der Abbildung 4.8 dargestellt) kann festgehalten werden:
Die Veränderung
a) der Reiseausgaben ist negativ: $dR/dp_k < 0$,
b) der Reiseentfernung ist negativ: $dW/dp_k < 0$,
c) der Aufenthaltsdauer ist positiv: $dD/dp_k > 0$,
d) den Konsumausgaben ist positiv: $dC/dp_k > 0$.

Die Vorzeichen für (a) und (d) sind in dem Sinne komplementär, daß $dR/dp_k + dC/dp_k = 0$ ist; dies gilt natürlich nur, weil die Gesamtausgaben konstant bleiben, und sich nicht etwa die Ersparnisse ändern.

Diese Ableitungen entsprechen dem, was in der mikroökonomischen Theorie unter Einkommens- und Substitutionseffekten behandelt wird. (Vgl. von Böventer 1988: 120 ff.) Dies sei kurz anhand von Abbildung 4.10 gezeigt. Die *Preissenkung* (geringere Tagessätze für den Aufenthalt bewirkt eine *Streckung* der Budgetlinie nach rechts von B_2 nach B'_2. Statt I_2 kann die Indifferenzlinie I'_2 erreicht werden: Dies wäre auch möglich bei einer *Einkommenserhöhung* von Y^0 auf Y^1. Die Bewegung von S_2 nach S''_2 stellt jetzt den

Einkommenseffekt, jene von S_2'' nach S_2' den Substitutionseffekt dar. Der Einkommenseffekt ist um so größer, je größer D in der Ausgangssituation ist.[2]

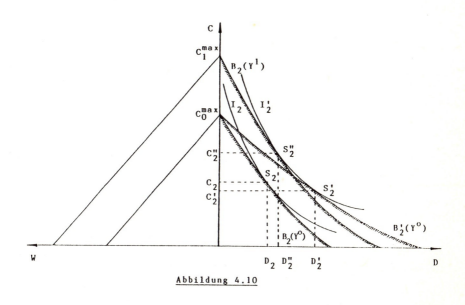

Abbildung 4.10

c) Senkung der Fahrtkosten

Eine Verringerung der Fahrtkosten (Fall c)) macht die weiter entfernt gelegenen Orte stärker attraktiv, und zwar sowohl absolut, als auch relativ zu näher gelegenen Orten. Der Abbildung 4.11 liegt zugrunde, daß *für jeden einzelnen Ort* die Konsummöglichkeiten-Geraden gegenüber der Ausgangssituation nach oben verschoben sind; dabei wird der Abstand aller einzelnen Punkte von der (in der Abbildung 4.11 gestrichelten) Linie C^{max} im gleichen Verhältnis vermindert, also für weiter rechts gelegene Punkte – welche für große Entfernungen mit absolut großen Fahrtkosten stehen – stärker als für Punkte weiter links (und damit kleinere Entfernungen). Die Steigung der Geraden im linken Quadranten wird flacher.

---

[2] Dies entspricht dem Inhalt der Slutzky-Gleichung in der Haushaltstheorie. Vgl. etwa: Henderson / Quandt (1983: 25 ff).

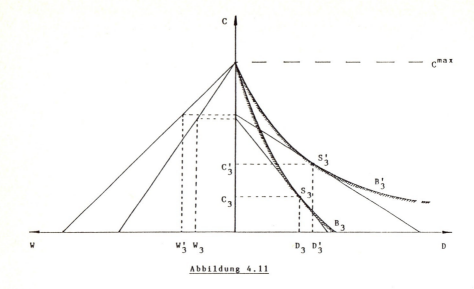

Abbildung 4.11

Als Resultat dieser Fahrtkostenermäßigung ergeben sich längere Reisen über weitere Entfernungen. In Abbildung 4.11 ist wieder die Budgetlinie als die Einhüllende für sämtliche Entfernungen aufgezeichnet. Für die Ausgangssituation gelte Linie B_3; dann bewirken die Reisekostensenkungen eine Bewegung nach B'_3. Der neue Optimalpunkt S'_3 liegt in »normalen Fällen« rechts und oberhalb von S_3. Mutatis mutandis ist all das anzuwenden, was in den Unterabschnitten a) und b) über die Einkommens- und Preiswirkungen gesagt wurde.

Normalerweise sinken mit einer Fahrtkostensenkung die Ausgaben für die Reise selbst, während die Konsumausgaben, die Aufenthaltsdauer und die Entfernung steigen.

Umgekehrt sind die Ableitungen für Fahrtkosten*erhöhungen* somit für

a) die Reiseausgaben positiv: $dR/df > 0$,
b) die Reiseentfernungen negativ: $dW/df < 0$,
c) die Aufenthaltsdauer negativ: $dD/df < 0$,
d) die Konsumausgaben negativ: $dC/df < 0$.

In allen drei Fällen (a-c) sind wieder für den Normalfall qualitative Aussagen möglich. Trotz der extremen Einfachheit des Ansatzes, der Unterschiede in der Attraktivität einzelner Ferienorte völlig vernachlässigt, eignet sich dieser Ansatz als Ausgangspunkt für empirische Untersuchungen, in denen die Reise- und Aufenthaltskosten für verschiedene Entfernungen und ihre Auswirkung auf Reiseentfernungen und die Ausgaben getestet werden.

IV. Positive Wertschätzungen der Ferne

a) Einleitung

Die Annahme, daß p_k eine Funktion der Entfernung ist, läßt sich in einem globalen Maßstab damit rechtfertigen, daß die Unterbringungskosten eine Funktion der Faktorpreise und insbesondere der Bodenpreise sind und diese mit zunehmender Entfernung von Ballungszentren abnehmen. Dies impliziert, daß die Annahme der Homogenität der Fläche für die anderen Sektoren der Wirtschaft aufgegeben worden ist.

Im folgenden wird eine in jeder Beziehung homogene Fläche zugrunde gelegt und der Fall betrachtet, daß die *Ferne an sich* eine positive Wertschätzung genießt. Die Annahme der mit der Entfernung sinkenden Aufenthaltskosten kann damit fallengelassen und die eben erwähnte Komplikation bezüglich der Homogenität der Fläche vermieden werden.

b) Das Modell

Positive Präferenzen für die Ferne an sich beinhalten, daß die *Entfernung* W vom Wohnort *selbst* in die Zielfunktion eingeht, und zwar in positiver Weise. Die Mühen längerer Reisen sind dabei berücksichtigt: Sie sind – abgesehen von den Fahrt*kosten* - auf jeden Fall kleiner als der zusätzliche Genuß aus der größeren Entfernung. Die anderen beiden Argumente der Zielfunktion (C und D) bleiben erhalten. Die Nebenbedingung vereinfacht sich insofern, als jetzt der Aufenthalts-Tagessatz p_k nicht mehr mit der Entfernung variiert, also $p_k = p^o$ als vorgegebene Größe für alle Orte k betrachtet wird.

Das Optimierungsproblem sieht damit so aus: Zu maximieren ist der Wert der

(4.11) Zielfunktion: $U^h = U^h(C^h, D_k^h, W_k^h)$

unter der

(4.12) Nebenbedingung: $C^h + fW_k^h + p^o D_k^h \leq Y^{ho}$

Die Lösung dieses Problems ergibt, wie sich leicht zeigen läßt, daß sich im Optimum die Ableitungen der Zielfunktion nach C^h, D_k^h und W_k^h verhalten wie $1:(1/p^o):1/f$ (falls die Präferenzen des Haushalts nicht derart sind, daß er unter den gegebenen Umständen ganz auf eine Reise verzichtet).

Das heißt: Die Ausgabe einer zusätzlichen DM sollte in allen Verwendungsrichtungen den gleichen (Grenz-)Nutzen bringen, ob sie ausgegeben wird für

– zusätzlichen Konsum zu Hause,
– eine Verlängerung des Urlaubs oder
– eine Vergrößerung der Entfernung bis zum Urlaubsort.

Die entsprechenden (marginalen) Beträge sind

– 1 zusätzliche Konsumgütereinheit (zum Preis 1), oder
– $1/p_o$ Tage zusätzlicher Aufenthalt, oder
– $1/f$ Kilometer zusätzlicher Fahrt.

Eine einfache Spezifikation der Nutzenfunktion lautet für diesen Fall:

(4.13) $U^h = c(C^h)^\beta (D_k^h)^\gamma (W_k^h)^\delta; \; 0 < \beta, \gamma, \delta < 1, c > 0$

Dann werden die Gesamtausgaben des Haushalts auf den Konsum, auf Aufenthaltskosten und Fahrtkosten entsprechend der Größe der drei Exponenten der Zielfunktion aufgeteilt:

(4.14) $C^h : p^o D_k^h : fW_k^h \triangleq \beta : \gamma : \delta$

(Auf die Ableitung und Qualifikationen dieser Aussage wird hier verzichtet.) Wenn man zu den alten Preisen von optimalen Werten für C^h, D^h und W^h ausgeht, und sodann eine *Erhöhung* der Aufenthaltskosten oder der Reisetarife um einen *bestimmten Prozentsatz* einführt, so werden die Aufenthaltsdauer beziehungsweise die Entfernung um den *gleichen Prozentsatz nach unten* angepaßt.

V. Die Gesamtverteilung der Urlauber

a) Theoretische Zusammenhänge zwischen den verschiedenen Modellen

In den erörterten zwei Modellen dieses Kapitels (in II und IV) sind explizit zwei Argumente für weite Reisen im Vergleich zur Wahl kurzer Reiseentfernungen betrachtet worden: (1) Niedrigere Tagessätze und (2) die Wertschätzung der Ferne als solcher. Eine weiteres für eine homogene Urlaubsfläche relevantes Argument ist (3) der schon erwähnte Wunsch, möglichst allein, nur weit weg von anderen Menschen zu sein und so einen möglichst großen Freiraum in der Natur zu haben. Inwieweit und wo dies für einen einzelnen Urlauber möglich ist, hängt jeweils vom Verhalten aller anderen ab: Hierfür benötigt man ein komplexes, das heißt ein interdependentes Modell, in dem alle Urlauber gleichzeitig erfaßt werden.

Die bisherigen Analysemethoden reichen für die Behandlung solcher wechselseitigen Zusammenhänge nicht aus: Solche Methoden müssen in einem eigenen Kapitel erst entwickelt werden (Kapitel 6). Hier soll zunächst einführend gefragt werden, inwieweit das Streben nach – unter sonst gleichen Bedingungen – Maximierung des Abstands von anderen Urlaubern als einem Ziel der Urlauber (neben dem Streben nach möglichst hohem Konsum zu Hause und nach einem langen Urlaub) zu ähnlichen beobachtbaren Verhalten führt wie das Streben in die Ferne und nach Ausnutzung niedriger Tagessätze an weiter entfernten Orten.

Logisch folgt die Realisierung des dritten Zieles keineswegs aus dem Streben nach dem ersten, da sich in beiden behandelten Modellen bei gleichen Präferenzen und gleichen Einkommen jeweils die *gleiche* optimale Entfernung W^* für alle betrachteten Haushalte ergibt: Dann wäre die Urlauberdichte *dort* besonders groß, der Abstand von anderen Urlaubern besonders klein, auch wenn dabei ein (Flächen-)Ring sehr großen Durchmessers zur Verfügung stünde, auf dem für viele Urlauber Platz wäre: Die Dichte wäre dann auf jeden Fall in kleineren (wie auch größeren) Entfernungen kleiner als auf diesem Ring. Dieser Fall ist unter allen vernünftigen Annahmen nicht besonders plausibel.

Innerhalb theoretischer Ableitungen ist es deshalb von Interesse, solche Fälle explizit zu behandeln, in denen die Häufung von Urlaubern in bestimmten Entfernungen sehr wohl eine wichtige Rolle bei der Wahl der Entfernung spielt. Dies folgt *auch* aus der Beachtung des Ziels nach Zahlung möglichst geringer Tagessätze, jedenfalls dann, wenn das *Bettenangebot* nicht unendlich elastisch ist. Passen sich bei großer Nachfrage die Preise nach oben an, so wirkt dieser Mechanismus auch in Richtung einer gleichmäßigeren Verteilung. Dabei ist die Urlauberdichte natürlich eine Funktion der Entfernung. (Bei einer ungleichmäßigen Fläche sehen die Resultate ohnehin anders aus.)

b) Verteilung bei Kostenminimierung und Entfernungsmaximierung

Zur Beantwortung der Frage nach der konkreten Verteilung von Urlaubern im Raum müßten die betrachteten Modelle numerisch spezifiziert und getestet werden. Dann erhält man bestimmte Parameterwerte und räumliche Verteilungen, wenn die gesammelten Daten die gewählte Spezifizierung stützen. Für theoretische Aussagen benötigt man ebenfalls eine Spezifizierung und kann dann lediglich mit mutmaßlichen Parameterbereichen operieren und deren Implikationen abzuleiten versuchen.

Hier sollen lediglich einige spekulative Betrachtungen angestellt und dabei auf die Formulierung (4.13) zurückgegriffen werden. Dafür spricht, daß sich solche Ansätze in vielen empirischen Untersuchungen über wirtschaftliche Zusammenhänge relativ gut bewährt haben. Diese Ansätze haben den großen Vorteil, daß die Parameter β, γ und δ direkt aus empirisch beobachteten Ausgabenanteilen abgeleitet werden können.

Die Werte für den Parameter β bewegen sich wohl in der Größenordnung um 0,9 und die Summe von γ und δ um 0,1. Indes geht es hier nicht um deren absolute Niveaus, sondern um die jeweiligen Bereiche bei Betrachtung aller einzelnen Familien. Hierbei kann man als eine möglich plausible Hypothese davon ausgehen, daß die Parameterwerte für die Gesamtheit der Haushalte einer gewissen Streuung unterliegen. Wenige Urlauber bleiben in der Nähe und wenige fahren sehr weit weg: Wo Häufungen auftreten bzw. wo das Maximum liegt, ist eine Frage für empirische Untersuchungen.

Zu Vorstellungen über die Gesamtverteilung der Urlaubsnachfrage über die Fläche gelangt man über die (zusätzliche) Kenntnis der Einkommensverteilung. Da die zu beobachtende Einkommensverteilung schief ist (mehr geringe als hohe Einkommen), folgt insoweit auch eine schiefe Verteilung der Urlauber auf der homogenen Fläche.

Wo eine signifikante Korrelation zwischen Aufenthaltskosten und Entfernungen besteht, sind die Resultate empirischer Untersuchungen möglicherweise mit beiden Ansätzen vereinbar. Es kann allerdings auch sein, daß der Test der beiden Ansätze unterschiedliche Spezifizierungen erfordert. Dabei ist auch zu beachten, daß für verschiedene Arten von Reisen – »normalen« Urlaubsreisen und selteneren langen Urlaubsreisen beziehungsweise »Weltreisen« – möglicherweise verschiedene Ansätze zweckmäßig sind. Auf einer nicht-homogenen Fläche sind ohnehin zusätzliche Faktoren zu berücksichtigen, die in den folgenden Kapiteln Beachtung finden werden.

Fünftes Kapitel
Standortwahl auf der Urlaubsfläche: Das theoretische Instrumentarium der Preis-Indifferenz-Funktionen

I. Vorbemerkungen zur Behandlung von Preisvergleichen

a) Ziele des Kapitels

Bisher wurden einfache theoretische Ansätze behandelt, welche die über verschiedene Reisemöglichkeiten vorhandenen Informationen im Rahmen von Optimierungsmodellen zu den jeweiligen optimalen Werten der Reiseentfernungen und Aufenthaltslängen verarbeitet haben. In diesem Kapitel soll erörtert werden, wie unter Zugrundelegung bestimmter Präferenzen der Haushalte die optimalen Lösungen direkt aus Preisvergleichen hergeleitet werden können.

Dies kann auf zweierlei Weise geschehen:
– erstens durch die (explizite) Lösung von Optimierungsmodellen und
– zweitens durch die Bewertung von Preisvergleichen, bei welchen die Haushaltspräferenzen entweder implizit oder in schon verarbeiteter Form genutzt werden. Im letzteren Falle wird nicht unterstellt, daß die Haushalte Optimierungskalküle durchführen, man arbeitet mit dem Resultat von wie auch immer angestellten (expliziten und impliziten) Überlegungen und kann aus ihnen auf die Präferenzen zurückschließen.

Die betrachteten Variablen sind Entfernungen und Qualitätsunterschiede einerseits sowie unterschiedliche Preise andererseits. Im Mittelpunkt der theoretischen Überlegungen steht das Konzept der Preis-Indifferenz. Bei ihm geht es um die Frage,

– bei welchen Kombinationen von Preisen und Entfernungen beziehungsweise

– bei welchen Kombinationen von Preisen und Qualitäten sich ein betrachteter Haushalt bezüglich der möglichen Wahl indifferent verhalten würde. Dies beinhaltet, daß bei anderen Wertkombinationen das eine oder das andere Ziel vorgezogen würde.

Es werden Preisvergleiche für verschiedene Orte (in verschiedenen Entfernungen) und für verschiedene Aufenthaltsqualitäten angestellt und mit der vergleichsweisen Zahlungsbereitschaft eines potentiellen Urlaubers in bezug auf diese Entfernungen beziehungsweise Qualitäten verglichen.

b) Beziehungen zu den Ansätzen in Kapitel 4

Zunächst soll wieder zu den Modellansätzen des letzten Kapitels zurückgekehrt werden, diese werden anschließend erweitert. Die behandelten Ansätze zeichnen sich dadurch aus, daß

(1) auf einer homogenen Fläche kontinuierliche Variationen in allen drei wesentlichen Variablen möglich waren – nämlich in den Konsumausgaben C, in der Aufenthaltslänge D und vor allem in der Entfernung W –, also ein kontinuierliches Modell zugrunde gelegt wurde, und

(2) keine direkten ökonomisch relevanten *Wechselbeziehungen zwischen Urlaubern* betrachtet wurden.

Die zweite Aussage beinhaltet, daß alle Wirkungen, welche aus der Veränderung der Zahl der Urlauber resultieren, anderen Sektoren der Wirtschaft aufgebürdet werden, ohne daß Rückwirkungen auf den Tourismus erfolgen: Das Angebot an Urlaubsplätzen wird als unendlich elastisch unterstellt: Dieses wird jeweils ohne Kostenänderungen an die Nachfrage angepaßt.

Wenn keine Wechselbeziehungen zwischen verschiedenen Urlaubern an einem Ferienort betrachtet werden, ist die Annahme einer kontinuierlichen Variation auf der Fläche möglich und sinnvoll. Streng genommen hat man es bei einer kontinuierlichen Variation der Entfernung auch mit einer Wahl unter alternativen Güterqualitäten und damit unter unendlich vielen verschiedenen Gütern zu tun: Aus deren Kontinuum wird jeweils ein einziges ausgewählt. Bei der Zuordnung der einzelnen Urlauber zu der betrachtenden Fläche kann man auch im Grenzfall von einer kontinuierlichen (und differenzierbaren, integrierbaren) Häufigkeitsverteilung ausgehen.

Dieser Ansatz einer kontinuierlichen Variation der Fläche ist nicht mehr anwendbar, wenn die Qualität der Urlaubsorte in nicht kontinuierlicher Weise von Ort zu Ort variiert oder bei der Betrachtung von wirtschaftlichen Beziehungen an einem Ort über die einzelnen Urlauber aggregiert wird[1].

II. Auswahl unter verschiedenen Gütern oder Urlaubsorten

a) Die Behandlung verschiedener Arten von Alternativen

Betrachtet wird ein Haushalt, der vor der Wahl eines Urlaubsortes aus einer gegebenen begrenzten Anzahl potentieller Urlaubsorte steht. Deren Qualitäten seien in der Vorstellung diese Haushaltes hinlänglich genau bekannt, ebenso die jeweiligen Reisekosten. Der Aufenthaltspreis oder Tagessatz p_1 sei für den ersten Ort in Höhe von p_1^o vorgegeben, betrachtet wird der Preis p_2 an einem zweiten Ort: Die Frage ist, bei welchem Preis p_2 sich dieser Haushalt für den ersten und wann für den zweiten Urlaubsort entscheiden würde. Offensichtlich gibt es einen sehr hohen Preis p_2^g, bei dem ein Urlaub am Ort 1 als günstiger betrachtet würde, und auch einen sehr niedrigen Preis p_2^n, bei dem Ort 2 gewählt würde: Folglich muß es – irgendwo dazwischen – auch einen hypothetischen Preis $\hat{p}_2$ geben, bei dem der Haushalt sich zwischen den beiden Orten nicht mehr entscheiden kann – sich als indifferent verhält. Dieser Preis wird mit $\hat{p}_2^o$ bezeichnet; der obere rechte Index (Null) ist notwendig, damit deutlich wird, welcher Vergleichspreis für den Ort 1 zugrundegelegt wurde, hier nämlich p_1^o. Die Werte p_1^o und $\hat{p}_2^o$ gehören damit zu derselben Preis-Indifferenz-Funktion.

Zur Einordung diese Konzepts der Preis-Indifferenz in die allgemeine mikroökonomische Theorie sei auf zwei verwandte Konzepte verwiesen. Ausgangspunkt ist der bekannte Begriff der Indifferenz eines Haushaltes (oder Konsumenten) zwischen zwei verschiedenen Gütermengen-Kombinationen oder Güterbündeln: Dadurch werden Punkte einer Indifferenz-Funktion oder (Mengen-)Indifferenzlinie definiert, wie sie im letzten Kapitel beim Vergleich von C und D verwendet wurde. Die (C,D-)Kombinationen auf ein und dersel-

---

[1] In gewissen Modellen können auch die Parameter von zum Beispiel Bettenangebotsfunktionen kontinuierlich über die Fläche variieren. Diese Modelle sind jedoch sehr komplex und sollen hier nicht weiter verfolgt werden.

ben Indifferenzlinie werden von dem betrachteten Haushalt gleich geschätzt, sie sind für den Haushalt *äquivalente Mengenkombinationen*.

Die hierzu gehörige sogenannte duale Betrachtung führt zu dem zweiten Konzept: dem der Preis-Indifferenz. In diesem Sinne *äquivalente Preiskombinationen* zeichnen sich dadurch aus, daß sie den *Kauf* von gleich hoch geschätzten Gütermengenkombinationen *ermöglichen*. Genauso wie bei (Mengen-)Indifferenzlinien eine kleinere Menge eines Gutes im allgemeinen durch eine vergrößerte Menge des anderen Gutes ausgeglichen wird, so muß hier die Verteuerung des einen Gutes durch eine Verbilligung des anderen ausgeglichen werden. Die Gesamtheit der Preiskombinationen, welche diese Bedingung erfüllen, bezeichnet die Punkte einer Preis-Indifferenz-Funktion oder Preis-Indifferenzlinie. Preis-Indifferenzlinien gibt es ebenfalls unendlich viele. Nutzenfunktionen, deren Argumente nicht Gütermengen, sondern (mit dem Einkommen normierte) Güterpreise sind, werden in der mikroökonomischen Theorie als indirekte Nutzenfunktionen bezeichnet. (vgl. Henderson/Quandt, 1983: 40 ff.)

Das für verschiedene Ferienorte eingeführte Konzept der Preis-Indifferenz unterscheidet sich von beiden beschriebenen Konzepten:
– Nicht zwei Mengen oder zwei Preise werden in Beziehung gesetzt, sondern
– jeweils eine Qualitätsvariante und deren Preis wird mit einer anderen Qualitätsvariante und deren Preis verglichen. Die im einfachsten Falle betrachtete Qualität ist die Entfernung W.

b) Darstellung verschiedener Indifferenzkonzepte

Für die ersten beiden Konzepte – bei reinen Mengen- und Preisvergleichen – können verschiedene Punkte der Indifferenz-Funktionen beschrieben werden, wobei das Zeichen »≅« jeweils Äquivalenz bedeutet:

(5.1) $\quad (x_1^0, x_2^0) \cong (x_1^1, x_2^1) \cong (x_1^2, x_2^2) \cong (x_1^3, x_2^3) \cong \ldots$

(5.2) $\quad (p_1^0, p_2^0) \cong (p_1^1, p_2^1) \cong (p_1^2, p_2^2) \cong (p_1^3, p_2^3) \cong \ldots$

Die jeweilige Ausgangs-Kombination (mit oberen Indizes Null bezeichnet) ist (logischerweise) frei zu wählen, genauso aber auch die Variation *einer* der beiden Größen für die Vergleichsituation. Ist die Veränderung dieser einen Größe festgelegt – die Veränderung von x_1^0 nach x_1^1 oder die Preisänderung von p_1^0 nach p_1^1 –, so ist die andere Veränderung – welche von x_2^0 nach x_2^1 beziehungsweise von p_2^o nach p_2^1 führt – durch die Präferenzen oder Nutzenvorstellungen des Haushalts eindeutig bestimmt. (Vgl. Abbildung 5.1 und 5.2)

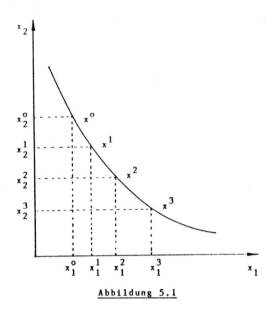

Abbildung 5.1

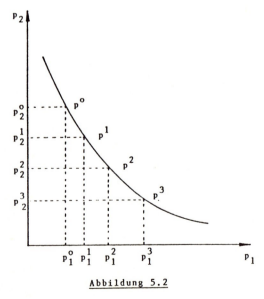

Abbildung 5.2

Für die räumliche Preis-Indifferenzlinie (vgl. Abbildung 5.3) lauten die Äquivalenzen:

(5.3) $(p_1^o, W_1) \cong (p_2^o, W_2) \cong (p_3^o, W_3) \cong ...$ [2]

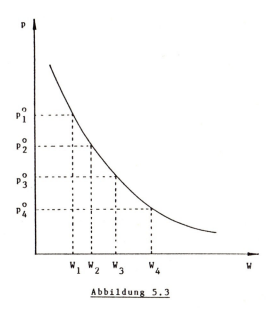

Abbildung 5.3

Da die Qualität der Urlaubsorte bis auf die Entfernung als konstant unterstellt wird, ist für dieses »Gut« eigentlich kein unterer Index notwendig. Dies gilt nicht für den oben behandelten allgemeinen Fall: Dort ging es um den Aufenthalt an zwei Orten, die sich in vielerlei Beziehungen unterscheiden und deren Differenzen größtenteil nicht meßbar oder gar numerisch vergleichbar sind. Die Indizes bezeichneten die Orte, so wie sie sind. Man erhält folglich:

(5.3') $(p^o{}_1) \cong (p^o{}_2) \cong (p^o{}_3) \cong ...$

---

[2] Ansatz (5.3) kann auch als Spezialfall der reinen Indifferenz zwischen zwei Preisen betrachtet werden. Geht man davon aus, daß die Fahrtkosten pro Entfernungseinheit konstant sind, dann repräsentieren unterschiedliche Entfernungen unterschiedliche Fahrtkosten (-preise).

Die Qualität »Entfernung« ist damit in der gesamten Beschreibung der Orte enthalten, baucht also nicht noch einmal durch eine zusätzliche Variable erfaßt zu werden. Nur wenn alles andere gleich ist, also auf einer homogenen Fläche, ist eine Hervorhebung der Entfernung sinnvoll. (5.3) ist also ein Spezialfall von (5.3 ').

Einen Übergang zwischen den Formulierungen (5.1) und (5.3) kann man in der folgenden Weise herstellen. Wenn mann von irgendeinem Geldbetrag $\bar{M}$ ausgeht, welcher größer ist als die hier relevanten Preise, dann bleibt ein der Ausgangssituation nach Zahlung des für die erste Qualitätsvariante (q_1) erforderlichen Preises p_1^o ein bestimmter Geldbetrag $\bar{M} - p_1^o$ übrig, mit dem ein Güterbündel z_1^o gekauft werden kann. Bei der zweiten Variante (q_2) bleibt Kaufkraft in Höhe von $\bar{M} - p_2^o$ zum Erwerb des Bündels z_2^o übrig.

Damit ist die Formulierung (5.3) überführt worden in eine solche, welche der Äquivalenz (5.1) entspricht:

(5.4) $\quad (q_1, z_1^o) \cong (q_2, z_2^o)$

Kann man eine Merkmalsausprägung – wie die Lage durch die Entfernung W in (5.3) – quantifizieren, so erhält man die Substitution von Δq gegen die Veränderung Δz eines Güterbündels, das nach dem Übergang von $q_1(W_1)$ nach $q_2(W_2)$ zusätzlich gekauft werden kann.

Die Bestimmung der Äquivalenz-Preise – wie auch der Mengen im Falle (5.1) – erfordert die Lösung von Optimierungsproblemen. Im ersten Falle (5.1) sind jeweils die minimalen Mengen von x_2 und im Falle (5.2) die maximalen Preise p_2 zu bestimmen, bei denen sich die betrachtete Wirtschaftseinheit nicht schlechter stellen würde als in der Ausgangssituation, nachdem die Mengen x_1 beziehungsweise die Preise p_1 (beliebig) variiert worden sind. Im Falle (5.3') geht es auch jeweils um die maximalen Preise $p^o{}_2, p^o{}_3,...$, während im Spezialfall (5.3) außer den Äquivalenz-Preisen auch der Ausgangspreis beliebig festgesetzt werden könnte und man dann nach der jeweiligen maximalen Entfernung fragen könnte, für welche die geforderte Indifferenz gerade noch besteht.

Zum Schluß dieser allgemeinen Überlegungen ist noch ein wichtiger Unterschied zwischen den Fällen (5.1) und (5.2) einerseits und (5.3) beziehungsweise (5.3') zu betonen:

a) Wenn Güterbündel betrachtet werden, führen Preisänderungen im allgemeinen zu – mehr oder weniger großen – Verschiebungen in den Anteilen der einzelnen Güter.

b) Bei der räumlichen Anwendung der Indifferenz-Funktionen gibt es dagegen nur (O,1)-Sprünge: Da es um einander ausschließende Alternativen geht, findet entweder kein Wechsel oder aber ein vollständiger Wechsel des Standorts statt.

III. Preis-Indifferenz auf einer homogenen Urlaubsfläche

a) Allgemeine Modell-Formulierung

Im folgenden soll die Bestimmung der Indifferenzpreise näher erörtert werden, erst im Rahmen einer einfachen Modellformulierung, sodann anhand einer Abbildung, welche die Zusammenhänge noch einmal graphisch erläutert.

Für die Ableitung der Preis-Indifferenzfunktion wird wieder eine homogene Urlaubsfläche zugrunde gelegt, auf der die Reisekosten vom Wohnort bis zu dem Ort k in der Entfernung W_k bekannt sind. Betrachtet wird ein Haushalt mit vorgegebenen Präferenzen in Form der Funktion U(C,D) mit vorgegebenem Einkommen $Y^h=Y^o$. Der Haushaltsindex h wird im folgenden zur Vereinfachung der Notation weggelassen. Die Entfernung W geht nicht in die Nutzenfunktion ein. Die Ortspreise p_k sind eine Funktion der Entfernung W_k.

Das Modell entspricht somit dem ersten in Kapitel 4 behandelten Modell:

(5.5) $U=U(C,D)$

ist zu maximieren unter der Nebenbedingung:

(5.6) $C + fW_k + p_k(W_k)D_k = Y^o$

Die Frage lautet, bei welchen Preiskonstellationen verschieden weit entfernter Orte der Haushalt (bezüglich dieser) gleich gutgestellt wäre und somit zwischen den Urlaubsmöglichkeiten sich indifferent verhalten würde. Hierbei ist eine wichtige Bedingung, daß er die Urlaubsdauer D in jedem einzelnen Falle frei wählen kann[3].

---

[3] In einem anderen Absatz kann die Urlaubsdauer in einer bestimmten Höhe als konstant angenommen werden, ebenso lassen sich verschiedene Urlaubslängen für jeden Ort differenziert festlegen.

Preis-Indifferenz bedeutet, daß vom Standpunkt des Haushalts die möglichen optimalen Konstellationen an verschiedenen Orten als gleich erstrebenswert und damit gleichwertig angesehen werden. Für drei Entfernungen W_1, W_2, W_3 mit drei möglichen C-D-Kombinationen (C_1,D_1), (C_2,D_2) und (C_3,D_3) muß deshalb gelten:
a) die möglichen optimalen Werte der Nutzenfunktion sind einander gleich:

(5.7) $\quad U(C_1,D_1) = U(C_2,D_2) = U(C_3,D_3)$

b) die Nebenbedingung muß in allen drei Fällen erfüllt sein:

(5.8) $\quad C_1 + fW_1 + p_1D_1 = C_2 + fW_2 + p_2D_2 = C_3 + fW_3 + p_3D_3 = Y^o$

Dann erfüllen die drei Preise p_1, p_2 und p_3 die Bedingung:

(5.9) $\quad p_1 \cong p_2 \cong p_3$

Sie liegen auf derselben Preis-Indifferenzlinie.

Wie lassen sich die Preise einer Preis-Indifferenzfunktion ableiten? Hierzu kann entweder aus den festgelegten Daten (einschließlich eines vorgegebenen Wertes für p_1) für den Ort 1 der maximale Wert U^1 abgeleitet werden. Die äquivalenten Preise für die anderen Orte lassen sich dann unter Zugrundelegung dieses Nutzenniveaus gewinnen. Man kann aber auch irgendein Nutzenniveau $\bar{U}$ zugrunde legen und innerhalb des Modells daraus den entsprechenden Wert $\bar{p}_1$ ableiten, entsprechend für die anderen Orte verfahren und somit $\bar{p}_2$ sowie $\bar{p}_3$ erhalten.

Ausgangspunkt der Analyse ist eine optimale Kombination $U^1 = U(C_1,D_1)$ bei $Y=Y^o$, W_1, f und p_1. Bei konstantem Nutzenniveau U^1 wird nur die Entfernung W_1 variiert (W_2, W_3). Dabei ist noch einmal zu betonen, daß der Preis des Konsumgüterbündels, p_C, konstant gleich Eins ist und bei C_k der Index angibt, wie hoch der (optimale) Konsum zu Hause ist, wenn der Urlaub am Ort k verbracht wird.

Für die Betrachtung eines Ortes sind somit
(1) die Größen $\bar{Y}$, f, W_k und im besonderen $U=U^1$ festgelegt, und
(2) die Größen D_k, C_k und im besonderen p_k variabel.

Zu bestimmen ist der maximale Preis p_k, welcher (gerade noch) gezahlt werden kann, damit der Haushalt zwischen dem (Ausgangs-)Ort 1 und jedem gewählten anderen Orte k indifferent ist.

Das Problem der Bestimmung eines Punktes auf einer Preis-Indifferenzlinie für das Ausgangsniveau $U=U^1$ ist damit in der folgenden Weise spezifiziert:

Es wird der maximale hypothetische Wert gesucht:

(5.10) $p_k = \bar{p}_k$ (hier k = 2,3, da p_1 vorgegeben),

für welchen die Bedingungen

(5.11) $\hat{p}_k = (Y^o - C_k - fW_k)/D_k$

und

(5.12) $U = U^1 = U(C_k, D_k)$

erfüllt sind.

Das im Kapitel 4 formulierte Maximierungsproblem ist hierbei umgekehrt worden, da nicht U aus p_k sondern $\hat{p}_k$ aus einem vorgegebenem Werte U^1 abgeleitet wird[4].

Im folgenden soll eine graphische Lösung beschrieben werden. Vorher ist noch kurz auf die Möglichkeit der Ableitung einer zweiten Indifferenzlinie einzugehen. So, wie das obige Problem formuliert wurde, ist offensichtlich für k=1 das maximale $\hat{p}_1$ gleich dem vorgegebenen Wert p_1. Soll ein zweites, höheres Nutzenniveau $U^2 > U^1$ betrachtet werden, so muß notwendigerweise der Ausgangspreis p_1 niedriger sein als bisher. Daraus folgt, daß auch die anderen Preise niedriger sein müssen und damit die gesamte zweite Indifferenzlinie unterhalb der ersten Indifferenzlinie liegen muß. Im Gegensatz zu Indifferenzkurven, die bzgl. Gütermengen definiert sind, nimmt das Nutzenniveau also zum Ursprung hin zu.

---

4) Zu beachten ist ein wichtiger Unterschied: Im Modell des Kapitels 4 wurde unterstellt, daß der Aufenthaltspreis p_k linear mit zunehmender Entfernung sinkt. Hier wird jedoch nach *hypothetischen* Preisen gefragt.

b) Graphische Ableitung von Preis-Indifferenzlinien

Im folgenden sollen anhand von Abbildung 5.4 und 5.5 je drei Punkte zweier Indifferenzlinien für drei verschiedene Entfernungen W_1, W_2, W_3 abgeleitet werden. Das Ausgangsnutzenniveau wird mit U^a, das zweite, höhere mit U^b bezeichnet. Für diese beiden Werte der Zielfunktion werden bei vorgegebenem Einkommen für die Entfernungen W_1, W_2, W_3 und damit vorgegebenen Reisekosten fW_1, fW_2, fW_3 die jeweiligen maximalen Werte $\overline{p}_k^a$ und $\overline{p}_k^b$ (k=1, 2, 3) gesucht.

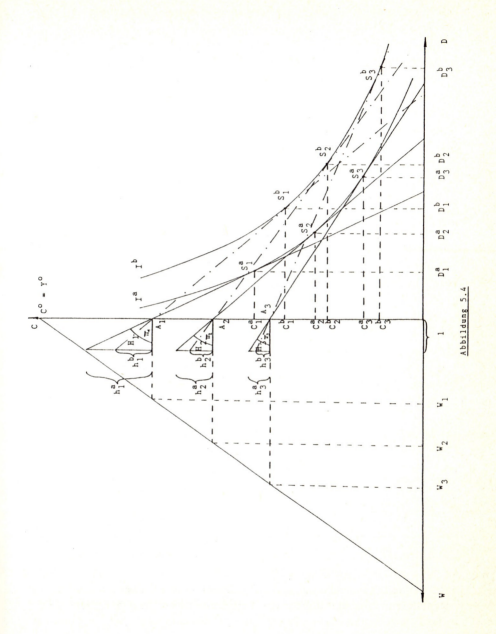

Abbildung 5.4

Der Ausgangspunkt S_1^a liegt im rechten Quadranten der Abbildung 5.4 auf der Indifferenzlinie I^a, welche gleich hoch geschätzte Kombinationen von C und D darstellt. C^o ist (wie in Abbildung 4.2) der maximale Konsum zu Hause bei Verzicht auf eine Reise (D=O). Bei Reisen über die Entfernungen W_1, W_2, W_3 bleiben nach Abzug der jeweiligen Fahrtkosten die Größen A_1, A_2, A_3 jeweils für C und D übrig.

Die Frage ist: Wie hoch darf in der Entfernung W_k der Preis p_k maximal sein, wenn (gerade noch) die Indifferenzlinie I^a erreicht werden soll? Die Frage nach dem maximalen Preis $\hat{p}_k$ impliziert die Suche nach der Preisgeraden p_k/p_c ($\equiv p_k/1 = -\Delta C/\Delta D$ mit dem *kleinsten Anstieg*, welche durch A_k verläuft und die *Indifferenzlinie* I^a (gerade noch) *tangiert*. Für die Punkte A_1 bis A_3 sind dies die jeweiligen nach S_1^a, S_2^a und S_3^a als Tangenten an I^a führenden Geraden.

Die Werte $\hat{p}_k^a$ (für U^a) in den Entfernungen W_1 bis W_3 sind damit gleich den jeweiligen Werten des Tangens von π_k in den Punkten S_1^a, S_2^a und S_3^a der Abbildung, und diese lassen sich im linken Quadranten ablesen als die Höhen h_1^a, h_2^a und h_3^a der drei eingezeichneten Dreiecke (H_1, H_2, H_3) mit der Basis gleich Eins.

In der Abbildung 5.4 ist die Ableitung der Indifferenzpreise noch einmal wiederholt worden für das Niveau U^b mit der Indifferenzlinie I^b. Dabei ergeben sich Tangenten in den Punkten S_1^b, S_2^b und S_3^b, und daraus wiederum folgen maximale $\hat{p}_k^b$, welche in den Dreiecken H_1, H_2, H_3 links durch die Höhen h_1^b, h_2^b und h_3^b abgebildet werden.

Die Werte h_k^a und h_k^b (k=1, 2, 3) sind in einem anderen Maßstab als $\hat{p}_k^a$, $\hat{p}_k^b$ nach Abbildung 5.5 übertragen worden. Führt man die beschriebene Prozedur für stetige Variationen von W_k durch, so erhält man die durchgezogenen Linien $\hat{p}^a$ und $\hat{p}^b$. Diese beiden Linien sind als Preis-Indifferenzlinien zu bezeichnen, weil bei allen Werten $\hat{p}_k^a$ ($\hat{p}_k^b$) dasselbe Nutzenniveau U^a (U^b) erreicht werden kann. Deshalb muß sich der Haushalt entsprechend der Formulierung unseres Problems bezüglich der angegebenen ($W_k, \hat{p}_k$)-Kombinationen indifferent verhalten. Es sei noch einmal betont: Da jeweils bei $\hat{p}^b$ ein höheres Nutzenniveau erreicht werden soll als bei $\hat{p}^a$, liegt die Preis-Indifferenzlinie für U^b offensichtlich *unterhalb* derjenigen für U^a: Ein höheres Nutzenniveau kann nur bei niedrigeren Preisen realisiert werden.

Es ist wichtig festzuhalten, daß dabei die Aufenthaltsdauer jeweils optimal angepaßt wird. Dies hat sich bei der Ableitung in Abbildung 5.4 ergeben: Die Aufenthaltsdauer kann nach Projektion der Punkte S auf die Abszisse, die D-Achse, dort direkt abgelesen werden.

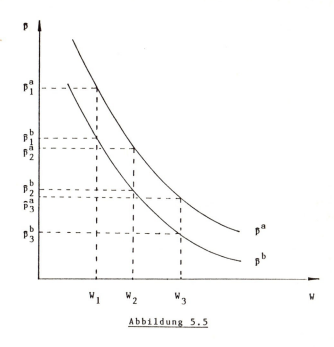

Abbildung 5.5

IV. Standortwahl auf der der Fläche: die optimale Urlaubsreise

a) Die optimale Reiseentfernung: Gegenüberstellung von hypothetischen und tatsächlichen Preisen

Bisher wurden nur hypothetische Werte betrachtet. Das Optimum dieses Haushalts ergibt sich aus der Gegenüberstellung dieser hypothetischen mit den tatsächlich zu zahlenden Preisen ($\bar{p}$). Dies soll nur ganz kurz mit Hilfe der Abbildung 5.6 angedeutet werden. Der aufgrund der tatsächlichen Preise $\bar{p}$ mögliche Bereich ist schraffiert gezeichnet: Niedrigere Preise können nicht realisiert werden. Die niedrigst gelegene Indifferenzlinie (d.h. die Indifferenzlinie mit dem höchsten erreichbaren Nutzenniveau), welche bei $\bar{p}$ realisiert werden kann, ist die Linie $\bar{p}^c$, die optimale Entfernung ergibt sich als W_k^* bei dem Aufenthaltspreis $p_k^{*\,5)}$ durch den Tangentialpunkt beider Linien.

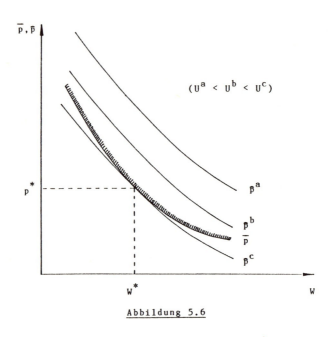

Abbildung 5.6

Kennt man also für alle betrachteten Haushalte die Präferenzen und die Einkommen, so kann man für die Verteilung ihrer Urlaubsziele im Raum[6] und ihre jeweilige Urlaubsdauer ableiten.

---

5) Um die Existenz eines optimalen »inneren« Preis-Entfernungs-Punktes zu gewährleisten, muß – was oben schon als plausibel erwähnt wurde – angenommen werden, daß die »Möglichkeitsgrenze« $\bar{p}$ stärker gekrümmt ist als die tangierende Preis-Indifferenzkurve.
6) Dies gilt insoweit, als die räumliche Verteilung durch unterschiedliche Entfernungen vom Heimatort charakterisiert ist.

b) Die Reiseempfindlichkeit der Urlauber

Die Preis-Indifferenzlinien geben an, um welche Beträge sich die Zahlungsbereitschaft der Urlauber mit der Entfernung ändert. Die Neigung einer Preis-Indifferenzlinie ist deshalb ein Maß für die Empfindlichkeit der Urlauber in bezug auf die Entfernung: Je stärker sie geneigt ist, um so größere Preisreduktionen sind erforderlich, wenn der betreffende Urlauber zu einer Reise in eine größere Entfernung angeregt werden soll. Je flacher die Preis-Indifferenzlinie verläuft, desto leichter ist es, einen Urlauber für eine Reise über größere Weiten zu gewinnen.

Die Kenntnis des Verlaufs der Prei-Indifferenzlinien und der Entfernungsempfindlichkeit der potentiellen Urlauber ist deshalb sowohl für empirische Anwendungen als auch aus theoretischen Gründen von erheblichen Interesse. Offensichtlich ist die Neigung der Preis-Indifferenzlinien eine Funktion der Haushaltspräferenzen und der Einkommen, aber auch des jeweiligen Aufenthaltspreises p^o und vor allem der Fahrtkosten f je zusätzlichem Kilometer.

Diese Zusammenhänge lassen sich in allgemeiner Form so beschreiben: Im Optimum ist die Budgetrestriktion voll ausgeschöpft (zur Vereinfachung der Notation sei der Ortsindex k weggelassen):

(5.13) $C + fW + pD = Y^o$

Der optimale Konsum sinkt bei gegebenem Nutzenniveau, wenn die Entfernung marginal erhöht wird, hingegen steigt die optimale Aufenthaltsdauer:

(5.14) $C = C(W)$, $dC/dW = C_W < 0$
(5.15) $D = D(W)$, $dD/dW = D_W > 0$

Löst man (5.13) nach dem Aufenthaltspreis auf, so ergibt sich:

(5.16) $p(W) = (Y^o - C(W) - fW)/D(W)$

Die Ableitung nach W ergibt die Steigung der Preis-Indifferenzlinie:

(5.17) $dp/dW = (D_W(-C_W - f) - D_W(Y^o - C(W) - fW))/(D(W))^2$

bzw.:

(5.18) $dp/dW = -C_W/D(W) - f/D(W) - (D_W p(W))/D(W)$

Der Gesamteffekt einer marginalen Entfernungserhöhung auf den Aufenthaltspreis pro Tag setzt sich (bei einer Bewegung auf der Preis-Indifferenzlinie, also bei gegebenem Nutzenniveau) aus drei Effekten zusammen:

$-C_W/D(W) > 0$ mißt die Ausgabenentlastung pro Urlaubstag, die durch die Reduktion des Konsums bei einer marginalen Erhöhung der Entfernung W entsteht.

$-f/D(W) < 0$ gibt den Effekt der Fahrtkostenerhöhung wieder, wenn diese auf die Zahl der Aufenthaltstage umgelegt wird. Bei gegebenen Konsumausgaben und gegebener Reisedauer müssen die Aufenthaltskosten pro Tag (p) um diesen Betrag sinken, wenn sich die Gesamtausgaben nicht erhöhen sollen.

$-D_W p(W)/D(W) < 0$ mißt den Ausgabenzuwachs pro Tag, der durch die Verlängerung der Aufenthaltsdauer entsteht.

Der Gesamteffekt ist negativ, da der positive Konsumeffekt von den anderen Effekten dominiert wird.[7]

(5.19) $dp/dW < 0$

Die Wirkung der Effekte soll anhand der Abbildung 5.7 graphisch veranschaulicht werden.[8] Der jeweils resultierende Preis läßt sich analog zu der Erläuterung zur Abbildung 5 ermitteln. Dargestellt ist die Wirkung einer (marginalen) Erhöhung der Reiseentfernung um eine Einheit. Das Ausgabenbudget reduziert sich um fdW=f von A^o auf A^1, als neuer Optimalpunkt ergibt sich Q^1 (statt Q^o). Blieben Konsum und Aufenthaltsdauer unverändert (Q''), ergäbe sich der neue hypothetische Preis $p'' < p^o$ als Reaktion auf die gestiegenen Fahrtkosten pro Aufenthaltstag. Bei unveränderten Fahrtkosten und gleich-

---

[7] Daß der Gesamteffekt negativ ist, folgt aus der Überlegung, daß die Substitutionselastizität zwischen C und D entlang der unterstellten Indifferenzkurve negativ ist. Das impliziert, daß eine Reduktion des C/D-Verhältnisses zu einer Verringerung der Grenzrate der Substitution $\frac{dC}{dD}$ führt. Diese entspricht jedoch in dem betrachteten Tangentialpunkt dem reziproken Preisverhältnis: $\frac{dC}{dD} = \frac{p}{1} = p$. Da eine Erhöhung von W zu einer Reduktion des C/D-Verhältnisses führt (da $C_W < 0$, $D_W > 0$), muß der Aufenthaltspreis sinken.

[8] Die marginalen Änderungen sind der besseren Übersichtlichkeit wegen in der Größenordnung übertrieben gekennzeichnet.

bleibender Urlaubsdauer ergäbe sich Q'mit dem Preis p' > p⁰. Dieser Preisanstieg ist die Folge einer alleinigen Konsumausgabenreduktion um C_W. Schließlich ergibt sich der Punkt Q''' mit p''' < p⁰ als Folge einer isolierten Verlängerung der Aufenthaltsdauer um D_W. Die Summe dieser drei Effekte führt jedoch insgesamt zu einer Preisreduzierung (p^1 < p⁰).

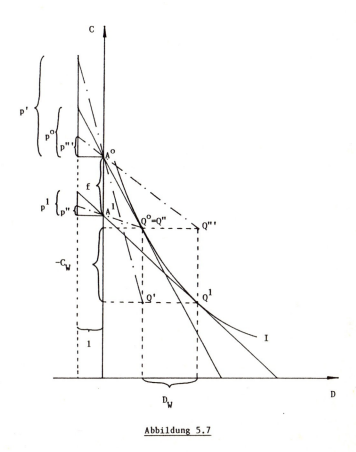

Abbildung 5.7

Die Entfernungsempfindlichkeit variiert im allgemeinen mit dem Einkommen, wie leicht abgeleitet werden kann. Hier soll nur noch kurz angedeutet werden, wie sich unterschiedliche Präferenzen in unterschiedlichen Neigungen von Preis-Indifferenzfunktionen und damit in unterschiedlichen optimalen Reiseentfernungen niederschlagen:

Das Ausmaß der notwendigen Preisreduktion bei einer marginalen Entfernungserhöhung hängt von der Stärke der Krümmung der C-D-Indifferenzkurve ab. Ist die Indifferenzkurve stark gekrümmt, d.h. ist die Substitutionselastizität zwischen Konsum und Aufenthaltsdauer gering, muß der Preis stärker sinken, als wenn die Substitutionselastizität relativ hoch ist. Die Implikation verschiedener Substitutionselastizitäten für die Bestimmung der optimalen Reiseentfernung erläutern die Abbildungen 5.8a und 5.8b: Der erste Fall (geringe Substitutionselastizität zwischen C und D) führt zu eine relativ steilen Preisindifferenzkurve $\hat{p}^a$, der zweite (hohe Substitutionselastizität zu einer flacheren Kurve $\hat{p}^b$. Das führt zu unterschiedlichen Tangentialpunkten mit der tatsächlichen Preislinie $\bar{p}$, so daß die resultierende optimale Entfernung im ersten Fall größer ist ($W_a^* > W_b^*$).

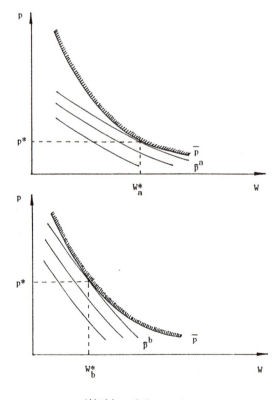

Abbildung 5.8 a u. b

c) Beziehung zur landwirtschaftlichen Standortlehre

Es konnte gezeigt werden, daß gemäß unterschiedlicher Präferenzen verschiedene Haushalte unterschiedlich auf entfernungsbedingte Reisekostenunterschiede reagieren.

In Abbildung 5.9 sind für drei Haushalte a,b,c drei Indifferenzlinien $\hat{p}^a$, $\hat{p}^b$, $\hat{p}^c$ eingezeichnet, wobei der Haushalt a stark reisekostenempfindlich, c wenig reisekostenempfindlich und b eine mittlere Position einnimmt. Daraus folgt, daß die optimale Reiseentfernung für a immer kleiner als die für b ist und diese wiederum kleiner als die für c ist.

Dieses Ergebnis läßt sich nun mit einem wichtigen Resultat der landwirtschaftlichen Standorttheorie vergleichen: Die eingezeichneten Linien in Abbildung 5.9 erinnern an die Ableitung von Thünen-Ringen. Tatsächlich existiert hier ein logisches Äquivalent zu dem, was mit Hilfe der Rentenfunktionen für verschiedene Produkte in der landwirtschaftlichen Standorttheorie abgeleitet wird. Dort wird üblicherweise ein einziges (festes, »normales«) Gewinn-Niveau unterstellt; daraus folgt, daß auch nur eine einzige Rentenfunktion für jedes Gut betrachtet wird.

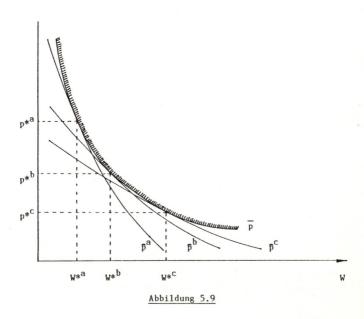

Abbildung 5.9

Man kann sich vorstellen, daß jeder Produzent nur ein Gut anbaut und dafür die optimale Entfernung sucht, und sieht unmittelbar die Analogie, wenn man die Begriffe aus der Produktionssphäre in jene der Haushaltssphäre überträgt und sodann Haushalte betrachtet, welche für jeweils eine bestimmte Konsumaktivität Wohnen oder Reisen ebenfalls die optimale Entfernung bestimmen wollen.

Bei einer Rentenfunktion r(W) handelt es sich um Preis-Entfernungs-Konstellationen, bezüglich derer der (repräsentative) Produzent des Gutes sich indifferent verhält: Es bleibt überall derselbe Gewinn übrig, wenn genau die jeweiligen Bodenrenten r_j gezahlt werden. Bisher wurde von den Aufenthaltskosten als einer Form von Nutzungspreisen gesprochen, hier in der landwirtschaftlichen Standorttheorie hat man es mit Bodenrenten als einer Form von Nutzungspreisen – für den Boden – zu tun.

Das Konzept der Bodenrenten-Funktion geht auf Thünen zurück; von Alonso ist der Begriff der »bid-rent function« eingeführt worden, womit zum Ausdruck gebracht wird, daß der Produzent bei gegebenem (Normal-)Gewinn genau diesen (hypothetischen) Bodenpreis bieten kann (vgl. von Böventer (1979: 97 ff.)).

In der landwirtschaftlichen Standorttheorie ergeben sich die Bodenrenten aus der Zahlungsfähigkeit der einzelnen Produzenten jedes Gutes aufgrund der Preise und der Kosten. Die Neigung der Rentenfunktion für ein landwirtschaftliches Gut errechnet sich aus der Formel

(5.20) $\qquad r = x(W) (p^M - tW - \kappa)$

(wobei r=Rente, x=Hektarertrag, p^M=Marktpreis, t=Frachtsatz, W=Entfernung, κ=Stückkosten; bei konstanten Stückkosten erhält man als Neigung der Rentenfunktion die Größe

(5.21) $\qquad dr/dW = -tx(W) + (dx/dW) (p^M - tW - \kappa)$

Ganz analog zur Formel 5.17 erhält man hier
– erstens den Ausdruck -tx(W)< O, der die Reduktion der Rente aufgrund einer Erhöhung der Transportkosten bei einer marginalen Erhöhung der Entfernung wiedergibt, wenn die Produktionsmenge konstant bleiben würde,
– zweitens den Effekt der Anpassung der Produktionsmenge: Je größer diese ist, desto stärker vermindert sich die Steigung der Rentenfunktion.

In der landwirtschaftlichen Standorttheorie ist eine wesentliche Forderung, daß auch die Bedingungen der Markträumung erfüllt sind; Es müssen die Produzenten jedes Gutes die so bestimmten Flächen genau nachfragen und die städtischen Konsumenten die jeweiligen darauf produzierten Mengen ebenfalls genau nachfragen, das heißt, es müssen sowohl die Bodenmärkte als auch die Produktmärkte ausgeglichen sein. Auf Anpassungsprozesse in der Landwirtschaft ist hier nicht einzugehen, solche des Tourismus werden später im Zusammenhang mit dem Angebot an touristischen Leistungen behandelt.

V. Die optimale Qualität des Urlaubs

a) Die Behandlung von Qualitäten in Optimierungsmodellen

Bei der Modellierung der Nachfrage nach Ferienaufenthalten können verschiedene Qualitäten der Reise und der Unterbringung im Prinzip genau so behandelt werden wie verschiedene Entfernungen. Wenn die Entfernung vom Wohnort an sich geschätzt wird, ist dies prinzipiell das gleiche, wie wenn größerer Komfort oder breitere Beschäftigungs- und Erholungsmöglichkeiten am Urlaubsort höher bewertet werden als einfachere Möglichkeiten der Unterbringung und des Aufenthalts.

Die Einführung verschiedener Qualitäten des Urlaubs erweitert die Betrachtung lediglich um eine weitere Dimension:

Der Aufenthalt bekommt damit neben der räumlichen Dimension (W beziehungsweise k) und der zeitlichen Dimension (D) eine Dimension der Qualität Q im engeren Sinne.

Das Maximierungsproblem des Haushalts läßt sich nun schreiben als Maximierung der Nutzenfunktion:

(5.22) $U = U(C, D, Q)$[9]

unter der Nebenbedingung:

(5.23) $C + fW + p(Q)D = Y^o$ [10]

---

[9] Der Grenznutzen der Argumente sei positiv und abnehmend. Außerdem wird beschränkte Substituierbarkeit der drei Variablen unterstellt.
[10] Dabei wird von der Möglichkeit verschiedener Fahrtqualitäten abstrahiert.

wobei weiterhin $p_c = 1$ unterstellt und der Ortsindex vernachlässigt wird.

Außerdem wird angenommen, daß der Aufenthaltspreis pro Tag mit zunehmender Höhe des gewählten Qualitätsniveaus[11] steigt:

(5.24) $\quad dp/dQ > 0$

Im Haushaltsoptimum gelten die folgenden Optimalbedingungen (mit $\partial U/\partial D \equiv U_D$, usw.):

(5.25) $\quad U_D/U_c = p(Q)$
(5.26) $\quad U_Q/U_C = (dp/dQ)D$
(5.27) $\quad U_Q/U_D = ((dp/dQ)D)/p(Q)$

Bedingung 5.26 kann folgendermaßen veranschaulicht werden:

Eine zusätzliche DM muß in bezug auf eine verbesserte Qualität des Urlaubs genauso viel bringen wie beim Mehrkonsum zu Hause. Oder: Die Verbesserung des Urlaubskomforts (dU/dQ) muß im Optimum genau so hoch geschätzt werden wie der Mehrkonsum zu Hause, welcher bei gleich hoher Ausgabensteigerung – in Höhe von (dp/dQ)D, als Preiserhöhung je Tag mal Zahl der Urlaubstage – möglich wäre.

Für Bedingung 5.27 gilt: Die Verbesserung der Urlaubsqualität, die bei einer Ausgabensteigerung von (dp/dQ) · D möglich wäre, muß genau so hoch eingeschätzt werden wie die Verlängerung der Urlaubsdauer, die bei einer gleich großen Ausgabensteigerung realisiert werden könnte.

Der Gesamtzusammenhang wird im nächsten Kapitel noch ausführlicher behandelt. Hier soll zunächst auf das Optimierungsproblem in seiner impliziten Form eingegangen werden, indem die Behandlung anhand von Preisvergleichen und der Zahlungsbereitschaft der Haushalte vorgenommen und damit in eine weitere Anwendung des Konzepts der Preis-Indifferenzfunktionen eingeführt wird.

---

[11] Unterstellt wird, daß sich unterschiedliche Aufenthaltsqualitäten durch einen eindimensionalen Maßstab abbilden lassen und diese Qualitäten stetig variierbar sind.

b) Das Qualitätsoptimum

Preis-Indifferenzlinien für verschiedene Güterqualitäten geben analog zu den oben betrachteten Indifferenzlinien jeweils Kombinationen von Qualitäten und dazugehörigen (hypothetischen) Preisen an, bei welchen der Haushalt sich bezüglich ihrer Wahl indifferent verhält. Man kann davon ausgehen, daß ein Haushalt in einer gegebenen Situation (bei gegebenem Einkommen und gegebenen Preisen anderer Güter) für bessere Qualitäten eines betrachteten Gutes auch höhere Preise zu zahlen bereit ist, bei steigender Qualität für weitere gleich große Verbesserungen aber immer geringere zusätzliche Beträge zu zahlen bereit wäre.

Die marginale Zahlungsbereitschaft nimmt mit weiterer Verbesserung der Qualität immer mehr ab: Dies entspricht den in Abbildung 5.10 aufgezeichneten Kurvenverläufen und bedeutet in mathematischer Formulierung, daß $d\hat{p}/dQ$ positiv und abnehmend ist, also

(5.28) $d\hat{p}/dQ > 0$, $d^2\hat{p}/dQ^2 < 0$

In Abbildung 5.10a gibt $\hat{p}^a$ höher eingeschätzte $(\hat{p}, Q)$-Kombinationen als $\hat{p}^b$ an, weil jeweils entweder Q besser oder $\hat{p}$ niedriger ist als für $\hat{p}^b$.

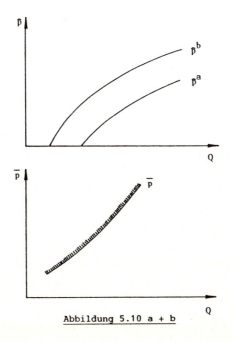

Abbildung 5.10 a + b

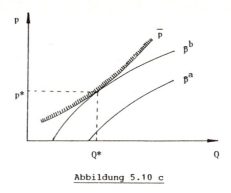

Abbildung 5.10 c

Unterstellt man für das Angebot steigende Grenzkosten bei Qualitätsverbesserungen, dann stellt $\bar{p}$ die Möglichkeitsgrenze dar: $d\bar{p}/dQ$ ist positiv und nimmt mit Q zu, also

(5.29) $d\bar{p}/dQ > O$, $d^2\bar{p}/dQ^2 > O$

$\bar{p}$ hat einen konvexen Verlauf wie in Abbildung 5.10b. Günstigere (p,Q)-Kombinationen werden nicht angeboten.

Die für den betrachteten Haushalt optimale Kombination (p^*, D^*) ergibt sich als Tangentialpunkt der Qualitätsangebotskurve mit der niedrigstmöglichen erreichbaren Indifferenzkurve $\hat{p}^b$. (Vgl. Abb. 5.10c.)

c) Einkommen und Qualität

Steigende Einkommen schlagen sich üblicherweise in steigender Nachfrage nach besserer Qualität nieder. Im Rahmen der Partialanalysen dieses Kapitels wurde davon ausgegangen, daß sich die »Angebotsfunktion« $\bar{p}$ dabei nicht ändert: Die Angebotspreise sind gegeben, das Angebot jeder Qualitätsvariante ist also unendlich elastisch, so daß der betrachtete Haushalt jede gewählte Qualität zu dem angebotenen Preis auch erhalten kann.

Unter diesen Bedingungen kann man leicht ableiten, daß mit steigendem Einkommen üblicherweise sowohl C und D als auch W und die gewünschte Qualität Q zunehmen. Hier soll dieses Problem zunächst innerhalb eines Partialmodells für einen Haushalt anhand der Preis-Indifferenzfunktionen behandelt werden, wie das für gegebene Einkommen schon geschehen und durch die Abbildungen 5.8 und 5.9 illustriert worden ist.

Mit steigendem Einkommen, verbesserten Konsum- und Reisemöglichkeiten und der Gewöhnung an einen höheren Lebensstandard ändern sich auch die Präferenzen der Haushalte in bezug auf das Reisen. Solche Wirkungen werden in späteren Kapiteln behandelt; stattdessen wird hier unterstellt, daß die Präferenzen konstant bleiben und damit auch die bisherigen Indifferenzlinien (Abbildung 5.10a) weiter Gültigkeit besitzen. Gleichzeitig sollen auch die Angebotsbedingungen – in Form der in Abbildung 5.10b gezeichneten Funktion für $\bar{p}$ in Abhängigkeit von Q – unverändert bleiben.

In der komparativ-statischen Analyse bei konstanten Angebots- und Indifferenzfunktionen kann man nun Einkommensveränderungen in der Weise behandeln, daß man die Preise relativ zum Einkommen betrachtet, also jeweils $\bar{p}/Y$ zugrunde legt. Dies ist in Abbildung 5.11 geschehen. Die Ursprungswerte $\bar{p}^a$ sind somit unverändert eine Funktion von Q, sie werden aber durch die jeweiligen Werte für Y dividiert. Für das Einkommen $Y_1=100$ erhält man die Angebotsfunktion $\bar{p}_1$ bei einem verdoppelten Einkommen $Y_2=200$ die Funktion $\bar{p}_2$, und für $Y_3=300$ ergibt sich $\bar{p}_3$.

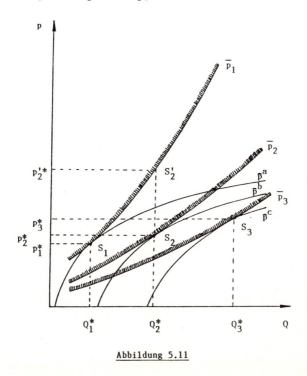

Abbildung 5.11

In diesen drei Situationen sind die Konsummöglichkeiten dieses Haushalts durch die jeweiligen schraffierten Bereiche in Abbildung 5.11 gegeben. Dabei sind in der Abbildung die Niveaus $\hat{p}^a$ in S_1, $\hat{p}^b$ in S_2, und $\hat{p}^c$ in S_3 erreichbar. Es werden bei der in der Zeichnung unterstellen Präferenzstruktur von Mal zu Mal höhere Qualitäten ($Q_1^* < Q_2^* < Q_3^*$) nachgefragt und nicht nur nominal beträchtlich höhere Preise bezahlt (vgl. zum Beispiel den Preis S'_2 mit S_1), sondern auch relativ zum Einkommen wird mehr für die Qualität ausgegeben (S_2 liegt über S_1).

Qualität ist hier ein superiores Gut. Da im üblichen Rahmen – wie bereits angedeutet – auch die Zahl D der Urlaubstage ansteigt, wird aufgrund zweier Nachfragefaktoren die Höhe der Urlaubsausgaben zweifach angehoben.

Sechstes Kapitel
Theorie der homogenen Urlaubsfläche: Erweiterungen

I. Einleitung

Dieses Kapitel schließt sich an die Erörterungen des 4. Kapitels an und behandelt einige wichtige Erweiterungen. Zunächst geht es darum, im Rahmen partialanalytischer Modelle wirtschaftlich relevante Wechselbeziehungen zwischen einzelnen Urlaubern zu analysieren. Hierzu soll zunächst erörtert werden, in welcher Form diese Einflüsse auftreten können. Anschließend werden diese Wechselbeziehungen in die bereits formulierten Modelle einbezogen. Der letzte Abschnitt dieses Kapitels untersucht dann die Möglichkeiten der expliziten Modellierung von Gleichgewichtssystemen des touristischen Angebots und der touristischen Nachfrage.

Auch in diesem Kapitel wird von der Annahme einer homogenen Urlaubsfläche ausgegangen und die sich herausbildende räumliche Verteilung analysiert. Die Behandlung differenzierter Flächen bleibt den folgenden Kapiteln vorbehalten.

II. Die Erfassung wirtschaftlich relevanter Wechselbeziehungen

a) Möglichkeiten zur Behandlung des Angebots

Bisher sind einzelne Urlauber für sich betrachtet und Wechselwirkungen zwischen ihnen völlig vernachlässigt worden. Technisch gesprochen ist dies durch die Annahme geschehen, daß der Nachfrage der Urlauber in jedem Falle ein unendlich elastisches Angebot gegenüberstand, die jeweiligen Leistungen also in jeder Menge zu konstanten Preisen bereitgestellt werden konnten.

Diese Annahme ist nicht sehr realistisch. Sie soll im folgenden zugunsten der Annahme elastischer, nachfrageabhängiger Angebotsfunktionen aufgegeben werden. Dabei wird von zwei verschiedenen Hypothesen ausgegangen:
– Zum einen wird unterstellt, daß die Aufenthaltsdauer von der Anzahl der Übernachtungen abhängig ist. Mit steigender Übernachtungszahl bzw. steigender Aufenthaltsdauer steigen auch die Tagessätze am Urlaubsort.
– Zum anderen sollen die Implikationen der Annahme untersucht werden, daß der Aufenthaltspreis von der Gesamtzahl der am Ort befindlichen Urlauber abhängig ist. Diese Annahme impliziert, daß der Aufenthalt eines Urlaubers der Feriengemeinde fixe Kosten verursacht, unabhängig von seiner Länge.

In beiden Fällen treten sogenannte pekunäre, d.h. über den Markt vermittelte externe Effekte auf (vgl. von Böventer, 1988: Kap V). Die Nachfrage aller anderen Urlauber führt zu unterschiedlichen Knappheiten, die den Aufenthaltspreis und damit den Entscheidungskalkül des untersuchten Urlaubers beeinflussen. Dieser muß nun zusätzlich berücksichtigen, inwieweit
– seine eigene Nachfrage den Aufenthaltspreis beeinflußt,
– sich die Nachfrage anderer Urlauber in bezug auf seinen Urlaubsort ändert und dies seine Planungsgrundlagen (in Form des Aufenthaltspreises) beeinflußt.

b) Direkte externe Effekte zwischen Urlaubern

Wechselbeziehungen zwischen Urlaubern können jedoch auch in einer Form auftreten, die nicht über den Marktmechanismus vermittelt wird. In diesem Fall spricht man von direkten oder nichtpekunären externen Effekten. Diese treten immer dann auf, wenn der betrachtete Urlauber nicht indifferent ist bezüglich der Anzahl der sonstigen Touristen an seinem Urlaubsort, d.h. wenn die Qualität seines Urlaubs von der Anzahl der Urlauber abhängig ist.

Diese Formulierung ist zunächst sehr allgemein, so daß sie die verschiedensten Begründungen und Motive zuläßt. Grundsätzlich kann zwischen positiven und negativen externen Effekten, die von der Anzahl der Urlauber ausgehen, unterschieden werden:
– *Positive externe Effekte* (d.h. die Qualität des Urlaubs steigt mit der Anzahl der am Urlaubsort befindlichen Gäste) bestehen etwa dann, wenn der Urlauber die Nähe möglichst vieler Menschen sucht. In diesem Fall könnte

man auch unterstellen, daß die Urlauberzahl direkt in seine Nutzenfunktion (als positives Argument) eingeht.
– *Negative externe Effekte* auf die Urlaubsqualität gehen von einer erhöhten Urlauberzahl dann aus, wenn der betrachtete Feriengast
– die Einsamkeit sucht,
– einen möglichst ruhigen Urlaub verbringen will,
– in seinem Urlaub die »freie ungestörte Natur« genießen will.

Im Anschluß dieser Betrachtungen sollen noch zwei weitere Arten von Wechselbeziehungen kurz angedeutet werden:
– Das touristische Angebot eines Ferienorts, soweit es zum Beispiel aus der umgebenden Landschaft besteht, kann als eine *erschöpfbare Ressource*[1] interpretiert werden, die von allen Urlaubern gemeinsam genutzt wird. Die Intensität der *Nutzung* und des *Verbrauchs* dieser Ressource durch eine Urlauber (oder eine bestimmte Gruppe von Touristen) beeinflußt die Qualität und Quantität des touristischen Angebots, ohne daß dieser externe Effekt über Marktbeziehungen immer in jedem Fall korrekt internalisiert wird.
– Sehr umfassend ist der Begriff der *Agglomerationseffekte*[2] im Tourismus. Hierunter fallen alle positiven und negativen Effekte, die sich aus der »Ballung« von touristischen Anbietern und Nachfragern in einem Ferienort ergeben (etwa Vorteile kurzer Wege, enge Kommunikationsbeziehungen, differenziertes Angebot, usw.).

Die folgenden Abschnitte greifen zwei Arten von Wechselbeziehungen explizit auf:
– Abschnitt III untersucht die Auswirkungen nachfrageabhängiger Aufenthaltspreise auf das Entscheidungsverhalten eines Urlaubers,
– Abschnitt IV stellt ein Qualitätsmodell dar, wobei von der Annahme negativer externer Effekte auf die Urlaubsqualität ausgegangen wird.

---

1) Auf die Begrenztheit der touristisch nutzbaren Landschaft hat vor allem Krippendorf hingewiesen, vgl. Krippendorf (1981).
2) Für die Behandlung von Agglomerationseffekten im Rahmen einer raumwirtschaftlichen Standorttheorie, vgl. von Böventer (1979) und Kapitel 8 dieses Buches.

III. Das Modell mit nachfrageabhängigen Aufenthaltspreisen

a) Das Grundmodell

Das Optimierungsproblem eines Haushalts läßt sich zunächst analog zu den Ausführungen des Kapitels 4 beschreiben. Der Haushalt h maximiert die

(6.1) Zielfunktion: $U^h = U^h(C^h, D_k^h)$

unter der

(6.2) Nebenbedingung: $C^h + fW_k + p_k D_k^h \leq Y^{ho}$

Es wird unterstellt, daß der Aufenthaltspreis p_k eine positive Funktion der Zahl der Urlauber am jeweiligen Ort ist:

(6.3) $p_k = p_k(N_k)$, $dp_k/dN_k < 0$

Für Unterbringung und Verpflegung der Touristen sind Dienstleistungen und andere Inputs bereitzustellen, deren Preise steigen mit wachsenden Urlauberzahlen und dies schlägt sich in höheren Tagessätzen nieder. In p_k sind auch Zahlungen für Bodennutzungen enthalten, die aus anderen Verwendungen nur zu steigenden Preisen abgezogen werden können.

Unter Berücksichtigung der Bedingung (6.3) ergibt sich als Bedingung im Optimum:

(6.4) $\dfrac{\partial U/\partial D_k}{\partial U/\partial C} = U_{Dk}/U_C = p_k(N_k)$

(Die partiellen Ableitungen der Nutzenfunktion werden im folgenden durch Indizes angedeutet.)

Die optimale Konsum-Aufenthaltsdauerentscheidung und damit indirekt die Entscheidung für einen bestimmten Urlaubsort kann der Haushalt nur dann treffen, wenn ihm der tatsächliche Tagessatz, der für seinen Urlaubsaufenthalt relevant ist, bekannt ist, d.h. wenn er die Urlauberzahl N_k kennt.

Wird vereinfachend dargestellt, daß der Haushalt die Zahl der anderen Urlauber N_k kennt, und daß er annimmt, daß sich diese nicht verändert, so muß er lediglich berücksichtigen, inwieweit durch seinen eigenen Aufenthalt die Zahl der Gäste erhöht wird:

(6.5) $\quad U_{Dk}/U_C = p_k(N_k + 1)$

Unter der Voraussetzung, daß der marginale Effekt der Erhöhung der Urlauberzahl spürbar ist, wird eine geringere Urlaubsdauer gewählt werden als im Fall eines preisunelastischen Angebots.

In einer alternativen Formulierung zu (6.3) kann unterstellt werden, daß der Aufenthaltspreis von der Summe der am Ort verbrachten Urlaubstage abhängig ist.

(6.6) $\quad p_k = p_k(D_k) , D_k = \sum_{h=1}^{H} D^h_k$

Als Optimalbedingung ergibt sich dann:

(6.7) $\quad U_{Dk}/U_C = p_k + \dfrac{dp_k}{dD_k} \dfrac{dD_k}{dD^h_k} D^h_k$

oder

(6.8) $\quad U_{Dk}/U_C = p_k (1 + \dfrac{dp_k}{dD^h_k} \dfrac{dD^h_k}{p_k}) = p_k(1 + \xi_{p_k, Dk}(D_k))$

$\xi_{p_k, Dk}$ ist der Kehrwert der Preiselastizität des Angebots am Ort k und wird als Preisflexibilität bezeichnet. Sie gibt die aus einer marginalen Nachfrageerhöhung resultierende Preiserhöhung an und zwar jeweils in bezug auf ein existierendes Nachfrageniveau $\bar{D}_k$.

Auch in diesem Fall kann der Haushalt seine optimale Aufenthaltsdauer eindeutig bestimmen – allerdings nur unter der Voraussetzung, daß sich das Nachfrageniveau $\bar{D}_k$ nur aufgrund seiner eigenen Nachfrage ändert.

In beiden Modellformulierungen ergibt sich also eine Lösung des Optimierungsproblems nur unter der Voraussetzung, daß das Verhalten der anderen Nachfrager
– sich entweder nicht ändert,
– dem Haushalt bekannt ist.

Beide Annahmen sind insofern problematisch, als durch die Urlaubsentscheidung des Haushalts der Aufenthaltspreis am gewählten Urlaubsort und damit in der Regel auch das Nachfrageverhalten der anderen Urlauber beeinflußt wird.[3]

b) Der Zusammenhang zwischen Aufenthaltspreis, Urlauberdichte und optimaler Entfernung.

Weitere Aussagen sind möglich, wenn man von einer gegebenen räumlichen Verteilung ausgeht: Unterstellt wird, daß die Urlaubsdichte mit zunehmender Entfernung vom Urlaubsort sinkt:

(6.9) $\quad N_k = N_k(W_k)\,,\; dN_k/dW_k < 0$

Gilt die Formulierung (6.3), so ergibt sich, daß der Aufenthaltspreis mit zunehmender Entfernung fällt.

(6.10) $\quad p_k = p_k(N_k(W_k))\,,\; \dfrac{dp_k}{dN_k}\dfrac{dN_k}{dW_k} < 0$

Die optimale Entfernung ist dann durch die folgende Bedingung charakterisiert:

(6.11) $\quad f = -\dfrac{dp_k}{dN_k}\dfrac{dN_k}{dW_k} D^h_k - \dfrac{dD^h_k}{dp_k}\dfrac{dp_k}{dN_k}\dfrac{dN_k}{dW_k} p_k$

Für die optimale Entfernung W_k^* gilt (für ein gegebenes Niveau der übrigen Konsumausgaben):

Der Anstieg der Fahrtkosten entspricht dem Rückgang der Aufenthaltskosten, wobei einerseits bei einer Erhöhung der Entfernung der Aufenthaltspreis sinkt, andererseits aber aufgrund des gesunkenen Preises die Aufenthaltsdauer verlängert wird. Der Gesamteffekt auf die Aufenthaltskosten ist jedoch negativ. Jeder Entfernung entspricht eine eindeutige Urlaubsdauer.

---

[3] Diese Art von Interdependenzen läßt sich im Rahmen spieltheoretischer Modelle analysieren. Diese sehr komplexen Modelle sollen jedoch im Rahmen dieser Einführung nicht berücksichtigt werden. Vgl. ab Einführung in die Spieltheorie Friedman (1986).

c) Modifikationen bei positiven Entfernungspräferenzen

Im folgenden soll kurz vergleichend auf einige Eigenschaften eines Modells eingegangen werden, in dem die Entfernung W selbst in die Nutzenfunktion eingeht. Wenn ein weiter entfernter Urlaubsort unter sonst gleichen Bedingungen höher geschätzt wird als ein näher gelegener Ort, so hat man zwei in entgegengesetzten Richtungen wirkende Kräfte: Mit größerer Entfernung steigen gleichzeitig die Wertschätzung des Urlaubs und die Fahrtkosten.
Die Zielfunktion lautet dann:

(6.12) $\quad U^h = U^h(C^h, D_k^h, W_k)$

während die Nebenbedingungen (6.3) und (6.9) unverändert sind.
Bei den Ableitungen ist die Bedingung (6.11) zu ersetzen durch

(6.13) $\quad f - U_{W_k}/U_C = -\dfrac{dp_k}{dN_k}\dfrac{dN_k}{dW_k} D_k^h - \dfrac{dD_k^h}{dp_k}\dfrac{dp_k}{dN_k}\dfrac{dN_k}{dW_k} p_k$

Diese Erweiterung des Modells wirkt sich – verglichen mit der Bedingung (6.11) – wie eine Verminderung der Reisekosten aus, je nachdem wie stark die Nutzenfunktion durch das Argument W_k beeinflußt wird.
Für den Optimalpunkt ist die Wirkung der Entfernung in folgender Weise zu berücksichtigen.
Der Netto-Fahrtaufwand je Kilometer setzt sich zusammen aus
(1) den Fahrtkosten f (je zusätzlichen Kilometer) vermindert um
(2) den Reisegewinn aufgrund der Vergrößerung der Entfernung um einen Kilometer, und zwar in Konsumgütermengen-(Nutzen-)Äquivalenten.[4]
Da der Konsumgüterpreis gleich Eins ist, sind somit Fahrtkosten und Reisegewinn in Konsumgütereinheiten angegeben.
Dieser Nettoaufwand ist wieder der Aufenthaltskostenersparnis gegenüberzustellen. Die Ersparnis resultiert aus der geringeren Zahl von Urlaubern in der vergrößerten Entfernung; sie wird allerdings zu einem kleineren Teil wieder durch die kostensteigernde Wirkung des verlängerten Urlaubs ausgeglichen. Im Optimum sind beide Größen einander gleich. Je mehr U_{W_k} gegen

---

[4] U_{W_k}/U_C bringt zum Ausdruck, auf wieviel Konsumgütereinheiten der Haushalt verzichten kann, wenn er durch eine marginale Erhöhung der Entfernung die Qualität seines Urlaubes erhöht und das gleiche Nutzenniveau beibehalten will.

Null geht, desto mehr nähert man sich wieder dem vorhergehenden Modell mit der einfacheren Bedingung (6.11) an.

Durch die Modifikation dieses Modells ändert sich gegenüber dem einfacheren vorhergehenden Ansatz in den qualitativen Aussagen nichts. Die Reiseentfernungen werden größer, p_k fällt langsamer mit zunehmender Entfernung, die Rangordnung der Reisenden im Raum bleibt die gleiche. Komplizierter werden die Ableitungen dann, wenn U_{W_k} nicht mit steigender Entfernung monoton fällt.

Dabei kann ein Fall eintreten, in dem der Preis p_k nach einer gewissen Distanz wieder ansteigt und die Urlauberdichte erst in einer großen Entfernung ihr Maximum erreicht, dann aber ziemlich steil abfällt: Daraus resultiert ein Drang zur Peripherie, der durch die Einkommensbeschränkung in Grenzen gehalten wird.

Für einfache empirische Untersuchungen biete sich ein Ansatz wie der folgende an: $U^h = c(C)^\alpha (D_k)^\beta (W_k)^\gamma$. Dies schließt die eben erwähnte Komplikation aus und impliziert mit der multiplikativen Verknüpfung der Argumente, daß gegenüber dem Fall $\gamma = 0$ die Variablen C und D_k vermindert und fW_k erhöht, also größere Fahrtkosten in Kauf genommen werden.

IV. Maximierung des »Freiraums in der Natur«: die Urlauberzahl als negativer externer Effekt

a) Allgemeine Überlegungen

Was kann man innerhalb eines Modells mit der Entfernung W als einem Argument der Zielfunktion zu erfassen versuchen?

Dem manifesten Ziel, möglichst weit zu reisen und weit vom Wohnort weg den Urlaub zu verbringen, können ganz verschiedene Motive entsprechen:

– In entfernten und deshalb einsamen Gegenden die Natur ungestört genießen,
– im Urlaub möglichst wenigen anderen Menschen begegnen,
– Neues entdecken und Gegenden der Welt sehen, welche die »Nachbarn« noch nicht besuchen konnten.

Solche sehr unterschiedlichen Motive lassen sich nur schwer in einfache Modelle hineinzwängen. Oben wurde die Entfernung vom Wohnort als ein Ziel an sich betrachtet. Ein Modellansatz, welcher zumindest in allgemeiner Form den eben erwähnten Motiven noch besser Rechnung trägt, ist einer, in dem ein Ziel in der Optimierung des Abstandes von anderen Urlaubern besteht.

Dieses Ziel der Optimierung läßt verschiedene Interpretationen und entsprechende unterschiedliche Anwendungen sowohl in theoretischen Modellen wie auch in empirischen Anwendungen zu, wie später zu zeigen ist.

Zwei entgegengesetzte Interpretationen der Optimierung des Abstandes sind diese:

(1) Bei Maximierung des Abstandes: der ungestörte Genuß der Natur in fern gelegenen Gebieten,
(2) bei Minimierung des Abstandes: der konzentrierte Genuß von Geselligkeit unter Benutzung entsprechend aufwendiger Freizeiteinrichtungen.

Im folgenden wird deshalb der allgemeine Ansatz gewählt, daß die Qualität Q_k des Ferienorts von der Zahl N_k anderer Urlauber am gleichen Ort abhängig ist. Auf einer homogenen Urlaubsfläche mit gleich großen Erholungsflächen an jedem Ort k ist N_k ein Maß der Urlauberdichte, welches auch als die jeweilige Größe der Urlauberdichte selbst interpretiert werden kann.

b) Das Modell

Die Zahl der Urlauber am Ort k beeinflußt die Qualität des Urlaubs.

(6.14) $Q_k^h = Q_k^h (N_k)$

Im Falle positiver externer Effekte steigt die Qualität mit zunehmender Urlauberdichte, im Falle negativer externer Effekte sinkt sie. Im folgenden sei der Fall negativer externer Effekte unterstellt. Unterstellt wird weiterhin, daß die Urlauberdichte mit zunehmender Entfernung vom Urlaubsort sinkt.

(6.15) $N_k = N_k (W_k) , dN_k/dW_k < 0$

Damit besteht ein indirekter Zusammenhang zwischen der gewählten Entfernung und der Qualität des Urlaubs.

(6.16)　　$Q_k^h = Q_k^h(N_k(W_k))$, $dQ_k^h/dW_k < 0$

Das Optimierungsproblem des Haushalts wird beschrieben durch die Zielfunktion

(6.17)　　$U^h = U^h(C^h, D_k^h, Q_k^h(N_k(W_k)))$

und die alternativen Nebenbedingungen:

(6.18)　　$C^h + fW_k + \bar{p}_k D_k^h \leq Y^{ho}$

(6.19)　　$C^h + fW_k + p_k(N_k)D_k^h \leq Y^{ho}$

Im folgenden wird der Haushaltindex wieder zur Vereinfachung weggelassen.
Im Optimum gilt zunächst die schon bekannte Bedingung (bei Gültigkeit von (6.18)):

(6.20)　　$U_{D_k}/U_C = \bar{p}$

Das Verhältnis der Grenznutzen von Aufenthaltsdauer und Konsum entspricht dem Preisverhältnis; oder: der Grenznutzen der letzten Einkommenseinheit muß in jeder Verwendung gleich sein.
Weiterhin gilt:

(6.21)　　$U_{Q_k}/U_C = f \dfrac{dW_k}{dN_k} \dfrac{dN_k}{dQ_k} = f \dfrac{dW_k}{dQ_k}$

$f \dfrac{dW_k}{dQ_k}$ ist der Preis der Erhöhung der Qualität um eine Einheit: Dieses bedeutet eine Ausdehnung der Entfernung um dW_k. Daher spiegelt fdW_k die Erhöhung der Fahrtkosten wieder.

c) Ergebnisse bei nachfrageabhängigem Aufenthaltspreis

Gilt die Nebenbedingung (6.19), so ergeben sich folgende Optimalbedingungen:

(6.22)　　$U_{Dk}/U_C = p_k(N_k(W_k))$

(6.23) $\quad U_{Qk}/U_C = (f + D_k \dfrac{dp_k}{dW_k}) \dfrac{dW_k}{dQ_k}$

Da mit zunehmender Entfernung die Urlauberdichte und damit der Aufenthaltspreis sinkt, ergibt sich bei der Erhöhung der Qualität um eine Einheit ein Entlastungseffekt: Zwar steigen die Fahrtkosten um fdW_k, doch sinken (bei konstanter Aufenthaltsdauer) die Aufenthaltskosten. Im Vergleich zum Fall des unelastischen Angebots sinkt der »Preis« der Qualitätserhöhung. Allerdings wird mit zunehmender Entfernung und sinkendem Aufenthaltspreis auch die optimale Aufenthaltsdauer steigen.

d) Zusammenfassender Vergleich der behandelten Ansätze

Wird die räumliche Verteilung der Urlauber auf einer homogenen Fläche durch das Streben nach Entfernung von den anderen (dem Streben nach »Einsamkeit«, »Freiraum« oder einem möglichst großen »Anteil an der Natur«) bestimmt, übt die Urlauberdichte einen negativen externen Effekt aus, die Qualität des Urlaubs sinkt. Durch die Steigerung der Entfernung kann die Qualität erhöht werden, da mit zunehmender Entfernung annahmegemäß die Urlauberdichte sinkt. Allerdings erfordert dies eine Erhöhung der Fahrtkosten und damit bei gegebenem Budget eine Einschränkung des Konsums und/oder der Aufenthaltsdauer.

Steigen die Aufenthaltspreise mit zunehmender Urlauberdichte, wird der negative externe Effekt teilweise kompensiert. Da die Aufenthaltspreise nun mit zunehmender Entfernung sinken, kann man entweder weiter reisen und damit die Qualität des Urlaubs erhöhen oder man kann bei gleichbleibender Entfernung die Aufenthaltsdauer oder den Konsum erhöhen.

Der Tourist, der einen negativen externen Effekt verursacht (indem er zusätzlich den betrachteten Urlaubsort aufsucht), wird – auch wenn er in seiner Qualitätsbewertung gegenüber höheren Urlauberzahlen indifferent ist – durch den steigenden Aufenthaltspreis »bestraft«.

Die konkrete räumliche Verteilung wird von der Streuung der Einkommen und den Unterschieden in den individuellen Präferenzen abhängen. Wer starke Präferenzen für das Alleinsein und/oder ein hohes Einkommen besitzt, wird relativ weit reisen et vice versa.

Die erhaltenen Strukturen entsprechen denen eines städtischen Wohnungsmarktmodells. So geben starke Präferenzen für große Grundstücke, also große

Abstände zu anderen, hohe Einkommen und niedrige Fahrtkosten Anlaß, weiter vom Zentrum weg zu leben, als wenn das Gegenteil der Fall ist.

Die Analogie ist aber schon deshalb unvollkommen, weil – wie im 1. Kapitel beschrieben – Wohnungen für das ganze Jahr, Beherbergungen im Urlaub aber nur für einen variablen Zeitraum D gesucht werden.

V. Urlaubsangebot und -nachfrage: ein integriertes Gleichgewichtsmodell

a) Einführung

Die bisher behandelten partialanalytischen Modelle haben den Nachteil, daß über die Bedingung der Markträumung keine Aussagen gemacht werden konnten. Unter der Annahme gegebener Aufenthaltspreise konnte die optimale Nachfrage eines typischen Haushaltes und die Wahl des Urlaubsortes (ausgedrückt durch die Wahl der Entfernung vom Heimatort) abgeleitet werden. Die Ausführungen der vorangehenden Abschnitte zeigten bereits auf, daß zwischen den Entscheidungen der einzelnen Haushalte bzw. deren Realisierungsmöglichkeiten dann Interdependenzen bestehen, wenn das Angebot knapp und damit nicht völlig preiselastisch ist. Um qualitative Aussagen über das Verhalten eines Haushalts machen zu können, mußten bestimmte Annahmen über das Verhalten der anderen Urlauber getroffen werden, etwa in der Form einer gegebenen räumlichen Verteilung.

Tatsächlich bestimmen sich jedoch die räumliche Verteilung der Urlauber und der resultierende räumliche Preisgradient (die Konstellation der Aufenthaltspreise aller Orte) im Rahmen eines Marktsystems *endogen*. Sie sind das Ergebnis eines Marktgleichgewichts, in dem für den gleichgewichtigen Preisgradienten Angebot und Nachfrage aller Urlauber an *jedem* Ort gerade ausgeglichen sind.

Ein einfaches Gleichgewichtsmodell soll im folgenden in seinen Grundzügen entwickelt und charakterisiert werden.

b) Die Modellannahmen

1) Die Angebotsseite

Im Gegensatz zu den bisherigen Modellen wird das Modell diskret formuliert. Es existieren auf einer homogenen Fläche K identische Urlaubsorte, die sich nur durch ihre Entfernungen W_k vom Zentrum (dem Sitz der Haushalte) unterscheiden. Die Haushalte können also die Entfernungen nicht mehr über die ganze Fläche kontinuierlich, sondern nur in diskreten Sprüngen variieren.

Für jeden Urlaubsort k (k=1, ..., K) existiert eine einfache Angebotsfunktion:

(6.24) $D_k^A = D_k^A(p_k)$, $dD_k^A/dp_k > 0$

Eine Ausdehnung des Angebots ist nur zu steigenden Aufenthaltspreisen möglich. Die Kapazität ist stetig variierbar und es existieren keine Kapazitätsgrenzen. Eine Anpassung der Kapazitäten ist schnell und flexibel realisierbar.

2) Die Nachfrageseite

Es existieren H Urlauberhaushalte, die im Zentrum der Fläche ihren Wohnsitz haben. Unterstellt sei, daß die Nutzenfunktion der Haushalte so beschaffen ist, daß auf das Gut Urlaub (gemessen durch die Aufenthaltsdauer D) nicht vollständig verzichtet wird.

Aufgrund der diskreten Natur des Modells muß der Optimierungskalkül eines typischen Haushalts etwas anders als in den früheren Kapiteln beschrieben werden.

Jeder Haushalt h maximiert die

(6.25)   Zielfunktion: $U^h = U^h(C^h, D_k^h)$;   h = 1, ..., H

unter der

(6.26)   Nebenbedingung: $C^h + fW_k + p_k D_k^h \leq Y^{ho}$

zunächst für einen bestimmten Ort k.

Als Ergebnis ergibt sich die optimale Aufenthaltsdauer des Haushalts h am

Ort k und das resultierende Nutzenniveau in Abhängigkeit vom herrschenden Aufenthaltspreis, dem Fahrtpreis und dem Einkommen des Haushalts:

(6.27) $\hat{D}_k^h = \hat{D}_k^h(p_k, f, Y^{ho})$

(6.28) $\hat{U}_k^h = \hat{U}_k^h(p_k, f, Y^{ho})$

Diesen Kalkül führt der Haushalt für alle k Urlaubsorte durch (k=1, ..., K). Der Haushalt vergleicht die resultierenden Nutzenniveaus und wählt dann den Ort mit der entsprechenden optimalen Aufenthaltsdauer, die ihm bei der gegebenen Konstellation von Tagessätzen $p = (p_1, ..., p_K)$ sowie bei gegebenem Fahrtpreis und Einkommen das höchste Nutzenniveau garantiert.[5]

(6.29) $U^{h*} = U^{h*}(p_1, ..., p_K, f, Y^{ho})$

(6.30) $D^{h*} = D^{h*}(p_1, ..., p_K, f, Y^{ho})$

Für jeden Ort k läßt sich aus diesen Überlegungen eine Nachfragefunktion des Haushalts ableiten:

(6.31) $D_k^h = D_k^h(p_1, ..., p_K, f, Y^{ho}); \quad k = 1, ..., K$

oder bei konstantem Einkommen und Fahrtpreis:

(6.32) $D_k^h = D_k^h(p_1, ..., p_K); \quad k = 1, ..., K$

Dabei entspricht die nachgefragte Urlaubsdauer entweder der optimalen Aufenthaltsdauer, wenn zu den gegebenen Preisen an dem Ort das höchste Nutzenniveau realisiert werden kann, oder sie ist für diesen Ort gleich Null.

Summiert man für diesen Ort und für jede Preiskonstellation die Nachfra-

---

[5] Dabei kann die Möglichkeit nicht ausgeschlossen werden, daß kein maximales Nutzenniveau existiert und der Haushalt zwischen verschiedenen Nachfragen $D^h{}_k$ an verschiedenen Orten k indifferent ist. Für diesen Fall wird unterstellt, daß der Haushalt den näheren Ort wählt.

[6] Die individuelle Nachfragefunktion D_k^h ist nicht stetig in p. Unter der Annahme, daß (1) die Haushalte unterschiedliche Präferenzen besitzen, (2) die Einkommen einer gewissen Streuung unterliegen und (3) die Zahl der Haushalte sehr groß ist, kann man es jedoch als wahrscheinlich ansehen, daß die aggregierten Nachfragefunktionen stetig in p sind.

ge aller Haushalte auf, so erhält man K ortsspezifische aggregierte Nachfragefunktionen[6]:

(6.33) $\quad D_k^N = \sum_{h=1}^{H} D_k^h (p_1, ..., p_k) = D_k^N (p_1, ..., p_K) ; \quad k = 1, ..., K$

c) Das Gesamtsystem

Das Ergebnis der bisherigen Überlegungen sind
- K aggregierte Nachfragefunktionen $D_k^N = D_k^N (p_1, ..., p_K)$ und
- K identische Angebotsfunktionen $D_k^A = D_k^A (p_1, ..., p_K)$,

wobei $\frac{dD_k}{dp_m} = 0$ für alle Orte $m \neq k$.

Das System wird geschlossen durch die Forderung nach *Marktausgleich*: Für jeden Ort müssen angebotene und nachgefragte Aufenthalte gleich sein.

(6.34) $\quad D_k^A = D_k^N ; \quad k = 1, ..., K$

Durch Einsetzen ergibt sich ein System von K Gleichungen, aus dem sich die gleichgewichtigen Aufenthaltspreise endogen bestimmen lassen.

Als Resultat erhält man den räumlichen Preisgradienten $p^* = (p_1^*, ..., p_K^*)$, der in der Partialbetrachtung der früheren Kapitel immer als gegeben unterstellt wurde. Werden die Gleichgewichtspreise in die individuellen Nachfragefunktionen eingesetzt, so erhält man die nun *endogen* bestimmten optimalen Aufenthaltslängen der Haushalte D_k^{h*} und deren optimale räumliche Verteilung.

Obwohl das hier skizzierte Modell in seiner Grundstruktur einem mikroökonomischen Totalmodell ähnelt, handelt es sich dennoch in zwei wichtigen Gesichtspunkten um ein Partialmodell: Die Bestimmung der Einkommen und die Höhe des Fahrtpreises wird nicht endogen erklärt.

Siebtes Kapitel
Differenzierte Urlaubsflächen, Wechselbeziehungen in den Präferenzen und die Wahl des Urlaubsortes im Zeitablauf

I. Einleitung: von der homogenen zur differenzierten Fläche

a) Die veränderte Fragestellung

Dieses Kapitel wechselt vom Modell einer homogenen Urlaubsfläche zur Behandlung einer naturräumlich differenzierten, unterschiedlich besiedelten und wirtschaftlich genutzten Fläche, die sich durch eine historisch gewachsene Infrastruktur und durch eine detaillierte räumliche Struktur von Nutzungsrechten auszeichnet: So gibt es für den Urlaubsverkehr

a) an einzelnen Orten und in verschiedenen Regionen mehr oder weniger deutliche Unterschiede in den
   - vorhandenen Angebotsrichtungen, den Ausstattungen, Kapazitäten und Qualitäten und damit
   - den Nutzungs- und Beschäftigungsangeboten für potentielle Urlauber.

Dem sind

b) auf Seiten der Nachfrager die jeweiligen gewünschten Arten von Unterbringungen und vorgesehenen Freizeitbetätigungen oder Erlebnissen gegenüberzustellen (jeweils unter Berücksichtigung der im Kapitel 2 behandelten Einkommens-, Preis- und Struktureffekte).

Daraus ergeben sich

c) mehr oder weniger große Anreize für eine wechselseitige Anpassung in bezug auf
   - das Preisverhalten und insbesondere
   - für Investitionsentscheidungen im Fremdenverkehr, sowie

d) bestimmte Möglichkeiten beziehungsweise Notwendigkeiten staatlichen

Handelns, mit denen die Fremdenverkehrsentwicklung gesteuert, durch weitere Investitionsanreize angeregt oder auch gebremst werden kann.

Aus diesen Wechselbeziehungen entstehen bestimmte Raumstrukturen für Länder insgesamt und Feriengebiete im besonderen.

Die Raumstrukturen von Feriengebieten sind Inhalt des Kapitels 9, deren Entwicklungsmöglichkeiten und die gesamtwirtschaftlichen Probleme und regionalpolitischen Konsequenzen für die Zukunft sollen in Kapitel 10 behandelt werden.

Vorher werden in den Kapiteln 7 und 8 die Grundlagen der Analyse von einzelwirtschaftlichen Entscheidungen für eine differenzierte Urlaubsfläche behandelt. Dabei spielen einerseits verschiedene Typen von Ferienorten und Arten der Feriengestaltung der einzelnen Urlauber auch an verschiedenen Orten innerhalb eines Feriengebietes und andererseits Wechselbeziehungen zwischen Urlaubern eine wesentliche Rolle. Diese Wechselbeziehungen gibt es erstens bei der Auswahl von Urlaubszielen – solche Entscheidungen verschiedener Urlauber sind oft wechselseitig voneinander abhängig – und zweitens an den Urlaubsorten selbst – wo die Anwesenheit anderer das Wohlbefinden stark steigern oder auch vermindern kann, wie schon in Kapitel 6 diskutiert wurde. Obwohl diese beiden Arten von Wechselbeziehungen in der Wirklichkeit nur teilweise exakt zu trennen sind, ist es zweckmäßig, sie in der Analyse zu unterscheiden. Die erste Art wird als Ziel-Externalität bezeichnet und vor allem in Kapitel 7 behandelt. Die am Ferienort selbst auftretenden Interdependenzen werden in Kapitel 8 unter der Bezeichnung Aufenthalt-Externalitäten analysiert.

b) *Freizeitaktivitäten und Angebotsfaktoren: allgemeine Zusammenhänge*

Bei der Betrachtung von Ferienorten sollen zwei Möglichkeiten unterschieden werden, den Aufenthalt am Ort zu gestalten:
(1) die Natur – wandernd, badend, Ski laufend, etc. – zu genießen und historische Sehenswürdigkeiten des Ortes – Baudenkmäler, Märkte, Kunstsammlungen – zu betrachten und
(2) das Angebot an speziellen Fremdenverkehrseinrichtungen wahrzunehmen.

Dieser Unterscheidung liegt die Vorstellung zugrunde, daß es einerseits

vorgegebene natürliche oder historisch gewachsene Anziehungspunkte (und -flächen) gibt, andererseits speziell für den Fremdenverkehr produzierte Attraktivitäten vorhanden sind. Dabei ist offensichtlich, daß auch
– die »Natur« erschlossen werden muß (etwa durch Wege oder Lifte) und damit ihre Attraktivität zumindest teilweise auch produziert ist und auf der anderen Seite
– Fremdenverkehrseinrichtungen selbst zu historischen Sehenswürdigkeiten werden können und viele kulturelle Einrichtungen zwar historisch gewachsen sind, aber der überörtlichen oder internationalen Nachfrage ihre eigentliche Entfaltung verdanken.

All das ist in speziellen empirischen Untersuchungen entsprechend zu beachten.

Im Rahmen dieser Übersicht hat diese Unterscheidung den Sinn, zwei Kategorien von Einrichtungen zu erhalten, von denen zu jedem Zeitpunkt sich die eine durch eine bestimmte vorgegebene Kapazität und die andere Kategorie durch anpassungsfähige Kapazitäten auszeichnet. Diese Gegenüberstellung hat im Prinzip einiges mit der in der ökonomischen Theorie üblichen Unterscheidung zwischen »Boden« und »Kapital« gemeinsam: Auch Boden ist in Grenzen vermehrbar (qualitativ veränderbar) und auch Kapital ist ganz kurzfristig in seiner Menge vorgegeben. Bei den vermehrbaren Freizeiteinrichtungen handelt es sich insbesondere um solche, die nicht standortgebunden und dabei entweder vollkommen oder doch innerhalb eines (kleineren oder größeren) Feriengebietes aufgrund von Neuinvestitionen mobil sind.

Die Urlauber können die eben beschriebenen Möglichkeiten wahrnehmen, sie können aber auch Ausflüge zu anderen Orten machen, und gleichzeitig können an anderen Orten sich aufhaltende Urlauber an den hier betrachteten Ort kommen.

Sowohl für die Entscheidungen potentieller Urlauber als auch für die Gestaltung des Angebots für die Touristen sind deshalb zusammenfassend die folgenden Aspekte relevant:

(1) die naturgegebenen Erholungsmöglichkeiten und die Sehenswürdigkeiten,
(2) die produzierten Freizeiteinrichtungen,
(3) das Aussehen, welches die einzelnen Ferienorte aufgrund historischer Entwicklungen besitzen,
(4) die Möglichkeiten der Nutzung des Angebots anderer Orte unter Berücksichtigung

(5) der Entfernungen bis zu diesen anderen Orten,
(6) die Anzahl der erwarteten Touristen, welche die Angebote am Ort wahrnehmen, und damit
(7) die erwarteten (positiven und negativen) Agglomerationseffekte,[1)]
(8) die Lage des betrachteten Ferienortes im Vergleich zu den Wohnorten der potentiellen Besucher und im Vergleich zu konkurrierenden Feriengebieten sowie schließlich
(9) die Preise, welche hier und woanders für vergleichbare Qualitäten zu zahlen sind.

c) Das Anbieterverhalten: Arbeitsteilung, Spezialisierung und Zusammenarbeit

Für die Anbieter seien an dieser Stelle nur einige sehr allgemeine Hinweise gegeben: Für sie geht es darum, wie
– komparative Vorteile des Ortes beziehungsweise einer Fremdenverkehrsregion genutzt und durch Freizeiteinrichtungen ergänzt werden können und so unter ansonsten gleich ausgestatteten Orten eine
– Spezialisierung des Angebots (auch in bezug auf verschiedene Typen von Urlaubern mit ihren mannigfachen Wünschen) und eine sinnvolle Arbeitsteilung herbeigeführt werden kann. Dies hängt nicht zuletzt von Entscheidungen der anderen Fremdenverkehrorte und staatlicher Instanzen ab, welche verschiedene Infrastruktur- und Fremdenverkehrseinrichtungen bereitstellen und durch (wirtschafts-)politische Maßnahmen und Regulierungen sowie Verordnungen die Bereitstellung von Freizeit- und Erholungsplätzen ermöglichen oder verhindern.[2)]

Über die Möglichkeiten der Arbeitsteilung und Spezialisierung aufgrund unterschiedlicher natürlicher und historischer Voraussetzungen sowie über die Zusammenarbeit zwischen verschiedenen Orten kann man schwer weitergehende Aussagen machen als solche, welche auf Prinzipien des komparativen Vorteils beruhen und dabei mögliche Kostendegressionen, Produktions- und Angebotsinterdependenzen sowie Entfernungen und Transportkosten berück-

---

1) Zum Begriff der Agglomerationseffekte vgl. Kapitel 8.
2) Zur Bedeutung der Fremdenverkehrspolitik vgl. Kaspar (1986: Kap. 5).

sichtigen. Hierüber sind detaillierte Studien anhand empirischer Daten und beobachtbarer Entscheidungsprozesse innerhalb einzelner Gemeinden und zwischen verschiedenen Gemeinden oder Verbänden nötig.

II. Wahl zwischen verschiedenen Orten: theoretische Grundlagen

a) Vergleich, Bewertung und Auswahl

Nachdem in den Kapiteln 4-6 die Präferenzen und die Entscheidungen von Urlaubern in bezug auf verschiedene Punkte einer homogenen Fläche betrachtet wurden, ist nun nach den Möglichkeiten der Anwendung des beschriebenen Instrumentariums auf Punkte einer unregelmäßigen Fläche zu fragen. Auf einer homogenen Fläche hatten einzelne Punkte keine besonderen Eigenschaften, jetzt aber unterscheiden sich verschiedene Orte nicht nur durch ihre Lage, sondern auch durch natürliche Qualitäten und historische Entwicklungen. Dadurch erhöht sich die Zahl der wesentlichen Variablen, welche zu erfassen sind. Das bedeutet, daß für die Analyse andere Arten der Vereinfachung notwendig sind.

Nun ist aus der allgemeinen Standorttheorie (vgl. Böventer, 1979) bekannt, daß man mit Hilfe der in den vorangegangenen Kapiteln behandelten Rentenfunktionen und Preis-Indifferenzfunktionen nicht nur auf einer homogenen Fläche optimale Entfernungen und Standorte bestimmen, sondern mit diesen Konzepten in gleicher Weise auf einer von Natur aus und historisch gewachsenen unregelmäßigen Fläche arbeiten kann: So hat man es in Anwendungen der städtischen Standortlehre auch mit unterschiedlichen Standortqualitäten an verschiedenen Punkten der Fläche zu tun, welche zum Teil auf historischen Gegebenheiten beruhen. Man muß infolgedessen keineswegs immer nur in einer Richtung monoton sinkende Preis-Indifferenz-Funktionen zugrunde legen und entsprechend fallende Preise erhalten. Wegen des fehlenden Angebots an Grundstücken fallen möglicherweise große Entfernungsabschnitte ganz heraus; und im Extremfall kann es um die Betrachtung nur zweier Standorte gehen. Solch ein Fall soll im folgenden zunächst untersucht werden.

Ferienorte unterscheiden sich im allgemeinen nicht nur durch ihre Entfernungen und Reisekosten sowie die Aufenthaltskosten, sondern vor allem durch ihre »Attraktivität« vom Standpunkt eines potentiellen Reisenden aus – was immer an Unterkunfts- und Speiseangeboten, an Betätigungs- und Erholungsmöglichkeiten, an klimatischen Reizen, historischen Bauten und allgemeinem »Flair« dies sein mag. Unter Verwendung der vorhandenen Informationen oder auch nur von »Vorstellungen« und allgemeinen »Erwartungen« kann man in dieser Situation für zwei ausgewählte Orte entweder mit Hilfe eines Optimierungsmodells die günstigste Alternative bestimmen oder einfacher aufgrund einer direkten Befragung.

Im Rahmen der bisherigen Modellansätze stellt sich das Entscheidungsproblem für einen bestimmten Haushalt so dar: Für einen wohldefinierten Urlaub geht man von einem vorgegebenem Aufenthaltspreis $\bar{p}_A$ für die erste Alternative (A) aus und ermittelt, bei welchem hypothetischen Preis $\hat{p}_B$ für Alternative B der Haushalt h zwischen den beiden Alternativen vollkommen (preis-)indifferent wäre. Ein Vergleich des erfragten Preis-Indifferenz-Wertes $\hat{p}_B$ mit den tatsächlichen Preisen $\bar{p}_B$ würde dann zeigen, welcher der beiden Ferienorte vom Standpunkt des Urlaubers besser und daher als Reiseziel vorzuziehen ist. Dabei müssen keineswegs alle anderen Ausgaben konstant gehalten werden, sondern der Vergleich verschiedener Ziele geschieht unter Berücksichtigung von jeweils optimalen Anpassungen in den Gesamtausgaben des Haushalts. In das für diesen Vergleich notwendige Kalkül hat natürlich auch die Bewertung der Anzahl der an den zu vergleichenden Zielen erwarteten Urlauber einzugehen – je nach den eigenen Präferenzen positiv oder negativ, es sei denn, der betrachtete Urlauber ist in diesem Punkte völlig indifferent.

Bei nur zwei möglichen Orten läßt sich eine gewissermaßen auf zwei Punkte geschrumpfte Preis-Indifferenzfunktion wie in Abbildung 7.1 darstellen – mit einer gestrichelt gezeichneten »Interpolation« zwischen den Punkten (Linie I[1]). Die Zahlungsbereitschaft sinkt von A nach B (von $\bar{p}_A$ auf $\hat{p}_B^1$): Die tatsächlichen Preise in B ($\bar{p}_B$) liegen in diesem Fall zwar auch niedriger als in A, aber nicht genügend, als daß sie die in den Augen dieses Haushalts schlechtere Einschätzung von B gegenüber A ausgleichen könnten. Für einen anderen Haushalt 2 möge der Preis $\hat{p}_B^2$ den Preis darstellen, bei dem er zwischen A und B indifferent ist. Dieser Haushalt würde aufgrund einer relativ größeren Präferenz für B diesen Ort wählen. Formal hat man in diesem Beispiel das gleiche Problem, wie wenn es um Entfernungen (auf der Ordinate) und Entfernungs-Preis-Indifferenzlinien geht: Hier hat der erste Urlauber stärkere Präferenzen für kleine Entfernungen als der zweite, das heißt die Zahlungsbereitschaft des ersten geht mit der Entfernung schneller zurück als die des zweiten. Eine *ho-*

rizontale Preis-Indifferenzlinie beinhaltet in dieser auf Entfernungen bezogenen Interpretation, daß ein offensichtlich vorhandener (positiver) »Entfernung-Bonus« eines Ortes exakt die (negative) Wirkung der Transportkosten ausgleicht. Genauso können Bewegungen auf der Abszisse auch (quantifizierte) Klimadifferenzen oder Qualitätsunterschiede verschiedener Ferienorte wiedergeben. Schließlich könnten mit Hilfe dieses Instrumentariums statt unterschiedlicher Entfernungen auch verschiedene Zeitpunkte und sich im Zeitablauf ändernde Qualitäten und Zahlungsbereitschaften betrachtet werden.

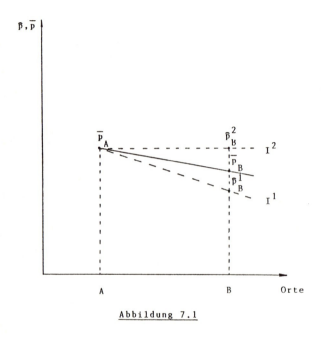

Abbildung 7.1

Eine andere Interpretation des ursprünglichen Beispiels im Sinne zeitlicher Veränderungen ist die folgende: Aufgrund anderer, neuerer Informationen (wenn etwa der Ort B an Attraktivität gewonnen hat oder A neuerdings als »überlaufen« angesehen wird) steigt der Indifferenzpreis von $\hat{p}_B^1$ auf $\hat{p}_B^2$: B wird jetzt eher gewählt als dies bisher der Fall war.

Auch die »Qualitätserwartung« eines Ferienortes (als Funktion der Anzahl der insgesamt erwarteten Urlauber) könnte in dieser weiteren Anwendung der Methode dann auf der Abszisse abgetragen werden; sie schlägt sich in unterschiedlichen Bewertungen nieder und führt zu Änderungen der Zahlungsbereitschaft.

Für empirische Untersuchungen kann man zwar versuchen, die »Attraktivität an sich« für verschiedene Orte zu beschreiben und Kosten-Nutzen-Vergleiche anstellen. Solch ein Unterfangen ist aber schon deshalb von begrenztem Wert, weil man für Reiseziele zwar bestimmte Kriterien aufstellen kann, »objektive« Bewertungen als Grundlage eines Nutzenvergleichs aber unmöglich sind – außer in Situationen, wo es um *eine* wohl definierte Freizeitaktivität geht (wie etwa in einem standardisierten Schwimmbad) und zur Bewertung nur ein Kriterium herangezogen wird. Bei Verwendung mehrerer Kriterien ist immer eine Gewichtung notwendig, und diese hat irgendwie normierte Präferenzen zugrunde zu legen. In dieser Betrachtung aber sollen ja unterschiedliche Präferenzen – unterschiedliche Bewertungen – für verschiedene komplexe Freizeitqualitäten erfaßt werden, welche sich wie in den meisten Fällen in der Realität einer solchen Möglichkeit der »objektivierten Gewichtung« entziehen.

Im Falle qualitativ verschiedener Ferienorte, welche sich durch viele unterschiedliche Qualitäten auszeichnen, ist es deshalb nur sinnvoll, die relative Attraktivität der beiden Orte in bezug auf die Präferenzen für die tatsächlich in Frage kommenden beziehungsweise jeweils erwarteten Urlauber zu erfassen; die Wirkungen von Änderungen des Angebots oder anderer wichtiger Variablen sind in diesem Kontext zu untersuchen. Alle Ergebnisse gelten jeweils nur für die während des Untersuchungszeitraums herrschenden Einkommen und Preise anderer Güter.

b) Grundlage für empirische Anwendungen

In empirischen Untersuchungen für die beiden Orte kennt man die zugrundeliegenden Präferenzen nicht, sondern versucht, aus beobachtetem Verhalten auf die Präferenzen – Preis-Indifferenzfunktionen – zu schließen. Die Beobachtungen der Vergangenheit über die Besucherzahlen versucht man zunächst den beobachteten Preisänderungen auf der Angebotsseite und den beobachteten (realen) Einkommensänderungen der Nachfrager zuzuordnen, um damit Preis- und Einkommenseffekte zu identifizieren. Aus zukünftigen (erwarteten – oder auch schon eingetretenen) Preis- und Einkommensänderungen werden sodann die jeweils erwarteten Änderungen in der Zahl der Urlauber bestimmt.

Auf große Gruppen von potentiellen Reisenden mit unterschiedlichen Präferenzen angewandt, liefert eine solche Analyse nicht mehr die Basis für eine Alternativ-Entscheidung (A *oder* B ist besser), sondern es ergeben sich für unterschiedliche Preisrelationen verschiedene relative Häufigkeiten der Auswahl der beiden Orte durch die Gesamtzahl der Urlauber. In Abbildung 7.2 ist eine große Anzahl unterschiedlicher (wie bisher per definitionem durch den Punkt $\bar{p}_A$ verlaufender) Indifferenzlinien (für je einen Urlauber) eingezeichnet, welche jeweils für B sowohl steigende als auch fallende Zahlungsbereitschaften wiedergeben. Beim tatsächlichen Preis $\bar{p}_B$ ziehen die meisten Urlauber B vor, bei $\bar{p}'_B$ hingegen nur wenige. Bei einem noch höheren Preis in B sinkt der Anteil der Urlauber weiter, für welche B günstiger erscheint.

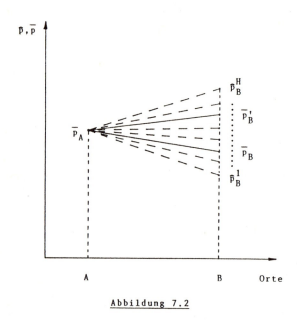

Abbildung 7.2

Wenn man solche Zusammenhänge einem Test unterziehen will, betrachtet man die Aufteilung der Urlauber auf A gegenüber B als eine Funktion der relativen Preise an den beiden Orten zu verschiedenen Zeitpunkten. Ein etwas realitätsnäherer, aber immer noch sehr einfacher Ansatz geht davon aus, daß sich Gewohnheiten herausbilden und ein Übergang von A nach B möglicherweise mit »psychischen Kosten« verbunden ist und daher langsamer vonstatten geht als dies einer »zeitlosen« – im Zeitablauf konstanten – Präferenzfunktion entspricht. Jegliche empirische Untersuchung über Zeitreihen von Reiseentscheidungen hat deshalb, wie in Kapitel 1 erwähnt, mögliche Änderungen der Präferenzen einzubeziehen. Dieser Frage ist der folgende Abschnitt gewidmet.

III. Besondere Einflüsse der Zeit und Wechselbeziehungen in den Präferenzen

a) Änderungen in den Präferenzen der Urlauber

Reisepräferenzen und vor allem spezielle Reisewünsche ändern sich im allgemeinen im Laufe der Zeit. Hierfür gilt im Prinzip das gleiche wie für die anderen Konsumentenwünsche: Sie beruhen zum Teil auf angeborenen Eigenschaften der einzelnen Menschen, sie werden aber andererseits erst geformt durch das kulturelle Erbe und das zivilisatorische Milieu, und sie werden durch die Umwelt der Konsumenten – im großen und im kleinen – laufend beeinflußt. Für spezielle Urlaubswünsche spielen individuelle Erfahrungen, Berichte über Erlebnisse Anderer und Informationen aus Werbebroschüren, Katalogen, etc. eine wesentliche Rolle. Trotz vielseitiger ähnlicher Informationen potentieller Urlauber bleiben oder erneuern sich sogar laufend Unterschiede in ihren Präferenzen.

Für die gegenwärtige Untersuchung sind zunächst zwei einander zuwiderlaufende Argumente wichtig: Die Kosten der Auswahl eines Ferienzieles, insbesondere unter bisher unbekannten Zielen, und das Streben nach Neuem im Urlaub. Die Kosten der Wahl eines neuen Zielortes bestehen einerseits in Größen, welche in Geld oder Zeiteinheiten gemessen werden können, wie Kosten der Informationsbeschaffung bezüglich der Reiseziele und des Transports sowie der Unterbringungs- und Beschäftigungsmöglichkeiten am Ort; andererseits in Unwägbarkeiten bezüglich der genannten Punkte: Kontakte sind erst (wieder) herzustellen, alte Bekanntschaften mögen fehlen. All dies hängt wesentlich von der Einschätzung des Gewohnten und der Risikobereitschaft der einzelnen Menschen ab.

Zur Illustration werden drei Orte A,B,C betrachtet (Abbildung 7.3), deren Einschätzung durch einen Haushalt (Urlauber) h im Ausgangszeitraum zunächst etwa gleich war (durch die Indifferenzlinie I_o gekennzeichnet) und von denen der mittlere Ort B zuerst gewählt wurde, weil der Aufenthaltspreis in B am geringsten war.

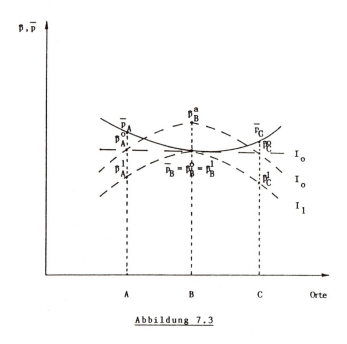

Abbildung 7.3

Eine *starke Gewöhnung* an den einmal gewählten Ort B, große Risikoscheu und eine hohe Einschätzung der Kosten einer Ortsveränderung können nun dazu führen, daß die anfangs als gleichwertig eingestuften Orte A und C im Zeitablauf vergleichsweise geringer als B geschätzt werden. Der Haushalt wäre dann bereit, einen höheren Preis $\hat{p}_B^a$ für den Aufenthalt an Ort B zu zahlen. Erst wenn der tatsächliche Preis diesen Wert übersteigt, wechselt der Haushalt den Ort.

Wenn der tatsächliche Preis $\bar{p}_B$ sich nicht ändert, erreicht der Haushalt ein höheres Nutzenniveau I_1. Das gleiche Nutzenniveau könnte er in den anderen Orten nur zu den niedrigeren Indifferenzpreisen $\hat{p}_A^l$ und $\hat{p}_C^l$ erreichen. Selbst wenn sich die tatsächlichen Aufenthaltspreise an das Niveau des Ortes B anpassen oder sogar geringfügig stärker sinken, würde es der Haushalt vorziehen, am Ort B zu bleiben. Erst eine starke Reduktion der Aufenthaltspreise $\bar{p}_A$ und $\bar{p}_C$ könnte ihn zu einer Ortsveränderung bewegen.

Hingegen bei hoher Risikobereitschaft, einer großen Präferenz für neue Eindrücke und gering geschätzten Kosten einer Ortsveränderung wird der Ort B im Zeitablauf geringer geschätzt (Abbildung 7.4). Dies impliziert einen niedrigeren Indifferenzpreis $\hat{p}_B^a$ für das Nutzenniveau I_0. Da sich $\bar{p}_B$ nicht ändert, sinkt das Nutzenniveau auf I_1, so daß der Haushalt nur zu den höheren Indifferenzpreisen $\hat{p}_A^1$ und $\hat{p}_C^1$ indifferent zwischen den drei Orten wäre. Bei den gegebenen Preisen wechselt er den Ort.[3]

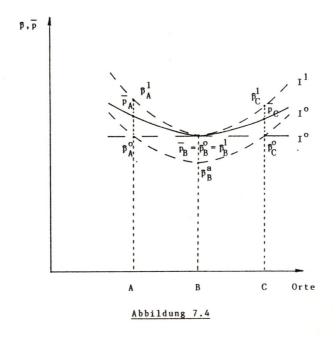

Abbildung 7.4

Betrachtet man nun viele Orte mit ähnlichen Qualitäten, so führt das bisher beschriebene Verhalten einerseits zu einem fortwährenden Wechsel vieler Ur-

---

[3] Vorausgesetzt wird, daß die sonstigen Einflußfaktoren, die die Bewertung der Orte durch die Konsumenten beeinflussen, konstant bleiben.

lauber in der Wahl ihrer Urlaubsziele. Andererseits werden viele Urlauber fast zu »Ortsansässigen«, die als Dauergäste ihren Urlaubsort kaum wechseln. Unter konstanten ökonomischen Bedingungen kann dies für die einzelnen Urlaubsziele sogar völlig stabile Besucherzahlen beinhalten. Möglicherweise kommt es aber auch zu Fluktuationen in den Besucherzahlen oder zu Änderungen in der sozialen Zusammensetzung, die sich unter anderem abhängig von den angebotenen Qualitäten und den geforderten Preisen ändern kann.

Das Reiseverhalten risikofreudiger und das Unbekannte suchender Urlauber kann sich in Wellenbewegungen niederschlagen, welche sich im Raum fortpflanzen und bei steigendem Realeinkommen beziehungsweise wachsenden Reiseausgabenmöglichkeiten zu Reisen in immer größere Entfernungen führen.

Dabei können einzelne Ferienorte zeitweilig an Ansehen gewinnen und wieder verlieren. Die Analyse solcher Wellen in gegebenen Feriengebieten ist eine interessante Aufgabe für empirische Untersuchungen.

Ein Faktor, welcher langfristige Zyklen in den Besucherzahlen und im Prestige einzelner Hotels und ganzer Orte zur Folge haben kann, ist der besondere Einfluß der Zeit auf den Ferienort selbst: Gebäude und Orte werden älter, Hotels müssen von Zeit zu Zeit renoviert werden, und zu Zeiten dynamischer wirtschaftlicher Entwicklungen wächst die Nachfrage nach moderneren und besser ausgestatteten Unterkünften. Da Modernisierungen mehr oder weniger große Veränderungen in der Bausubstanz erfordern und häufig zu höheren Kosten führen als Neubauten, sinkt insoweit die Konkurrenzfähigkeit einzelner Hotels oder ganzer Ferienorte.

Wo hingegen ein bestimmtes Image aufgebaut worden ist und insbesondere mit Hilfe besonderer Attraktivitäten am Ort oder in der natürlichen Umgebung aufrechterhalten werden kann, können laufende Anpassungen für die Erhaltung der Besucherzahlen sorgen. In anderen Fällen verliert der Ort an Anziehungskraft. Fallende Preise der Häuser und der Grundstücke können jedoch Investitionen induzieren, welche den Ort wieder attraktiver machen und in der Bewertungsskala der Urlaubsziele wieder nach oben rücken lassen. Hier besteht eine Analogie zur Entwicklung und Bewertung von Stadtteilen oder Nachbarschaften innerhalb von Großstädten.

b) Wechselbeziehungen: Mitläufereffekte, Snob-Effekte, Modeeinflüsse

In der Auswahl der Urlaubsziele spielt oft das Ansehen der einzelnen Orte eine große Rolle, und dieses hängt in den Augen einzelner neben den realen Urlaubsmöglichkeiten von den tatsächlichen und vermuteten Bewertungen anderer ab: Es gibt Mitläufer-Effekte (bandwagon effects) und Snob-Effekte (vgl. hierzu Leibenstein, 1966):
– Manche Orte werden aufgesucht, weil andere Leute, die man sich zum Vorbild nimmt, dorthin reisen.
– Wieder andere Urlauber sind Snobs: Sie meiden bestimmte Zielorte, weil sie sich von deren Besuchern distanzieren wollen.

Die Anwesenheit anderer Urlauber hat in zweierlei Beziehung eine Bedeutung für Urlaubsentscheidungen. Zum einen können ihre Entscheidungen nachahmenswert sein – wenn es in den Augen des Betrachteten dessen Prestige erhöht, am selben Ort gewesen zu sein wie andere Menschen: Dieser Einfluß soll als Ziel-Externalität betrachtet werden, weil er die Präferenzen selbst betrifft. Die andere Art von Wechselbeziehungen zwischen Urlaubern in der Form externer Effekte ergibt sich aus dem Aufenthalt anderer Urlauber am selben Ort. Dieser Effekt kann – jeweils in Abhängigkeit von den Präferenzen der einzelnen – je nach Anzahl anderer Urlauber insgesamt positiv oder negativ sein. Für den einen mag eine kleine Zahl von anderen Gästen erfreulich sein, während für andere Urlauber eine möglichst große Zahl von Besuchern erst das erstrebenswerte Wohlbefinden garantieren mag, welches ein Maximum an Kontaktmöglichkeit bietet. Diese Einflüsse können als Aufenthalt-Externalitäten bezeichnet werden.

In der Wirklichkeit hängen diese beiden Arten von Externalitäten eng zusammen. Hier sollen zunächst die externen Effekte oder Urlauber-Interdependenzen betrachtet werden, welche sich aus den (vergangenen oder erwarteten) Entscheidungen Anderer für ein bestimmtes Urlaubsziel ergeben: Die speziellen Aufenthalt-Externalitäten wurden in allgemeiner Form bereits in Kapitel 6 behandelt und werden in Kapitel 8 noch einmal aufgegriffen.

Um die Auswirkungen von Mitläufereffekten auf die Standortentscheidung von Reisenden und damit auf die touristische Nachfrage eines Ortes darzustellen, wird von den folgenden Annahmen ausgegangen:
– Erst ab einer bestimmten Mindestgröße $\bar{N}_k$ wird es für den einzelnen Urlauber interessant, den Urlaubsort k aufzusuchen. Je mehr die erwartete Besucherzahl N_k den Wert übersteigt, umso attraktiver wird der Ort und umso

stärker wächst die tatsächliche Besucherzahl, bis die Kapazitätsgrenze N_k^{max} des Ortes erreicht ist. Mit zunehmender Auslastung des Urlaubsortes verteuert sich allerdings das Angebot an Ferienaktivitäten und Unterbringungsmöglichkeiten, so daß der Anpassungsprozeß gedämpft wird.

– Unterschreitet die erwartete Besucherzahl die Mindestgröße $\bar{N}_k$, so wird es uninteressant, den Ort aufzusuchen. Die Besucherzahl sinkt, der Ort wird noch weniger attraktiv, eine kumulative Abwärtsbewegung der Besucherzahlen setzt ein. Auch diese Bewegung wird gedämpft durch die einsetzende Verbilligung des Angebots. Schließlich wird die Untergrenze N_k^{min} erreicht, eine Mindestanzahl von Besuchern, die nicht aus Imagegründen den betrachteten Ort präferiert.

– Wird vereinfachend unterstellt, daß sich die Erwartungen der Urlauber an den Gästezahlen der Vorperiode $N_{k,t-1}$ orientierten, so lassen sich die Überlegungen in der folgenden Funktion zusammenfassen:

(7.1) $\quad N_{k,t} = F(N_{k,t-1} - \bar{N}_k)$

$$\text{mit: } F(0) = \bar{N}_k\,, \quad F(N_k^{max} - \bar{N}_k) = N_k^{max}\,,$$

$$F(N_k^{min} - \bar{N}_k) = N_k^{min}\,,$$

$$\frac{dF}{d(N_k - \bar{N}_k)} > 0\,, \quad \frac{d^2F}{d(N_k - \bar{N}_k)^2} \gtreqless 0\,, \text{ wenn } N_k \gtreqless \bar{N}_k$$

Der Funktionsverlauf von F ist in Abbildung 7.5 dargestellt, wobei der Nullpunkt der Abszisse ($\bar{N}_k$) verschoben ist.

Weicht die tatsächlicher Urlauberzahl in einer Periode von $\bar{N}_k$ nach oben (unten) ab, so ergibt sich jeweils ein Anpassungsprozeß zu einem neuen, stabilen Gleichgewicht in N_k^{max} (N_k^{min}). Für die Gleichgewichtszustände gilt, daß $N_{k,t} = N_{k,t-1}$.

Es tritt also keine Veränderung gegenüber der Vorperiode mehr ein.

In dem beschriebenen Prozeß können nun weitere Faktoren zusätzlich in die Analyse einbezogen werden, insbesondere
– eine Steigerung der Attraktivitäten durch Preissenkungen, oder
– eine Erhöhung der Einkommen der Urlauber.
Beide Einflüsse führen zu einer Beschleunigung des Anpassungsprozesses, wenn dieser sich auf das Gleichgewicht N_k^{max} zu bewegt, da die Nachfrage in einer oder mehreren Perioden exogen steigt (um ΔN_t in Abbildung 7.6a).

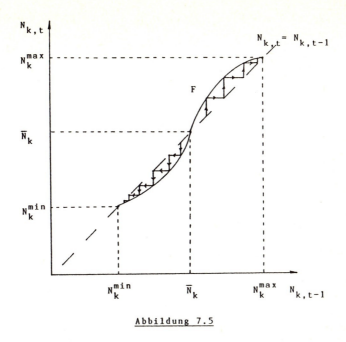

Abbildung 7.5

Bewegt sich der Anpassungsprozeß dagegen auf das untere Gleichgewicht zu, so wird er entweder
– umgekehrt, wenn die zusätzliche Nachfrageerhöhung ΔN_t zu einer Steigerung der Urlauberzahlen über die Mindesgröße $\bar{N}_k$ hinausführt (Abbildung 7.6b) oder
– verzögert, wenn die Nachfrageerhöhung ΔN_t den Rückgang der Nachfrage aus Prestigegründen nicht ausgleichen kann (Abbildung 7.6c).

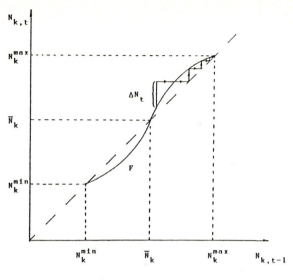

Abbildung 7.6a

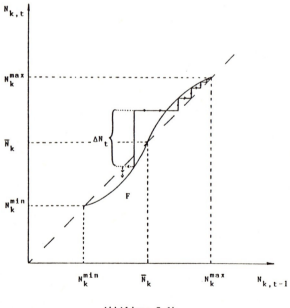

Abbildung 7.6b

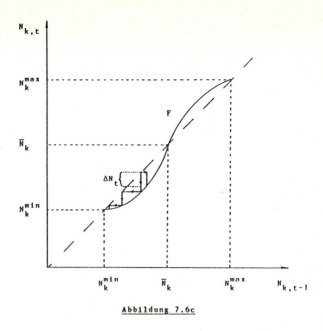

Abbildung 7.6c

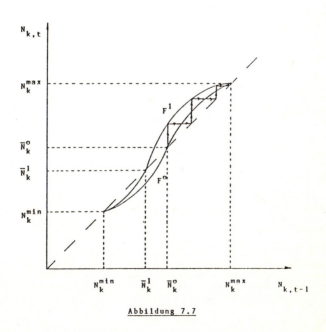

Abbildung 7.7

Als ein weiterer Effekt lassen sich Modeeinflüsse analysieren. Ist der Ferienort gerade besonders begehrt, so führt dies ebenfalls zu einer isolierten Steigerung der Nachfrage. Eine geänderte Einschätzung des Ortes kann aber auch dazu führen, daß sich die Mindestgröße $\bar{N}_k$ ändert (vgl. Abbildung 7.7). Auch ohne einer Änderung der tatsächlichen Besucherzahlen (in der Ausgangsperiode) können dadurch kumulative Anpassungsprozesse induziert werden. Ein ähnlich wirkender Effekt ist der schon erwähnte Alterungsprozeß des touristischen Angebots, der die Attraktivität des Ferienortes per se reduziert.[4]

Mit diesen einfachen Modellansätzen lassen sich somit interessante Fälle erfassen, in denen soziale Wechselbeziehungen zwischen Urlaubern mit möglicherweise stark unterschiedlichen Präferenzen die Zahl der Interessenten für einen Ort kumulativ wachsen oder sinken lassen.

Dabei können gleichzeitig
– Verschiebungen der Anpassungsfunktion F etwa aufgrund von Werbekampagnen oder Preissenkungen, sowie
– Veränderungen in der sozialen oder regionalen Zusammensetzung der Urlauber berücksichtigt werden, welche das Ausmaß der Mitläufer-Effekte beeinflussen.

Hier besteht ein weites Feld für empirische Forschungen von Ökonomen und Tourismus-Experten in Zusammenarbeit mit Soziologen und Sozialpsychologen.

IV. Zeit, Raum und Abwechslung bei Ferienreisen

a) Der Wechsel zwischen Urlaubszielen

Schon in Kapitel 1 wurde der Wunsch nach Abwechslung im Urlaub im Gegensatz zum Streben nach Bekanntem und Bewährtem betont. Deshalb wechseln Urlauber zwischen verschiedenen Urlaubsorten oder Zielgebieten, auch wenn

---

[4] Auch eine Veränderung der Grenzen N_k^{max} und N_k^{min} – etwa durch eine Erhöhung der Kapazität oder eine Reduktion der sonstigen Nachfrage – könnte in ihren Auswirkungen analysiert werden.

– ihre eigentlichen Präferenzen sich nicht ändern,
– ihre Vorstellungen über die Qualitäten aller Ferienorte unverändert bleiben und
– ihre Erwartungen über die Zahl und die Zusammensetzung anderer Urlauber dieselben bleiben.

Der Anlaß für einen Wechsel des Urlaubsortes liegt häufig in dem Wunsch nach Abwechslung an sich.

Eine grundlegende Stabilität der Reisewünsche ließe sich rein formal mit einem Wechsel der Reiseziele in Einklang bringen, indem man postuliert, daß den einzelnen Ferienzielen bestimmte Wahrscheinlichkeiten zugeordnet sind, wobei diese Wahrscheinlichkeiten von den erwähnten systematischen Einflußfaktoren abhängig sind und die Wahl des Urlaubsortes teilweise dem Zufall unterliegt. Für eine bestimmte Reise ist dann das gewählte Ziel nicht genau voraussehbar, auf die Dauer und im Durchschnitt sind trotzdem die Reisewünsche stabil.

Für die folgenden Modellüberlegungen können Gedanken über den Verlauf der Zeit und ihrer Einflüsse mit den Überlegungen über den Wunsch nach Abwechslung verknüpft werden. Hierfür wird unterstellt, daß bei jedem potentiellen Urlauber ein psychischer Bestand an Erlebnissen am Ort k vorhanden ist, welcher im Laufe der Zeit wieder abgebaut wird. Je schneller dieser Bestand abgebaut wird und je weiter die letzten Erlebnisse in der Vergangenheit liegen, desto größer ist der Wunsch nach neuen Erlebnissen der gleichen Art am selben Ort. Andersherum: In je stärkerem Umfang man noch »genug hat« von einem Ort, desto geringer ist der augenblickliche Wunsch nach einer neuen Reise nach k. Es geht also um Bestände an Erlebnissen, deren Abbau und deren Erneuerung. Ob und inwieweit ein Wunsch nach Erneuerung auch realisiert wird, hängt von den finanziellen Möglichkeiten, zeitlichen Beschränkungen und den gebotenen Alternativen ab.

Präziser formuliert sieht dieses Modell so aus: $U_{k\tau}$ sei der während des Urlaubs am Ort k in der Periode τ für einen Urlauber oder Haushalt h »gestiftete Nutzen«. $U_{k\tau}$ ist eine Funktion der Aufenthaltsdauer, der Qualität des Aufenthalts, etc.. Damit wird ein Bestand an Erinnerungen $B_\tau^k = U_\tau^k$ begründet, welcher in Analogie zu einem Kapitalgut gesehen werden kann: Er unterliegt einer bestimmten Abschreibungsrate, die sich aus dem Vergessen des Erlebnisses, dem Abklingen des Eindrucks ergibt. Die (zeitliche) Abschreibungsrate sei ω.

Unterstellt sei nun, daß der Haushalt einen bestimmten Erlebnisbestand

$\hat{B}_k$ zu halten wünscht, der von der Qualität des Ortes, von Preis- und Qualitätsvergleichen mit anderen Orten, vom Einkommen des Haushalts, etc. abhängt. Unterschreitet der tatsächliche Bestand den gewünschten, so kann durch einen erneuten Urlaub am Ort k eine »Ersatzinvestition« erfolgen.

Vom Standpunkt einer späteren Periode t ist der Bestand B_k über die Zeitspanne $t - \tau$ mit der Abschreibungsrate ω geschrumpft. Bei zeitlich kontinuierlicher Abschreibung gilt:

(7.2) $\qquad B_{kt} = U_{k\tau} \cdot e^{-\omega(t-\tau)}$

Hat der Urlauber in der Vergangenheit mehrmals den Ort k aufgesucht, so ergibt sich der Bestand an Erinnerungen zu Beginn der Periode t als Summe der Bestände aller abdiskontierten Erlebnisse in der Periode ($\tau = t_0, ...$ t-1) als

(7.3) $\qquad B_{kt} = \sum_{\tau=t_0}^{t-1} U_{k\tau} \cdot e^{-\omega(t-\tau)}$

Die Auswahl des Ferienortes in der Periode t richtet sich nach der Differenz zwischen dem gewünschten Bestand $\hat{B}$ und dem tatsächlichen Bestand B für alle möglichen Urlaubsorte in der Periode t.

Wird angenommen, daß der Haushalt bemüht ist, diese Differenzen zu minimieren, so ergibt sich als Entscheidungskriterium, daß der Ort gewählt wird, für den die Differenz zwischen gewünschtem und vorhandenem Erlebnisbestand am größten ist.

(7.4) $\qquad (\hat{B}_{kt}^* - B_{kt}^*) = \max((\hat{B}_{lt} - B_{lt}), ..., (\hat{B}_{Kt} - B_{Kt}))$

Dieses Modell kann zu kontinuierlich wechselnden Standortentscheidungen bzw. zu zyklischen Prozessen führen, was im folgenden am Beispiel zweier Orte k und m erläutert werden soll. In Periode t gelte:

(7.5) $\qquad \hat{B}_{kt} - B_{kt} < \hat{B}_{mt} - B_{mt}$

Folglich wird m als Urlaubsort gewählt. Der Erlebnisbestand B_m wird erhöht, während der Bestand B_k weiter abgeschrieben wird. Die linke Seite der Ungleichung (7.5) wird folglich tendenziell größer, die rechte Seite kleiner. Ein Ortswechsel wird induziert, wenn sich das Ungleichheitszeichen umdreht:

(7.6) $\hat{B}_{kt+1} - B_{kt+1} > \hat{B}_{mt+1} - B_{mt+1}$

Der Wechsel zum Ort k führt nun dazu, daß der Erlebnisbestand B_k wieder aufgebaut wird. Dagegen reduziert sich jetzt der Bestand B_m durch die Abschreibung. Im Zeitablauf wird die Differenz $\hat{B}_k-B_k$ wieder kleiner, die Differenz $\hat{B}_m-B_m$ größer, bis wieder ein Ortswechsel erfolgt. Das Resultat dieser Überlegungen ist also ein ständiger Wechsel zwischen den beiden Ferienorten, der allerdings nicht in jeder Periode erfolgen muß. Dies ist dann nicht der Fall, wenn trotz der Abschreibung des Erlebnisbestandes eines Ortes die Differenz zwischen gewünschtem und vorhandenem Erlebnisbestand immer noch kleiner ist als beim Vergleichsort. Zudem können
– die Abschreibungsraten für verschiedene Orte unterschiedlich sein, was dazu führt, daß die Differenz $\hat{B}-B$ für Orte mit kleinerer Abschreibungsrate geringer sein wird und es somit weniger wahrscheinlich wird, daß ein Wechsel zu diesen Orten induziert wird,
– die gewünschten Erlebnisbestände $\hat{B}$ variieren. Steigt zum Beispiel der gewünschte Erlebnisbestand des Ortes, an dem gerade Urlaub gemacht wurde – etwa, weil dieser Urlaub besonders genossen wurde – so resultiert daraus eine Tendenz, am gewählten Ort auch in der folgenden Periode zu bleiben.[5]

Analoge Ergebnisse resultieren aus einem etwas anderen Modell: Unterstellt wird, daß der Bestand an Erlebnissen am Ort k in die Nutzenfunktion des Haushalts eingeht:

(7.7) $U_t = U_t(C_t, D_{kt}, Q_{kt}; B_{kt})$
mit: $\partial U_t / \partial B_{kt} < 0$ [6]

In Abbildung (7.8) sind die Indifferenzpreise zweier Orte A und B eingezeichnet ($\hat{p}_{A,t}$ und $\hat{p}_{B,t}$), für die der Haushalt indifferent in der Wahl seines Urlaubsortes ist. Die tatsächlichen Preise sind durch $\overline{p}_A$ und $\overline{p}_B$ gegeben, so daß sich der Haushalt in der Periode t für den Ort B entscheidet. Durch den Urlaub in B wird ein Erlebnisbestand B_{Bt} aufgebaut, der dazu führt, daß der Haushalt in der Periode t+1 den gleichen Urlaub geringer schätzt. Das alte Nutzenniveau I_0 würde er nur zu dem geringeren Indifferenzpreis $\hat{p}_{B,t+1}$ realisieren. Bei

---

[5] Umgekehrt würde eine gewisse Enttäuschung des Urlaubers zu einer Verringerung von $\hat{B}$ führen, was tendenziell den Ortswechsel beschleunigt.
[6] Ein hoher Erlebnisbestand bewirkt eine gewisse Sättigung, die den Nutzen eines Urlaubes am Ort k reduziert.

den gegebenen Preisen wählt er den Ort A. Durch den Urlaub in A wird ein Erlebnisbestand $B_{A,t+1}$ aufgebaut, was dazu führt, daß auch der Ort A geringer geschätzt wird. Das Nutzenniveau I_0 kann daher nur zu dem niedrigeren Indifferenzpreis $\hat{p}_{A,t+2}$ in der nächsten Periode erreicht werden.

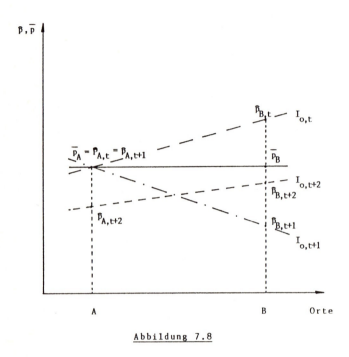

Abbildung 7.8

Durch die Abschreibung des Erlebnisbestandes für den Ort B wird dieser wieder höher geschätzt, so daß der Indifferenzpreis auf $\hat{p}_{B,t+2}$ steigt. Liegt der Indifferenzpreis des Ortes B weniger unterhalb des tatsächlichen Preises als der Indifferenzpreis des Ortes A, so wird in der Periode t+2 wieder B gewählt. Anderenfalls würde der Haushalt am Ort A bleiben.

Der weitere Verlauf der Urlaubsentscheidungen hängt davon ab, mit welcher Rate sich die Erlebnisbestände aufbauen, bzw. reduzieren – soweit dieses Ergebnis nicht durch Preisänderungen beeinflußt wird. Ein Ort wird umso häufiger gewählt, je geringer sich der Erlebnisbestand aufbaut und je stärker er durch Abschreibungen reduziert wird.

b) Die Erlebnisdichte im Raum

Mit der Einführung von Beständen an Erlebnissen erhält man eine unregelmäßige Fläche in bezug auf die Naturgegebenheiten und in einem doppelten historischen Sinn: Im Sinne der
– von Menschen produzierten touristischen Güter beziehungsweise ausgebeuteten Ressourcen einschließlich der von ihnen für ihre Aktivitäten gewählten ungleichmäßig verteilten Standorte, und
– an verschiedenen Orten produzierten Erlebnisse.

Neben sichtbaren (objektiven) physischen Raumstrukturen bestehen unsichtbare (subjektive) psychische Raumstrukturen. Die psychischen Strukturen binden die Menschen normalerweise mehr oder weniger stark an Orte vergangener Erlebnisse. Die entgegengesetzte Wirkung kann für den Urlaub auftreten: Wenn Neues angestrebt wird, wird nicht nur das schon Bekannte negativ eingeschätzt, sondern auch ähnliche Erlebnismöglichkeiten. je nach Art der Ähnlichkeit kann diese (zumindest in einfachen Fällen) durch die räumliche oder qualitative Nähe zum Alten gemessen werden. Die »abstoßende« Kraft eines Erlebnisses am Ort k auf die Präferenzen für weitere Erlebnisse kann als mit der Entfernung von k systematisch abnehmend angenommen werden. Dies führt dazu, daß durch einen Urlaub am Ort k nicht nur der Indifferenzpreis dieses Ortes für die nächste Periode reduziert wird, sondern auch Indifferenzpreise der benachbarten Orte, und zwar in einem mit zunehmender Entfernung von k sinkenden Ausmaß. Ebenso wirkt sich die Abschreibung des Erlebnisbestandes in abgeschwächter Form auch auf die Umgebung aus, d.h. die Indifferenzpreise würden etwas geringer als für den Ort k wieder steigen.

Dieser Sachverhalt ist in Abbildung 7.9 dargestellt, wobei vereinfachend von einem Kontinuum von Orten und damit von stetigen Preis-Indifferenzlinien ausgegangen wird. Die tatsächlichen Preise werden als konstant für alle Zeitperioden unterstellt und durch die Linie $\bar{p}$ wiedergegeben.

In der Anfangsperiode wählt der Haushalt den Ort A (Abb. 7.9a). Dadurch wird dieser Ort und seine Umgebung in der folgenden Periode geringer geschätzt, die Indifferenzpreise sinken am Ort A und in abnehmendem Ausmaß in der Umgebung (Linie $I_{o,t+1}$ in Abbildung 7.9b). Die Indifferenzlinie der Vorperiode ist zum Vergleich gestrichelt eingezeichnet. Der Haushalt wählt jetzt den Ort C, für den der Abstand zwischen Indifferenzpreis und tatsächlichem Preis am geringsten ist.

In der Folgeperiode wird die Indifferenzlinie durch den Aufbau des Erlebnisbestandes in und um C flacher, gleichzeitig steigen die Indifferenzpreise des Ortes A und seiner Umgebung etwas an, da durch die Abschreibung des Erlebnisbestandes diese Orte wieder höher eingeschätzt werden. Bei einem Verlauf der Indifferenzlinie $I_{o,t+2}$ wie in Abbildung 7.9c wird in der Periode t+2 der Ort B gewählt.

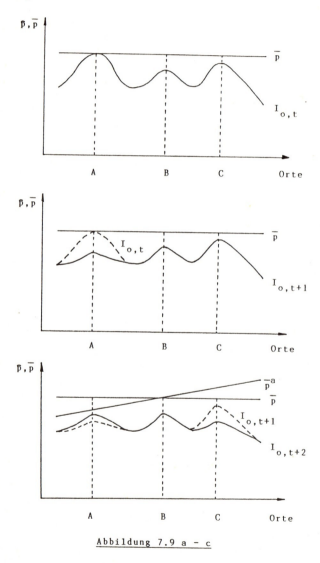

Abbildung 7.9 a - c

In den folgenden Perioden verändert sich die Preis-Indifferenzlinie weiter in der beschriebenen Weise. Ein Wechsel des Urlaubsortes erfolgt in diesem Modell immer dann, wenn ein anderer Ort den geringsten Abstand zwischen Indifferenz- und tatsächlichem Preis aufweist. Sind die Abschreibungsraten geringer als die Raten, mit denen die Erlebnisbestände aufgebaut werden, so ergibt sich im Zeitablauf eine Tendenz zur Nivellierung der Indifferenzpreise.

Bei der Beschreibung des Modells wurden identische Preise und konstante Ortsqualitäten unterstellt. Eine Änderung dieser Einflußgrößen führt natürlich zur Änderung der Standortentscheidung: So würde etwa bei einer Preislinie $\bar{p}^a$ in der Periode t+2 der Ort A gewählt werden. Eine Änderung der Qualitäten des touristischen Angebots würde den Verlauf der Indifferenzlinien beeinflussen.

Ein Erlebnis an einem Ort m zum Zeitpunkt τ wirkt so auf die Bewertung eines potentiellen neuen Erlebnisses zum Zeitpunkt t an einem Ort k mit einer
– Intensität, welche von dem Erlebnisbestand B_τ und von der zeitlichen und räumlichen Distanz abhängig ist. Der Bestand B_τ vermindert sich (vereinfacht) mit dem
– zeitlichen Diskontfaktor $e^{-\omega(t-\tau)}$ und dem
– räumlichen Diskontfaktor $e^{-\sigma d(km)}$

wobei t-τ die zeitlich und d(km) die räumliche (oder qualitative) Distanz darstellt.

So wirkt im Prinzip jedes Erleben an jedem Ort auf jeden anderen Ort, wobei mit wachsender zeitlicher Entfernung und abnehmender Ähnlichkeit dieser Einfluß allerdings schnell gegen Null geht. Für Erlebnisse am benachbarten und deshalb gemeinsam wirksamen Orten k und m ergibt sich somit für den Ort k die Größe B_{kt} als

(7.8) $B_{kt} = U_{k\tau} \cdot e^{-\omega(t-\tau)} + U_{m\tau} \cdot e^{-\omega(t-\tau)} \cdot e^{-\sigma d(km)}$

Allgemeiner gilt: Für K Orte und jeweils beliebig viele Erlebnisse seit einem Angangsjahr t_o lautet die Formel für B_{kt}:

(7.9) $B_{kt} = \sum_{\tau=t_o}^{t-1} \sum_{m=1}^{K} U_{m\tau} \cdot e^{-\omega(t-\tau)} \cdot e^{-\sigma d(km)}$ mit: d(kk) = o

in Summierung über die Zeit und den Raum. Für nicht konkurrierende Erlebnisse an unvergleichbaren Orten ist dabei die Distanz d(km) gleich unendlich zu sezten, so daß der Einfluß gleich Null wird.

Die Wirkung neuer Informationen auf die Präferenzen kann als exogen in das Modell eingeführt, aber nicht inhaltlich vorausgesagt werden. Der Ansatz erfaßt auch nicht den Fall, daß aufgrund eines Urlaubs an einem Ort k eine verstärkte Präferenz für benachbarte Orte entwickelt wird, während gleichzeitig die Neigung zu einem weiteren Urlaub in k (zumindest kurzfristig) zurückgeht: Dafür könnten Modifikationen eingeführt werden.

In diesem einfachen Modellansatz wird im Falle des Wunsches nach neuen Erlebnissen der Ort aufgesucht, der unter sonst gleichen Bedingungen die niedrigste (abdiskontierte) Erlebnisdichte hat. Im Sinne Christallers[7] wird so zwar nicht die Entfernung vom Wohnort, aber die Entfernung von bekannten Strukturen maximiert, wobei die jeweiligen Transportkosten, Preise und erwarteten Erlebnis- und Erholungsqualitäten der konkurrierenden Orte zu den über die Fläche variierenden Bedingungen gehören, und die Einkommen eine wesentliche Rolle bei der Bestimmung des optimalen Reiseziels spielen.

V. Die saisonale Verteilung der Reiseausgaben

a) Einleitung

In den bisherigen Betrachtungen wurde eine der in Kapitel 2 angesprochenen Dimensionen der Reiseausgaben vernachlässigt: die saisonale Struktur der Reiseausgaben. Dies ist gerechtfertigt für den Fall, daß die Wertschätzung verschiedener Urlaubsorte unabhängig von der Jahreszeit ist oder daß nur Jahresdurchschnitte betrachtet werden. Das ist im allgemeinen nicht befriedigend. Nur wenn zudem das Angebot der Ferienorte sehr stark elastisch ist, spielt der saisonale Aspekt keine Rolle. Solche Annahmen mögen für manche Ferienorte eine sinnvolle Vereinfachung darstellen: etwa für Ferienorte, die vornehmlich aufgrund ihrer historischen und kulturellen Sehenswürdigkeiten von den Reisenden aufgesucht werden. Beruht jedoch die Attraktivität eines Ferienortes auf der Naturschönheit seiner Umgebung, auf dem vorherrschenden Klima und den darin gegebenen spezifischen Freizeitmöglichkeiten, kann

---

[7] Vgl. hierzu die Ausführungen in Kapitel 1, Abschnitt III, dieses Buches.

die Einschätzung eines Ferienortes im Jahresablauf starken Schwankungen unterliegen.

Die *saisonale Qualität* eines Ferienortes kann dabei von verschiedenen Urlaubern sehr unterschiedlich beurteilt werden, je nachdem, ob jemand eine starke Präferenz für eine Sommerurlaub, eine Winterurlaub oder eine Urlaub in der Frühlings- oder Herbstsaison besitzt. Unterschiedliche Präferenzen führen dann dazu, daß ein Ferienort im Zeitablauf von verschiedenen Urlaubern aus differenzierten Motiven aufgesucht wird. In einem (theoretischen) Idealfall könnte sich daraus ein gleichmäßiger Besucherstrom ergeben, der für eine kontinuierliche Nutzung der Unterbringungskapazitäten sorgt. Das setzt allerdings zwei Dinge voraus: Der Ferienort muß in *jeder* Saison eine gewisse Attraktivität besitzen und die Anteile der potentiellen Besucher, die jeweils eine saisonspezifische Präferenzen besitzen, müssen in etwa gleich groß sein.

Die genannten Voraussetzungen sind aber in der Realität nur für wenige Orte erfüllt. Tatsächlich besitzen die meisten Orte saisonspezifische klimatische Nachteile, die ihre Attraktivität zu bestimmten Jahreszeiten verringern. Auf der anderen Seite existiert zwar eine breite Streuung der saisonspezifischen Präferenzen, doch sind in der Regel die Anteile nicht gleichmäßig verteilt: Im Falle eines Badeortes an einer Küste wird die überwiegende Mehrzahl der potentiellen Besucher einen Sommerurlaub anstreben, nur wenige werden in der Herbst- und Frühjahrssaison einen Urlaub zu schätzen wissen. Schließlich kann die Nachfrage in der Wintersaison völlig entfallen.

Folglich stehen die meisten Ferienorte vor dem Problem einer sehr ungleichmäßigen saisonalen Verteilung ihrer Nachfrage. Da sich die Angebotskapazitäten jedoch nur teilweise saisonal anpassen lassen, ergibt sich oft das Dilemma, entweder in der Hauptsaison einen Teil der Nachfrage nicht bedienen zu können oder – wenn sich der Kapazitätsumfang an dem zu erwartenden Spitzenbedarf orientiert – in der Nebensaison eine teilweise und außerhalb der Saison eine erhebliche Unterauslastung, die hohe Kosten verursacht, in Kauf nehmen zu müssen. Dieses Problem läßt sich auf zweierlei Art reduzieren:

– Da die Attraktivität des Ferienortes auch von den zu zahlenden Aufenthaltspreisen abhängt, kann die saisonspezifische Nachfrage in gewisser Weise durch eine *saisonale Preisdifferenzierung* beeinflußt werden.
– Auf der anderen Seite kann man sich bemühen, die *saisonalen Attraktivitäten* in den weniger reizvollen Jahreszeiten gezielt zu *verbessern*. Damit ist es

unter Umständen möglich, neue Urlauber zu gewinnen, deren Urlaubsmotive durch das örtliche Angebot bisher nicht angesprochen wurden.

Diese Maßnahmen können als Instrumente einer *saisonalen Ausgleichspolitik* verstanden werden. Sie tragen zu einer Verstetigung der Nachfrage und damit zu einer gleichmäßigeren Auslastung der Kapazitäten bei. Daraus können sich zwei beträchtliche Vorteile ergeben:

– Die Leerkosten (die fixen Kosten nicht ausgelasteter Kapazitäten) können reduziert werden, was unter Umständen über höhere Gewinne den Spielraum für Investitionen erweitert, oder den Urlaubern in Form von Preissenkungen zugute kommt.
– Eine Verringerung der saisonalen Arbeitslosigkeit, die mehr Einheimischen eine auskömmliche Existenz an ihrem Heimatort ermöglicht.

Ein Abbau der Abhängigkeit eines Ferienortes von einer bestimmten Saison eröffnet zudem Spielräume für eine Verringerung der *Übernutzung* in der Hauptsaison. Ist ein gleichmäßiger Nachfragestrom gegeben, kann auf die extreme saisonale Ausbeutung der vorhandenen Ressourcen verzichtet werden.

Im folgenden geht es darum, den saisonalen Aspekt im Rahmen der bisher entwickelten Theorie zu behandeln.

b) Die Wahl der Urlaubssaison

In einer einfachen Annäherung wird zunächst unterstellt, daß die Qualität eines Urlaubsortes für einen betrachteten Haushalt saisonal variiert, wobei vier verschiedene Saisonzeiten unterstellt werden:

$Q_k = Q_k(s)$ $s = 1, 2, 3, 4$ Saisonindex

Die Qualität des Urlaubsortes wird also in dieser Formulierung maßgeblich von saisonspezifischen Attraktivitäten beeinflußt. Welche diese sind, soll hier offenbleiben; es wird lediglich unterstellt, daß der Haushalt eine Präferenzordnung über die möglichen Saisonzeiten $s = 1,2,3,4$ besitzt. Zur Vereinfachung wird angenommen, daß nur ein Urlaubsort zur Wahl steht (der Ortsindex fällt folglich weg). Der Haushalt maximiert die

Zielfunktion: $U^h = U^h(C, D, \bar{Q}(s))$

unter der
Nebenbedingung: $C + f \cdot W + p(s) \cdot D \leq Y^{ho}$,

wobei unterstellt wird, daß die Qualität in einer Saison konstant bleibt und die Aufenthaltsdauer immer kürzer als die Saisonlänge ist.

Unter der Annahme $p(s) = \bar{p}$ für alle s,

wird der Haushalt den unter der Budgetbeschränkung optimalen Urlaub in die Saison legen, in welcher der Urlaubsort die für ihn höchste Attraktivität besitzt.

Analog zur Ableitung räumlicher Indifferenzpreise lassen sich nun saisonale Indifferenzpreise ableiten. Sie geben jeweils an, bei welchen *hypothetischen* Preisen der Haushalt in jeder Saison unter Berücksichtigung der optimalen Anpassung von sonstigem Konsum und Aufenthaltsdauer das gleiche Nutzenniveau erreichen würde. In Abbildung 7.10 ist eine Konstellation von *Saisonindifferenzpreisen* eingezeichnet, die durch die gestrichelte Linie $\hat{p}_s$ miteinander verbunden sind. Der Haushalt besitzt eine vergleichsweise starke Präferenzen für einen Urlaub in der Saison s_3 und die geringste Präferenzen für s_2. Bei der gegebenen Preiskonstellation $\bar{p}_s$ wählt der Haushalt folglich die dritte Urlaubssaison. Saisonpreisindifferenzlinien, die ein höheres Nutzenniveau repräsentieren, liegen unterhalb der gezeichneten Linie.

c) Heterogene Präferenzen und die saisonale Verteilung der Urlaubsnachfrage

Die saisonale Qualität des Urlaubsortes hängt in der Betrachtung eines Urlaubers entscheidend von den dominierenden Urlaubsmotiven, also von den Präferenzen, ab und läßt sich folglich nicht objektiv bestimmen. Unterschiedliche Präferenzen führen somit zu ganz unterschiedlichen Entscheidungen hinsichtlich der Wahl der Urlaubssaison. In Abbildung 7.11 besitzt der Urlaubstyp I eine starke Präferenzen für die erste Saison, der Typ II für die zweite Saison, usw..

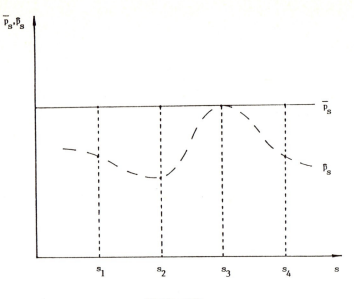

Abbildung 7.10

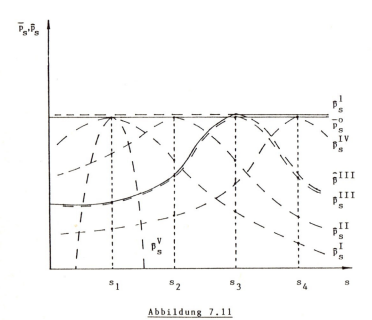

Abbildung 7.11

Die tatsächliche saisonale Verteilung der Nachfrage hängt nun davon ab, welchen Anteil der jeweilige Urlaubstyp an der gesamten Urlauberzahl besitzt. Bei der in Abbildung 7.12 unterstellten Verteilung dominiert Typ III, weniger bedeutend sind Typ II und IV, am geringsten vertreten ist der Typ I. Dementsprechend ergibt sich eine analoge Verteilung der tatsächlichen potentiellen Besucherzahlen N_s^d. Wird unterstellt, daß die Aufnahmekapazität nur langfristig variiert werden kann, so ergibt sich bei der gewählten Kapazität N_s^a in der dritten Saison ein Überauslastung, und in der restlichen Zeit eine Unterauslastung der Kapazitäten (vgl. Abb. 7.13).

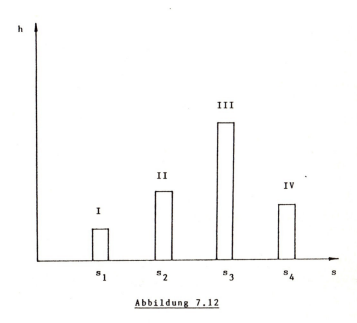

Abbildung 7.12

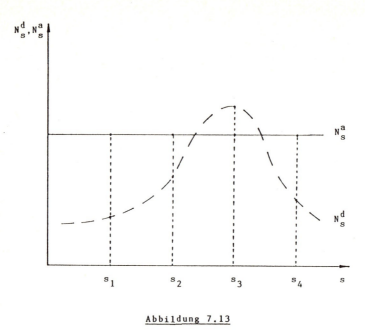

Abbildung 7.13

*d) Die Beeinflussung der Saisonnachfrage:
saisonale Ausgleichspolitik*

Grundsätzlich lassen sich zwei Instrumente unterscheiden: die Beeinflussung der Nachfrage durch eine saisonal unterschiedliche Setzung des Aufenthaltspreises und die Veränderung der saisonspezifischen Attraktivitäten des Ferienortes.

1. Saisonale Preisdifferenzierung

Der Effekt einer saisonalen Preisdifferenzierung soll anhand von Abbildung 7.11 erläutert werden. Bei der Ausgangskonstellation $\bar{p}_s^o$ ergibt sich aufgrund der Häufigkeitsverteilung der Urlaubertypen (Abb. 7.12) eine Überauslastung der Kapazitäten in der dritten Saison. Werden nun die Aufenthaltspreise saisonal so variiert, daß der Aufenthalt in der dritten Saison relativ teuer wird und/oder in den anderen Zeiten relativ billiger, so werden (bei Gültigkeit der

Preiskonstellation $\bar{p}_s^I$) die Urlauber vom Typ III bezüglich der ersten bis dritten Saison indifferent, lediglich die vierte Saison wird hier als schlechter angesehen. Geht man nun davon aus, daß bei Indifferenz eine zufällige und gleichmäßige Verteilung dieser Nachfrage erfolgt, so wird sich die Nachfrage in der dritten Saison reduzieren und in den ersten beiden Abschnitten erhöhen.

2. Veränderung der saisonalen Attraktivität

Gelingt es, dem Ort in der sonst nicht so präferierten Zeit eine besondere Attraktivität zu verleihen, kann dies ebenfalls zu einer Verstetigung der saisonalen Nachfrage beitragen.

Dabei sind zwei Möglichkeiten denkbar:

– Es gelingt, einen bestimmten Urlaubstyp (z.B. Typ III in Abb. 7.11), der bei gleichen Preisen nur in der dritten Saison kommen würde, auch für eine Urlaub in der ersten und zweiten Saison zu begeistern. Im Falle eines Badeortes könnte dies zum Beispiel durch den Bau eine Hallenbades möglich sein. Dies würde im Idealfall nun dazu führen, daß dieser Urlaubertyp Saison 1 bis 3 gleich hoch einschätzt, die Preisindifferenzlinie würde in diesem Bereich mit der tatsächlichen Preislinie zusammenfallen (vgl. Linie $\bar{p}_s^{III}$ in Abb. 7.11).
– Durch zusätzliche Angebote (z.B. Bildungsmöglichkeiten) gelingt es, neue Urlaubertypen, die bisher noch nicht den Ort aufgesucht haben, zu attrahieren. Wird z.B. für die Saison 1 ein Urlaubertyp V neu gewonnen, so verändert sich die *relative* Verteilung der Nachfrage. Dadurch wird die Unterauslastung in der ersten Saison reduziert.

e) Die saisonale Urlauberdichte und externe Effekte

Abschließend soll im Zusammenhang mit der Diskussion saisonaler Aspekte auf zwei Arten von externen Effekten hingewiesen werden. Einerseits beeinflußt die (erwartete und gewünschte) Urlauberdichte das Wahlverhalten der Urlauber. Wird durch eine hohe Urlauberdichte die Attraktivität des Urlaubsortes vermindert, so wirkt dieser Effekt von sich aus in Richtung einer gleichmäßigeren saisonalen Verteilung. Wird dagegen eine hohe Urlauberdichte als positiv empfunden (aus Gründen der Geselligkeit, usw.), kann sich die saisonale Ungleichverteilung von selbst verstärken und die daraus resultierenden Probleme verschärfen.

Schließlich kann aber auch die Möglichkeit bestehen, daß eine zu hohe Nutzungsintensität in einer Saison die Nutzungsmöglichkeiten in den anderen Jahreszeiten negativ beeinflußt. Als Beispiel mag der extensive Ausbau von Skipisten in manchen Alpenregionen dienen, der das Landschaftsbild nachhaltig verändert und unter Umständen zu einer Abwanderung der Sommerurlauber führt. Eine saisonale Ausgleichspolitik sollte daher so verstanden werden, daß es nicht allein darum geht, die Intensität der Nutzung in einer benachteiligten Saison isoliert zu erhöhen, sondern zugleich die Übernutzung touristischer Ressourcen in der Hauptsaison abzubauen und so insgesamt ein durchschnittliches Nutzungsniveau zu realisieren, das die daraus resultierenden sozialen und ökologischen Kosten minimiert.

Achtes Kapitel
Angebot und Nachfrage an einem Ferienort: Wechselbeziehungen zwischen Urlaubsaktivitäten

I. Urlauberziele und Aufenthaltsexternalitäten

a) Einleitung

Beim Auftreten von Transportkosten und -mühen geht die Nachfrage nach Urlaubsaufenthalten mit der Entfernung vom Wohnort systematisch zurück: Sofern nicht andere Faktoren am Ferienort die Wirkung der Entfernung von den Wohngebieten aufheben, ist damit die Urlauberdichte an nahen Ferienorten größer als an weiter entfernten.[1] Für den einzelnen Urlauber geht es darum, aus den möglichen Kombinationen von Entfernungen, Reisekosten, Attraktivitäten der Ferienorte, Aufenthaltskosten, Ausflugsmöglichkeiten usw. unter Berücksichtigung der eigenen finanziellen Lage die jeweils günstigste Möglichkeit auszuwählen. Die im letzten Kapitel diskutierten dynamischen Faktoren sollen zunächst wieder außer acht gelassen werden: Die Analyse ist deshalb zeitlos und gilt bei gegebenen, im Zeitablauf konstanten Präferenzen.

Der Anzahl der Urlauber im Verhältnis zu den am Ort gebotenen Kapazitäten gilt nunmehr das Interesse, unter Berücksichtigung unterschiedlicher Präferenzen der einzelnen Urlauber. Im Mittelpunkt der Erörterungen steht hierbei zunächst die Frage, wie die Benutzung der Einrichtungen eines Ferienortes auf der Grundlage der entstehenden Kosten und der Präferenzen nach ökonomischen Gesichtspunkten zu steuern ist. Wenn die Präferenzen

---

[1] Dies gilt natürlich nur unter sonst gleichen Bedingungen. In dem Umfange, in dem Urlauber aus anderen Ursprungswohngebieten hinzukommen, kann die Urlauberdichte auch größer werden.

bekannt sind, was sind dann die hier relevanten Kosten, und was sind die Vorteile?

Wechselbeziehungen zwischen potentiellen Urlaubern wurden bereits in früheren Kapiteln behandelt. Bei den in Kapitel 7 erörterten Mitläufer- und Snob-Effekten handelte es sich um Nachfrager-Interdependenzen in der Form von Ziel-Externalitäten, welche die Beurteilung von Reisen und Ferienaufenthalten betreffen. Im folgenden sollen externe Effekte, welche während der Ferienaufenthalte auftreten und aus der Anwesenheit anderer Touristen resultieren, eingehender analysiert werden. Diese werden als Aufenthalt-Externalitäten bezeichnet.

Bei den Aufenthalt-Externalitäten lassen sich zwei Arten unterscheiden:
(a) Konkurrenzbeziehungen: negative Agglomerationseffekte
Der einzelne Urlauber oder Besucher hat weniger von dem aufgesuchten Freizeitobjekt – Park, Strand, Ausstellung, Skigebiet –, wenn in großer Zahl andere Besucher auftreten. Die Urlauber behindern oder belästigen einander möglicherweise schon durch ihre bloße Anwesenheit. Die Stärke dieses Effektes ist jeweils von den eigenen Präferenzen abhängig.[2]
(b) Positive Agglomerationseffekte
Bei denselben Aktivitäten treten gleichzeitig aber auch positive Effekte auf:
(1) Der einzelne Tourist sucht Geselligkeit und freut sich, wenn andere in größerer Zahl das gleiche tun. Auch die Stärke und die Richtung dieser Motive variiert zwischen verschiedenen Urlaubern. In jedem Falle aber hat eine steigende Anzahl von Urlaubern einen wichtigen positiven Effekt:
(2) Es können Freizeiteinrichtungen geschaffen werden, deren Einrichtung sich nur bei bestimmten Mindest-Besucherzahlen rentiert.

Das Auftreten solcher positiven Agglomerationseffekte hängt damit wesentlich von der Möglichkeit ab, Freizeiteinrichtungen zu sinkenden Durchschnittskosten zu erweitern.

Hinsichtlich der Ziele der Urlauber sollen zwei Arten unterschieden werden.

---

[2] Der Fall negativer externer Effekte in Form einer sinkenden Urlaubsqualität bei steigender Besucherdichte wurde für das Beispiel eines Haushalts bereits in Kapitel 6 analysiert. Der Schwerpunkt dieses Kapitels liegt eher auf der Betrachtung der gesamtwirtschaftlichen Wohlfahrtseffekte.

(1) Der Besuch besonderer naturgegebener oder historischer Attraktionen – hierbei treten (zumindest ab bestimmten Urlauberzahlen) gegenseitige Behinderungen und damit Konkurrenzbeziehungen auf – und
(2) die Nutzung bestimmter produzierter, also vermehrbarer, nicht standortgebundener Fremdenverkehrseinrichtungen.

b) Variable und fixe Nutzungsintensitäten

Bei der Betrachtung verschiedener Fremdenverkehrsangebote eines Ortes sei zunächst unterstellt, daß das Angebot an produzierten Fremdenverkehrseinrichtungen jeweils der Nachfrage angepaßt wird, und daß dies zu konstanten Stückkosten (für die Nutzung pro Urlauber) möglich ist.

Die erwähnten naturgegebenen und historischen Attraktionen eines Ferienortes existieren zu einem betrachteten Zeitpunkt als vorgegebene Kapazitäten. Die jeweilige Grundausstattung zum Zeitpunkt O wird als G_o bezeichnet. Diese kann nun unterschiedlich intensiv, das heißt von verschieden großen Urlauberzahlen genutzt werden, ohne daß im üblichen Sinne definitive Kapazitätsschranken angegeben werden können. Es geht nun darum, aus dem Zusammenwirken von Urlauberpräferenzen und den gebotenen Alternativen eine optimale Nutzungsintensität theoretisch abzuleiten.

II. Die optimale Nutzung einer Freizeitattraktivität

a) Der Modellansatz mit externen Effekten

Für die Erörterung der ökonomischen Steuerung der Nutzung einer Freizeitattraktivität wird zunächst von vorgegebenen Nutzungs- oder Besuchsmöglichkeiten der Natur- und der Kunstschätze ausgegangen: Als Beispiel mögen Naturparks, Wandergebiete, Badestrände, Skigebiete, historische Gebäude oder Kunstsammlungen dienen. Betrachtet werden alle Menschen, die in ihrem Urlaub oder ihrer Freizeit die Einrichtungen des Ferienortes nutzen, unabhängig davon, wo sie wohnen oder untergebracht sind. Es geht zunächst ganz allgemein um den Fall, daß der einzelne seinen Natur- oder Kunstgenuß durch andere beeinträchtigt fühlt, wenn deren Anzahl gewisse Werte überschreitet. Das mag mit Gedränge und Ruhestörung, Wartezeiten, Behinderungen oder anderen Belästigungen zusammenhängen.

Jenseits gewisser Besucherzahlen hat der einzelne umso weniger Vergnügen, je mehr andere Besucher am Ort sind. Es kommt also zu negativen Aufenthalt-Externalitäten: Jeder einzelne schädigt durch seine Anwesenheit in gewissem Sinne jeden anderen. Der gesamte Erholungs- und Erbauungswert, welchen die einzelnen Urlauber aus dem Besuch und der Benutzung des betrachteten Objektes ziehen, wird im folgenden wieder als Nutzen U_k^h bezeichnet. Die individuellen Nutzen seien meßbar, interpersonell vergleichbar und damit auch addierbar.[3] Wenn der Erholungsnutzen für alle Besucher gleich ist, läßt sich der aggregierte Nutzen (die Wohlfahrt) $U_k = \Sigma_h U_k^h$ aller Urlauber am betrachteten Ort k jeweils als Funktion der Anzahl N_k der Urlauber angeben.[4]

Die Größe U_k ist somit von N_k, aber natürlich auch von der Größe beziehungsweise Qualität Q_k des behandelten Objektes abhängig:

(8.1) $U_k = U_k (N_k, Q_k)$

Für einen Fremdenverkehrsort k mit (zunächst) konstanter Qualität Q_k gilt vereinfacht:

(8.2) $U_k = U_k (N_k)$

Dieser Funktionalzusammenhang ist in Abbildung 8.1 so gezeichnet, daß zunächst – bei kleinen Besucherzahlen – die zusätzliche Anwesenheit anderer Urlauber sich positiv auswirkt: Der Gesamtnutzen steigt überproportional mit der Besucherzahl. Diese positive Einschätzung der Anwesenheit zusätzlicher Besucher wird ab N_k^a wieder schwächer und schlägt schließlich ab N_k^m ins Gegenteil um. Der (durchschnittliche) Nutzen je Besucher steigt zwar zunächst noch weiter an; er erreicht zwischen N_k^a und N_k^m bei der Zahl N_k^b sein

---

[3] Dem beschriebenen Modellansatz liegt folglich eine kardinale und utilitaristische Interpretation des Nutzenkonzepts zugrunde. Vgl. zu den verschiedenen Konzepten Henderson/Quandt (1983: 5 f.).

[4] Für den Fall, daß die Wertvorstellungen der einzelnen Urlauber unterschiedlich sind, bestünde dieser Zusammenhang dann fort, wenn die Nutzeneinschätzungen eindeutig mit der Urlauberzahl variieren.

Maximum. Der Gesamtnutzen aller Urlauber steigt jenseits von N_k^b weiter mit abnehmender Rate bis zur Größe N_k^m. Bei noch größerer Besucherzahl haben alle zusammen immer weniger von einem Besuch: U_k nimmt absolut ab und sinkt schließlich bei N_k^o auf den Wert Null. Hier ist der extreme Punkt erreicht, an dem wegen Überfüllung niemand mehr ein Vergnügen empfindet. Mit der Zunahme der Besucherzahl über N_k^m hinaus bis zu N_k^o würde deshalb der maximal mögliche gesamte – volkswirtschaftliche – Nutzen allmählich wieder vernichtet werden. Was die Besucher an Erholung oder Genuß haben können, wird durch die Überfüllung vollständig zunichte gemacht.

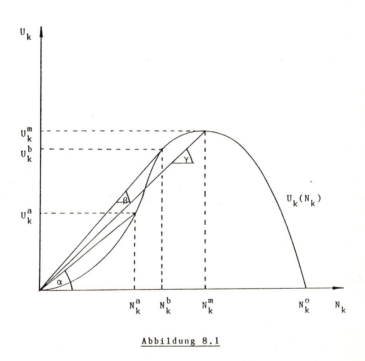

Abbildung 8.1

Dieser extreme Zustand ergibt sich für den Fall freien Zugangs ohne Eintrittsgebühren, wenn die betrachtete Einrichtung schon vorhanden ist, durch eine noch so große Zahl von Besuchern nicht geschädigt wird und keine Wartung oder Pflege erfordert: Die Kosten der Nutzung sind dann gleich Null. Zusammenfassend gilt zunächst folgendes: Wenn
– die Besucher/Nutzer einer »touristischen Ressource« keinen Eintritt beziehungsweise keine Nutzungsgebühr zu zahlen haben,

– keine sonstigen Kosten auftreten und
– keine alternativen Freizeitbeschäftigungen möglich sind,
dann resultiert daraus aufgrund der externen Effekte eine Überbeanspruchung dieser Ressource, was zu volkswirtschaftlichen Verlusten im Sinne einer reduzierten Wohlfahrt aller Urlauber führt. In diesem Falle erscheint eine Steuerung der Besucherzahlen als ökonomisch sinnvoll.

Im folgenden sollen verschiedene Steuerungsinstrumente näher untersucht werden.

b) *Steuerungsmöglichkeiten über den Preis*

Für die Erörterung der ökonomischen Steuerungsmöglichkeiten bei der Nutzung einer touristischen Ressource wird in dem Beispiel, das der Abbildung 8.1 zugrunde liegt, der Nutzen oder Freizeitgewinn, den die Besucher im Durchschnitt – pro Kopf – erwarten können, betrachtet.[5] Dieser Durchschnittswert u_k ist gleich U_k/N_k; er ist in der Zeichnung an der Steigung der Verbindungsgeraden des U_k-Wertes mit dem Nullpunkt abzulesen. Dieser Wert steigt von $U_k^a/N_k^a = \text{tg } \alpha$ bis zu seinem Maximum für N_k^b mit $U_k^b/N_k^b = \text{tg} \beta$ stetig an und sinkt danach mit größer werdender Urlauberzahl.

Die Zunahme (Abnahme) dieser Durchschnittswerte U_k/N_k des Nutzens mit steigender Besucherzahl kennzeichnet den positiven (negativen) externen Effekt, welchen jeder einzelne durch sein Hinzukommen auf alle anderen ausstrahlt. Der erzeugte Vorteil oder angerichtete Schaden (der externe Effekt) E beträgt bei großer Besucherzahl

$$(8.3) \quad E(N_k) = \frac{d(U_k/N_k)}{dN_k} N_k$$

Dies gilt für alle Besucher, nicht nur für denjenigen, der »zufällig« als der letzte hinzugekommen ist. Bei gleichem Verhalten aller Besucher hat das Erscheinen beziehungsweise Wegbleiben eines jeden den gleichen Effekt. Wer »zuletzt« kommt, ist deshalb nicht anders zu behandeln als alle anderen. Dieses ökonomische Prinzip besagt für den vorliegenden Fall, daß die Gesamtheit der Besucher durch Zahlung von Eintritts- und Benutzungsgebüh-

---

[5] Wenn – wie unterstellt – alle Urlauber den gleichen Nutzen besitzen, entspricht der Durchschnittsnutzen dem tatsächlichen individuellen Nutzen.

ren die Gesamtheit der durch sie verursachten externen Effekte ausgleichen sollte.

Bei freiem Eintritt ist die Besucherzahl zunächst (bei positiven externen Effekten) kleiner, schließlich aber größer, als es einem gesellschaftlichen Optimum entspricht. Dies läßt sich folgendermaßen begründen: Solange U_k/N_k größer Null ist, lohnt sich für jeden einzelnen der Besuch. Bei freiem Eintritt tendiert die Besucherzahl also gegen die Größe N_k^o. Das Fehlen anderer Möglichkeiten, die Freizeit zu genießen, ist hierfür eine wesentliche Annahme, denn dann sind die Opportunitätskosten des Besuches gleich Null.

Das gesellschaftliche Optimum liegt demgegenüber hier weit unterhalb der sich bei freiem Eintritt einstellenden Besucherzahl. In dem betrachteten Fall, in dem es annahmegemäß keine sinnvolle Freizeitalternativen gibt, liegt dieses Optimum beim Maximum von U_k, also bei $U_k^m = U_k(N_k^m)$ (vgl. Abbildung 8.1).

Wie kann man die Besucherzahl am besten auf die offensichtlich günstigste Größe N_k^m beschränken? Man kann z.B. nach dem Eintritt von N_k^m anderen Interessenten den Zutritt verweigern. Die volkswirtschaftlich günstigste Art der »Rationierung« dieser knappen Ressource besteht dagegen in der Erhebung einer Gebühr g, welche die Zahl der Interessenten effektiv beschränkt.[6]

Wesentlicher Punkt der bisherigen Überlegungen ist folgender: Jenseits von N_k^m haben *alle Urlauber zusammengenommen* weniger von der betrachteten Einrichtung als bei N_k^m. Damit dieser Punkt realisiert wird, müßte eine Gebühr in Höhe von $tg\,\gamma = U_k^m/N_k^m$ erhoben werden (vgl. Abbildung 8.2). Diese bewirkt, daß jenseits von N_k^m alle einzelnen Besucher aus der Einrichtung einen geringeren Nutzen ziehen als dies dem Eintritt entspricht. Das wirkt abschreckend und reduziert die Zahl der Besucher auf die Anzahl N_k^m. Für $N_k < N_k^m$ ist der Nutzen größer als der Eintrittspreis: Dies lockt zusätzliche Besucher an.

Ein kritischer Punkt liegt bei der Besucherzahl N_k^d (Abbildung 8.2), denn solange diese nicht erreicht ist, ist die Eintrittsgebühr größer als der Durchschnittsnutzen. Der Betreiber der Einrichtung könnte in diesem Fall durch Lockpreise, Werbung usw. dafür Sorge tragen, daß die Besucherzahl N_k^d erreicht wird. Der weitere Zustrom ergibt sich dann von selbst.

---

6) Dem könnten allerdings sozialpolitische Erwägungen entgegenstehen: Wenn etwa besonders Erholungsbedürftige, die über zu geringe Mittel verfügen, in unerwünschter Weise abgeschreckt werden. Für die Lösung dieses Problems wäre die Gewährung eines freien Eintritts trotzdem weniger günstig als die Gewährung einer frei verfügbaren Geldzahlung in Höhe der Gebühr an die Betroffenen.

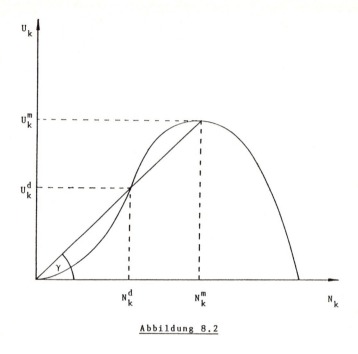

Abbildung 8.2

Dieser als optimal bezeichnete Zustand ist nun in einer wichtigen Beziehung verwunderlich: Der ganze entstehende Nutzen wird den Besuchern in Form der Eintrittsgebühr wieder genommen. Ihnen bleibt netto nichts. Dies gilt aber auch für die anderen, durch die beschriebene »Art der Rationierung« ausgeschlossene Interessenten: Sie zahlen nichts und erhalten auch nichts. Da alle annahmegemäß gleiche Präferenzen haben, sind damit alle gleich gut oder schlecht dran – und sie fahren trotzdem besser, als wenn die andere Art der Gleichheit aller, nämlich durch freien Eintritt, hergestellt worden wäre: Dann hätten alle bei der Besucherzahl N_k^o wegen der Überfüllung nichts bekommen. Im Falle der erhobenen Eintrittsgebühr steht jedoch dieser Geldbetrag für die Gemeinschaft zur Verfügung: Falls der Betreiber dieser Einrichtung die Gemeinde ist, kann sie Steuern senken oder Fremdenverkehrsinvestitionen tätigen, die allen zugute kommen können. In jedem Falle wird durch den ökonomischen Mechanismus eine Standortrente begründet, unabhängig davon, was mit ihr geschieht.

c) Gewinn- und Wohlfahrtsmaximierung

Ist die betrachtete Einrichtung in Privateigentum, so ergibt sich das gleiche Resultat, wenn der private Betreiber seinen Gewinn oder seine Rente maximiert: Er schöpft den ganzen Betrag ab. Ist er Pächter, so führt er den erzielten Überschuß als Pacht ab.

Da annahmegemäß keine Kosten entstehen, sind Rente, Bruttogewinn und Nettogewinn identisch. Inwieweit dieser Betrag besteuert wird, bleibt hier wiederum außerhalb der Betrachtung.

Die ökonomische Rechtfertigung und insoweit auch »Gerechtigkeit« der Zahlung einer Eintritts- oder Nutzungsgebühr läßt sich auch so formulieren: Ein jeder der N_k Besucher zahlt einen Ausgleich genau für den Schaden, den er durch seine Anwesenheit allen anderen Besuchern gegenüber verursacht: Die Gebühr dient dem Ausgleich der externen Effekte. Hierbei sind alle Besucher gleich zu behandeln, nicht etwa der zufällig (im zeitlichen Sinne) letzte mit einer höheren Gebühr zu belegen als die »vorhergehenden«. Die Gebühr hat die doppelte Funktion des Ausgleichs der externen Effekte und der Zugangsbeschränkung im Hinblick auf das gemeinschaftliche Optimum, und sie mißt gleichzeitig den Nettobeitrag dieser touristischen Ressource zur Wohlfahrt der Gemeinschaft.

Die externen Effekte $E(N_k)$, für welche ein Ausgleich gezahlt wird, sind in dem bisherigen Modell gleich dem Rückgang des Durchschnittsnutzens aufgrund der Erhöhung der Besucherzahl

$$(8.4) \qquad E(N_k) = \frac{d\,(U_k/N_k)}{dN_k} N_k = dU_k/dN_k - U_k/N_k$$

Im Maximum ist die Größe $dU_k/dN_k = 0$. Deshalb erhält man als Ausdruck für die Eintrittsgebühren aller N_k Besucher:

$$(8.5) \qquad N_k E(N_k) = -U_k$$

Diese Größe entspricht also dem negativen Wert des gesamten Nutzens.

Diese Zusammenhänge sollen nun für den allgemeineren Fall diskutiert werden, in dem (1) eine alternative Nutzungsmöglichkeit besteht und (2) bei der Benutzung der Einrichtung Kosten entstehen.

III. Erweiterungen: Kosten und komplementäre Einrichtungen

a) *Existenz einer Konkurrenzaktivität*

Angenommen, es gäbe eine kostenlose Alternative, welche für alle Urlauber den gleichen durchschnittlichen Erholungswert $v_k = V_k/N_k$ erbringt und damit insgesamt einen Gesamtnutzen $v_k \cdot N_k$ (vgl. Linie $v_k \cdot N_k$ mit dem Anstieg tg $\delta = v_k$ in Abbildung 8.3). Die durch diese Einrichtung gebotenen Möglichkeiten seien Gelegenheiten, auf welche man verzichten muß, wenn man die hier betrachtete Einrichtung nutzt: Die Größe v_k entspricht somit den individuellen Opportunitätskosten. Nun vergleicht jeder Urlauber die jeweiligen Durchschnittsnutzen beider Alternativen: Ist U_k/N_k größer als v_k, wird die erste Einrichtung höher eingeschätzt, so daß deren Besucherzahl steigt; ist dagegen $U_k/N_k < v_k$, werden Besucher abwandern. Die Besucherzahl N_k^e mit U_k^e ist die Größe, auf welche sich bei freiem Eintritt die Besucherzahl einpendeln würde.

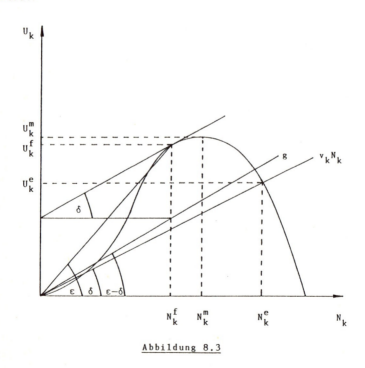

Abbildung 8.3

Unter Berücksichtigung der Alternativmöglichkeit und damit der Opportunitätskosten V_k sind dies unter volkswirtschaftlichen Gesichtspunkten wiederum bei weitem zu viele Besucher: Die viel kleinere Zahl N_k^f wäre hier die optimale. Die Besucherzahl N_k^e ist deshalb viel zu groß, weil wegen der Existenz der Alternative diese Besucher annahmegemäß woanders genau so viel Freizeitvergnügen genießen können wie bei der hier betrachteten Einrichtung: Sie gewinnen hier also nichts hinzu. Anders ausgedrückt: Auch hier wird bei der Besucherzahl N_k^e der mögliche Netto-Beitrag dieser Freizeiteinrichtung zur Wohlfahrt dieser Gemeinschaft wieder auf Null reduziert. Dies geschieht deshalb, weil niemand die von ihm erzeugten (negativen) externen Effekte auf die anderen Besucher berücksichtigt.

Ein Nettobeitrag über die von der Alternative gebotenen Möglichkeiten hinaus ist bei allen Besucherzahlen möglich, bei denen $U_k(N_k)$ größer als $v_k N_k$ ist, der Funktionswert von U_k also oberhalb von $v_k N_k$ liegt. Am weitesten oberhalb von $v_k N_k$ liegt U_k für die Besucherzahl N_k^f.

Für N_k^f und U_k^f wird der gesellschaftliche Nutzen als Differenz des Gesamtnutzens $U_k(N_k)$ und des Alternativnutzens in Höhe von $v_k N_k$ maximiert. Für $N_k < N_k^f$ steigt der Nutzen U_k schneller an als der Nutzenwert der Alternativmöglichkeit, jenseits dieses Punktes steigen die Opportunitätskosten schneller an. Formal erhält man das Maximum von $U_k(N_k) - v_k N_k$, wenn

(8.6) $\quad dU_k/dN_k = v_k$

d.h. für die Besucherzahl, bei der die Steigungen der beiden Funktionen U_k und $v_k N_k$ einander gleich sind. Dies ist das gesellschaftliche Kriterium, welches die optimale Nutzung dieser Einrichtung oder Ressource beschreibt.

Wie erreicht man eine solche Lösung? Man könnte nach Einlaß von N_k^f Besuchern die Einrichtung schließen. Wendet man dagegen ökonomische Instrumente an, so muß man (ähnlich wie oben behandelt) eine Gebühr g in Höhe von $U_k/N_k^f - v_k = tg(\varepsilon - \delta)$ (in Abbildung 8.3) erheben. In diesem Falle würde sich die Besucherzahl auf die Zahl N_k^f einpendeln, die gewünschte optimale Besucherzahl.

b) Kosten der Nutzung der Ressource

Mit der Erhebung der Nutzungsgebühr wird wiederum ein Gewinn erzielt. Im folgenden wird unterstellt, daß die Nutzung der Einrichtung auch Kosten verursacht, wobei der Einfachheit halber von konstanten Durchschnittskosten c_N je Besucher ausgegangen wird. In dieser Situation wäre für den Betreiber dieser Einrichtung der maximale Gewinn P für den Fall, daß U in Geldeinheiten gemessen wird, gleich der Größe:

(8.7) $\quad P = \max (U_k(N_k) - c_N N_k) = U_k(N_k^g) - c_N N_k^g = (u_k^g - c_N)N_k^g$

(Vgl. hierzu Abbildung 8.4)

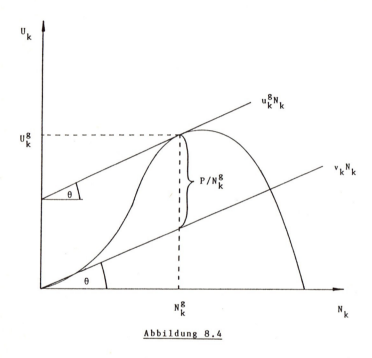

Abbildung 8.4

Die Größe P entspricht dem maximalen Gewinn, den eine gewinnmaximierende Unternehmung aus dem Einsatz der hier betrachteten Ressource ziehen könnte und dessen Realisierung würde gleichzeitig den volkswirtschaftlichen Nutzen maximieren. Für die hier abgeleitete Nutzungsgebühr dieser Einrichtung gilt somit: Die Gebühr stellt die maximal erzielbare Rente dar; sie gleicht die externen Effekte aus, indem sie als Zugangsbeschränkung dient, und enthält gleichzeitig einen Beitrag für die Kosten der Nutzung.

Dabei ist klar, daß alle volkswirtschaftlichen – wie auch privatwirtschaftlichen – Überlegungen sich auf den Bereich von Nutzungen von Ressourcen beschränken sollten, in dem die Erträge aus zusätzlicher Nutzung nicht negativ sind. Der fallende Bereich der U-Funktion in de Abbildung 8.1 bis 8.4 sollte theoretisch deshalb nie relevant sein. In der Realität wird diese Bedingung jedoch keineswegs immer erfüllt.

Welche Modifikationen ergeben sich nun bei steigenden Opportunitätskosten. Dies bedeutet hier, daß zusätzliche Besucher dieser Einrichtung aus immer günstigeren Alternativen »abgezogen« werden müssen: Es müssen deshalb, will man weitere Interessenten gewinnen, entweder immer bessere Qualitäten und/oder immer niedrigere Preise geboten werden. Ist dieser (Eintritts-) Preis g sehr niedrig, so finden im Vergleich zu den annahmegemäß vorhandenen Alternativen viele Urlauber diese Erholungsmöglichkeit attraktiv; bei höherem Eintrittspreis aber bleiben immer weniger Menschen übrig, die kein günstigeres Urlaubsziel als die hier gebotenen Möglichkeiten besitzen. Dieser Tatbestand entspricht dem allgemeinen Fall einer negativ geneigten Zahlungsbereitschaftskurve für die Nutzung dieser Einrichtung (vgl. Linie D_a in Abbildung 8.5).

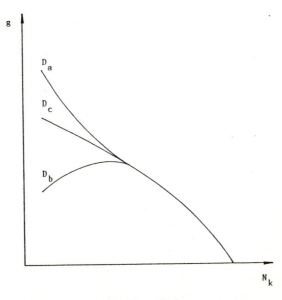

Abbildung 8.5

Berücksichtigt man aber den oben betrachteten Fall positiver externer Effekte zusätzlicher Urlauber bei nur kleinen Urlauberzahlen, so ergibt sich mit steigender Besucherzahl anfangs eine steigende Zahlungsbereitschaft: Dies ist in Abbildung 8.5 durch den Kurvenverlauf D_b zum Ausdruck gebracht. Da bei begrenzten Kapazitäten – wie oben betrachtet – die (positiven) externen Effekte immer kleiner werden und die Anwesenheit anderer ab einem bestimmten Punkt immer weniger geschätzt wird, erhält auch aus diesem Grunde die Zahlungsbereitschaftsfunktion schließlich einen fallenden Verlauf. Je nachdem, ob anfangs die positiven externen Effekte oder die Wirkungen von steigenden Opportunitätskosten überwiegen (Kurvenverlauf D_a in Abbildung 8.5), ist die Zahlungsbereitschaft für kleine Besucherzahlen niedriger oder höher. Im folgenden wird einfach der Verlauf D_c zugrunde gelegt.

Die Gebühr sollte unter volkswirtschaftlichen Gesichtspunkten bei statischer Betrachtung durch die Gesamtheit der Kosten bestimmt werden. Die sind hier – vgl. Abbildung 8.6 –

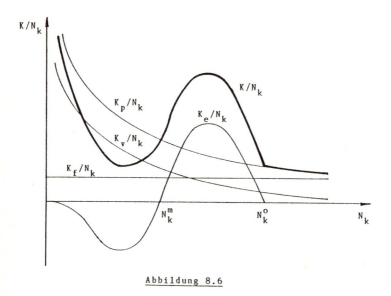

Abbildung 8.6

(1) fixe Kosten K_f/N_k der Freizeiteinrichtung, welche mit steigender Nutzerzahl pro Kopf gerechnet abnehmen,

(2) variable Kosten K_v/N_k, welche vereinfachend als konstant je Urlauber angenommen werden und schließlich
(3) die oben behandelten externen Effekte.

Letztere liefern für den in Abbildung 8.1 zugrunde gelegten glockenähnlichen Kurvenverlauf der Funktion U eine Durchschnittskostenfunktion vom Typ K_e/N_k.[7] Alle Verläufe hängen von den Naturgegebenheiten und dem gewählten Umfang des Ausbaus ihrer Nutzungsmöglichkeiten ab. N_k^π ist die Benutzerzahl, jenseits derer der volkswirtschaftliche Nutzen dieser Freizeiteinrichtung langsam wieder vollständig vernichtet wird. Diese Feststellung ist abzuwägen gegenüber der Tatsache, daß dabei aber die fixen Kosten je Kopf sinken.

In Abbildung 8.7 wird die Summe der Kosten der Nutzung je Kopf K/N_k aus Abbildung 8.6 der individuellen Zahlungsbereitschaft D_c (aus Abbildung 8.5) gegenübergestellt. Kosten und Erlöse sind für die kleine Besucherzahl N_k^I bei hohen Stückkosten und einer hohen Zahlungsbereitschaft von wenigen Urlaubern ausgeglichen. Diese Situation könnte eine kleine, teure und exklusive Freizeiteinrichtung charakterisieren. Es ist volkswirtschaftlich günstiger, da Zusammenwirken von Kostendegression (für die fixen Kosten) und positiven externen Effekten jenseits von N_k^I auszunutzen und eine Ausdehnung der Besucherzahl auf N_k^{II} anzustreben. Hier wird ein volkswirtschaftliches Optimum realisiert. Weitere Gleichgewichte werden durch N_k^{III} und N_k^{IV} charakterisiert. Bei dieser Konstellation würden allerdings die volkswirtschaftlichen Vorteile, welche die Gemeinschaft aus dieser Ressource ziehen kann, wieder geringer werden.

Das Erreichen einer volkswirtschaftlichen optimalen Nutzung dieser Freizeiteinrichtung setzt zweierlei voraus:
– erstens eine genaue Kenntnis der externen Effekte in quantitativer Form und
– zweitens einen institutionellen Rahmen, welche ein solches volkswirtschaftliches Optimum auch in der Wirklichkeit herbeiführt.

---

[7] Der externe Effekt ergibt sich jeweils als $\frac{d(U_k/N_k)}{dN_k} \cdot N_k$.
Er ist mit wachsender Besucherzahl zunächst positiv (bis N_k^π), und wird dann negativ, d.h. verursacht volkswirtschaftliche Kosten. Die Elastizität der U-Funktion wird jedoch mit zunehmenden N_k absolut immer größer, so daß schließlich der Durchschnittsnutzen prozentual stärker sinkt als die Besucherzahl sich erhöht. Dadurch wird der gesamte externe Effekt wieder reduziert, die Kosten sinken also wieder.

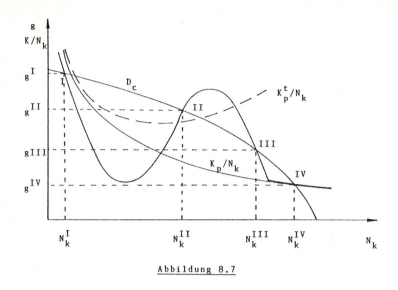

Abbildung 8.7

Zwei institutionelle Alternativen sind denkbar:
- einmal die private Gewinnmaximierung mit dem Entstehen von Bodenrenten und
- zum anderen die Erhebung einer Umweltsteuer.

(1) Bei privater Gewinnmaximierung unter Vernachlässigung der externen Effekte würden nur die privaten Durchschnittskosten $(K_v+K_f)/N_k$ betrachtet, also statt der Linie K/N_k in Abbildung 8.7 die mit K_p/N_k bezeichnete Linie.

(2) Ein Anbieter, der seinen Gewinn maximiert, würde die Differenz zwischen $N_k D_c$ und K_p zu maximieren versuchen, was in Abbildung 8.7 annähernd die Maximierung der (vertikalen) Distanz zwischen D_c und K_p/N_k bedeutet. Dies führt zu wesentlich weniger intensiver Nutzung als vorher. Es könnte zu einer ähnlichen Lösung kommen wie bei gesamtwirtschaftlicher Wohlfahrtsmaximierung, welche durch den Punkt N_k^{II} charakterisiert wurde. Monopolistische Gewinnmaximierung ist hier zumindest der Tendenz nach viel besser, als wenn solch eine Gewinnmaximierung nicht erlaubt wird. Der Gewinn würde sich in einer den volkswirtschaftlichen Vorteil widerspiegelnden Bodenrente niederschlagen. Diese hat die gleiche Funktion wie schon oben beschrieben und bietet verschiedene Verwendungsmöglichkeiten.

Die andere Möglichkeit besteht in der Erhebung einer Umweltsteuer oder -gebühr t, welche in der Lage ist, externe Effekte auszugleichen. Diese Gebühr würde pro Zeitdauer der Nutzung dieser Resource erhoben und sie sollte mit intensiverer Nutzung im Interesse des Schutzes der Natur stark ansteigen. Die privaten Kosten werden dann um $t(N_k)$ auf K_p^t erhöht (gestrichelte Linie in Abbildung 8.7). Auch diese Maßnahme würde die Nutzung reduzieren und könnte bei entsprechender Dosierung in die Nähe des Punktes II führen.

c) Produzierte Ferieneinrichtungen

In der Praxis stellt sich immer wieder die Frage, in welchem Umfang historisch gegebene Erholungsmöglichkeiten – hier die Grundausstattung G^o – durch zusätzliche produzierte Ferieneinrichtungen Z ergänzt werden sollen. Die Urlauber haben damit die Chance, am gleichen Ort auch anderen Beschäftigungs- oder Erholungsmöglichkeiten nachzugehen. Über eine solche Möglichkeit wird im allgemeinen natürlich nicht erst am Ort eine grundsätzliche Entscheidung getroffen. Die Urlauber können von vornherein beabsichtigt haben, die Urlaubszeit nur zu einem bestimmten Teil mit der Nutzung von Z zu verbringen. Entscheidend ist dann nicht einfach die Zahl N_k der Urlauber, sondern die Häufigkeit, genauer die Dauer der Nutzung von G^o (je Zeiteinheit).

Es sei q_G der durchschnittliche Zeitanteil, der im Vergleich zu einer normalen vollen Nutzung von G^o tatsächlich auf G^o entfällt, dann wäre in Abbildung 8.7 die Größe $q_G N_k$ statt N_k zu berücksichtigen: *Mehr* Urlauber können zu denselben Gesamt-Eintrittsgebühren eingelassen werden, wenn sie eine *kürzere Zeit* in G^o verweilen. Die Zahlungsbereitschafts- und genauso die Durchschnittskostenkurve würde entsprechend flacher, falls auf der Abszisse weiterhin N_k abgetragen wird, weil die durchschnittliche Zeitdauer der Nutzung kürzer ist und damit die Kosten einschließlich der hervorgerufenen externen Effekte pro Kopf kleiner sind. Ähnliches gilt für die Nachfrage: Jeweils mehr Besucher wünschen jeweils eine kürzere Nutzungsdauer pro Tag. Der Preis g ist dementsprechend nicht je Tag oder je Urlaub, sondern (etwa) je Stunde zu sehen.

Bei gegebener Grundausstattung G^o hängen die zu schaffenden Freizeitkapazitäten Z am Ort k davon ab, in welchem Verhältnis die Touristen von G und Z Gebrauch machen; der auf Z entfallende Zeitanteil sei q_Z. Je größer das Verhältnis q_Z/q_G, desto größer ist die Nachfrage nach der Nutzung von Z und desto mehr Urlauber können nach Schaffung entsprechender Z-Kapazitäten am Ort akkomodiert werden. Das Verhältnis q_Z/q_G hängt sowohl von den Preisen g_Z und g_G als auch von den Präferenzen und Einkommen der Touristen ab.

Zur Analyse der Beziehungen zwischen Angebot und Nachfrage wird weiterhin in einer Partialanalyse der vorgegebene Standort (mit vorgegebenen Nutzungsmöglichkeiten G^o) betrachtet und nach der optimalen Größe der zusätzlichen Freizeiteinrichtungen gefragt. Deren Kosten lassen sich als Funktion der Größe der Einrichtung Z, ausgedrückt durch die Zahl N_k der möglichen Benutzer bei gegebenem Zeitanteil q_Z, ausdrücken. Es soll sich nicht nur um eine einzige Einrichtung handeln, sondern um ein Bündel, dessen Zusammensetzung (Differenzierung, Qualität) eine Funktion der Größe Z ist. Dabei treten positive Agglomerationseffekte auf der Anbieterseite in dieser mit der Zahl N_k der Besucher anwachsenden Freizeiteinrichtung auf. Agglomerationseffekte wirken auch bei den Nachfragern: Hier sei angenommen, daß aufgrund positiver Agglomerationseffekte die Nachfrager (mit steigender Besucherzahl) zunächst steigende Preise zu zahlen bereit sind (weil sie dann mehr Menschen treffen und gleichzeitig die größere Differenzierung des Angebots schätzen), daß aber ab einer gewissen Besucherzahl die Zahlungsbereitschaft wieder abnimmt. Außerdem werden dabei für den einzelnen die Nutzungsmöglichkeiten von G^o immer ungünstiger.

Die Nachfrage nach Ferienaufenthalten an diesem Ort hängt von der historisch gegebenen Grundausstattung G^o wie auch der Qualität und Größe der Einrichtung Z ab. In Abbildung 8.8 sind aus den Anpassungsmöglichkeiten der Einrichtung Z drei verschiedene Ausbau- und Angebotsgrößen Z_1 bis Z_3 eingezeichnet; es ist dabei jeweils ein U-förmiger Verlauf der Durchschnittskosten-Kurve unterstellt worden. Z_1 bis Z_3 mögen dabei verschiedene Ausbaustufen repräsentieren. Für jede gibt es bei entsprechender Ausnutzung einen kostengünstigsten Bereich. Bei kontinuierlicher Anpassung der Kapazitäten hätte man eine »langfristige« Funktion $K(Z)/N_k$ als Einhüllende der Gesamtheit der kurzfristigen Funktionen.

Die Darstellung beruht auf der Annahme, daß mit vergrößerter und stärker differenzierter Angebotskapazität auch die Zahlungsbereitschaft steigt: Zu Z_1 gehört die Funktion D_1, zu Z_2 die Funktion D_2 und entsprechend für Z_3 und D_3.

Die Zahlungsbereitschaft hängt von Z und G^o, aber auch der Preispolitik in bezug auf die Nutzung von G^o ab: Es kann hier nur (implizit) unterstellt werden, daß während der Anpassung bei der Einrichtung Z gleichzeitig bestimmte Anpassung bei G^o stattgefunden haben, welche wiederum schon bei Z berücksichtigt sind. Die Gewinnmaximierung für Z wird nun näherungsweise[7] wieder bei der maximalen Differenz zwischen D und $\frac{D(Z)}{N_k}$ unter Berücksichtigung der jeweiligen Besucherzahlen erreicht: Hier ist der Gewinn pro Kopf bei N_{k2} für Z_2^* am größten, der Gesamtgewinn für D_3 und Z_3 wegen der größeren Besucherzahl N_{k3}^* noch höher. Ob dies das volkswirtschaftliche Optimum ist, hängt von den jeweiligen Vergleichswerten für G^o ab.

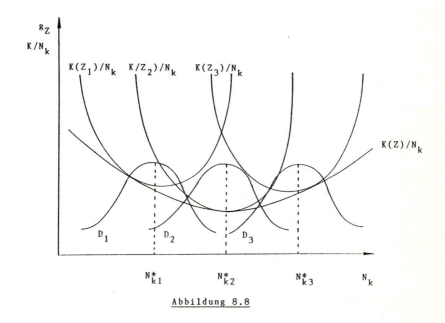

Abbildung 8.8

---

[7] Exakt liegt das Gewinnmaximum dann vor, wenn die marginale Zahlungsbereitschaft den (steigenden) Grenzkosten entspricht.

IV. Anpassungen bei verschiedenen Freizeiteinrichtungen

a) Das Optimierungsmodell

Untersucht wird der Fall, daß auf der Anbieterseite eine gemeinsame Optimierung für beide betrachteten Arten von Ferieneinrichtungen angestrebt wird. Für die natürlichen und historischen Gegebenheiten – die Grundausstattung G^o – ist die optimale Preispolitik und gleichzeitig für die produzierte Einrichtung Z die optimale Kapazität und der optimale Preis zu bestimmen. Die Anbieter maximieren ihren Gewinn:

$$(8.8) \qquad P = g_G q_G N_k + g_Z q_Z N_k - K_G(q_G N_k, G^o) - K_Z(q_Z N_k, Z)$$

wobei g_G und g_Z die für die Nutzungsdauer q_G beziehungsweise q_Z geltenden Preise sind. Die ersten beiden Größen in (8.8) geben somit die Summen der Eintrittsgebühren wieder, die anderen beiden Ausdrücke sind die Kosten in Abhängigkeit von der Größe der Kapazitäten und der Gesamtnutzung. Zu wählen sind die Preise g_G und g_Z sowie die optimale Kapazität Z.

Bei den Nachfragern sind die Nutzungen der Einrichtungen, ausgedrückt durch q_G, q_Z und N_k, von den Preisen g_G und g_Z sowie von den Größen G^o und Z abhängig[8]:

$$(8.9) \qquad (q_G, q_Z, N_k) = f(g_G, g_Z, G^o, Z)$$

Im Rahmen dieser Darstellung wird darauf verzichtet, diesen Ansatz durch weitere Gleichungen zu charakterisieren oder gar durch numerische Funktionen zu spezifizieren. Statt dessen soll das geschilderte Modell durch ein Diagramm erläutert werden, welches Elemente der Abbildung 8.7 und 8.8 verknüpft.

---

[8] Die Nutzungen hängen natürlich auch von den Preis- und Qualitätsalternativen anderer Orte ab: Diese werden als konstant unterstellt.

b) Kapazitätserweiterungen, Anpassungen auf der Nachfrageseite und die optimale Angebotspolitik

Die Zusammenhänge werden in Abbildung 8.9 erläutert. Die Zahlungsbereitschaft jedes Besuchers (D_G und D_Z) ist von den jeweiligen Besucherzahlen und den Angebotskapazitäten G und Z abhängig. Unterstellt wird hier der Spezialfall, daß die Zeitanteile q unverändert bleiben. Im I. und III. Quadranten sind die Zahlungsbereitschaften als Funktion des Produkts aus Urlauberzahl N_k und Zeitanteil $q_G(q_Z)$ abgetragen. Unterstellt wird nun, daß die Kapazität der Grundeinrichtung G erhöht wird (z.B. durch erweiterte Zugangsmöglichkeiten zur Natur oder der historischen Gegebenheit), was sich in einer Rechtsverschiebung der Durchschnittskostenfunktion von DK_G^1 auf DK_G^2 äußert. Die gestiegene Kapazität erhöht den Durchschnittsnutzen, die externen Effekte werden geringer. Dadurch erhöht sich die Zahlungsbereitschaft D_G^1 auf D_G^2. Da die Urlauber jedoch annahmegemäß beide Einrichtungen in einem bestimmten Verhältnis nutzen wollen, erhöht sich auch die Zahlungsbereitschaft für Z von D_Z^1 auf D_Z^2.

Wie ist nun die optimale, d.h. gewinnmaximale Angebotspolitik beschaffen? Die optimalen Angebotspreise waren vor der Kapazitätserweiterung g_{G1}^* und g_{Z1}^*. Nach der Kapazitätserweiterung in G ist der gewinnmaximale Preis gleich g_{G2}^* für $N_{k2} = N_{k2}^*$. Eine optimale Anpassung der Nutzung von Z liegt dann vor, wenn deren Kapazität von Z_1 auf Z_2 so erhöht wird, daß bei der Nachfrage $q_Z^* N_{k2}$ der Gewinn aus der Nutzung von Z maximiert wird. Der entsprechende Angebotspreis ist g_{Z2}^*.

Im allgemeinen sind jedoch die Zeitanteile q_G und q_Z nicht konstant, was die Analyse verkompliziert. Eine Veränderung der Zeitanteile bedeutet eine Verschiebung der Zahlungsbereitschaftskurven. Dies müßte ein Anbieter bei der Festlegung seiner optimalen Angebotspolitik berücksichtigen.

c) Größenstrukturen

Ob ein betrachteter Ort k unter allen Möglichkeiten der günstigste ist, hängt von der Gesamtheit aller Preise und von allen erwarteten Besucherzahlen an den anderen Orten ab. Hätte man alle Informationen über die Wertschätzungen aller potentiellen Urlauber, so könnte man in einfachen Föllen Ortsgrößen- und Feriengebiet-Strukturen ableiten. Für eine solche Ableitung wäre in diesem Falle eine homogene Urlaubsfläche zugrunde zu legen. Eine bestimmte Struktur ergibt sich daraus, daß manche Urlauber an einem kleinen Ort und der Natur nahe sein möchten und weniger an urbanen Vergünstigungen interessiert ist; und andere zwar auch die Natur genießen, aber vergleichsweise mehr Zeit in anderen Ferieneinrichtungen verweilen möchten.

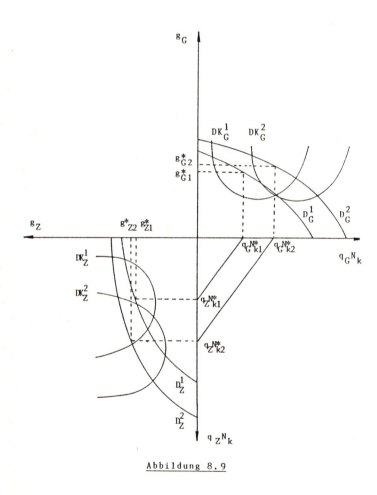

Abbildung 8.9

Man gewinnt so auf einer homogenen Erholungsfläche eine Größenstruktur von Fremdenverkehrsorten. An kleinen Orten verweilen Urlauber mit starken Präferenzen für Naturnähe ohne Belästigung durch andere Urlauber. Wenn größere Orte zunehmend von Urlaubern gewählt werden, die weniger Zeit in der Natur verbringen und die Nähe anderer Menschen weniger negativ empfinden, so bedeutet dies folgendes für einen Optimalzustand vollständiger Anpassung:

(1) Das Areal einer Fremdenverkehrsgemeinde ist eine Funktion der Urlauberzahl N_k, das Areal wächst aber weniger stark als N_k,
(2) die produzierten Fremdenverkehrseinrichtungen Z sind relativ unbedeutend an kleinen Orten und wachsen ihrer Größe und Bedeutung nach mehr als proportional zur Anzahl der Urlauber.

Die Fremdenverkehrsorte würden sich auf einer homogenen Fläche um den zentralen Wohnort herum ansiedeln und mit zunehmender Entfernung würden die Ansammlungen von Menschen an einem Ort immer kleiner werden. Man erhielte eine Ortgrößenstruktur, die dem Bild der Ortsgrößen für eine reine Agrarfläche mit homogenen Bodenbeschaffenheiten und ohne Industrie entspricht. Was in diesem Falle durch unterschiedliche Produktions- und Transportkostenfunktionen der einzelnen landwirtschaftlichen Güter bewirkt wird, ergibt sich im Fremdenverkehr aus den unterschiedlichen Präferenzen und Einkommen der einzelnen Urlauber. Gemeinsam ist beiden Modellen eine abnehmende Intensität der Bodennutzung mit größerer Entfernung vom Zentrum.

Dieser Ansatz soll hier nicht weiter verfolgt werden, eine genauere Analyse der Ableitung von Ortsgrößenstrukturen ist dem nächsten Kapitel vorbehalten.

Neuntes Kapitel
Strukturen von Feriengebieten

I. Der Rahmen der Analyse

a) Einleitung

Eine Theorie der Struktur von Feriengebieten sollte erstens
– aus den Überlegungen und Entscheidungen einzelner Menschen und aus Wechselbeziehungen zwischen wichtigen ökonomischen Variablen eine Raumstruktur abzuleiten versuchen, welche im Hinblick auf den Tourismus wesentliche qualitative und quantitative Charakteristika der Verteilung von Ferienaktivitäten im Raum enthält und sollte zweitens
– Ansätze für eine empirische Erfassung dieser Zusammenhänge bieten. Sie muß drittens
– Grundlagen für regionalpolitische Analysen und Maßnahmen schaffen, besonders im Hinblick auf die Entwicklung der Feriengebiete. Dabei sollte sie
– die gesamte Raumstruktur und ihre langfristigen Veränderungen im Auge behalten, wobei das erwartete Freizeitverhalten in der Zukunft zu berücksichtigen ist.

Für den Charakter und die Entwicklung der Struktur von Feriengebieten sind folgende wechselseitig abhängige Entscheidungen portentieller Reisender bedeutsam:

(1) Die Urlaubsausgaben insgesamt (als Anteil des Einkommens),
(2) die Verteilung auf verschiedene Jahreszeiten und Urlaubsorte,
(3) die Auswahl der Feriengebiete,
(4) die Qualität der Reise und der Unterkunft,

(5) die Wahl des Unterbringungsortes,
(6) die Verteilung der Urlaubsaktivitäten innerhalb des Feriengebietes.

Für die Entwicklung der Struktur sind insbesondere zu berücksichtigen:

a) Die tatsächliche Verteilung der natürlichen Ressourcen und der historischen Gegebenheiten im Raum,
b) die bei der Bereitstellung und bei der Nutzung von (produzierten) Fremdenverkehrseinrichtungen auftretenden Agglomerationseffekte: externe Effekte wie auch (betriebs-)interne Effekte, welche aus Kostendegressionen resultieren,
c) das Zusammenwirken verschiedener Fremdenverkehrsorte bei Aktivitäten wie z.B. Skilaufen oder Höhenwanderungen,
d) die Bedeutung der Entscheidungen öffentlicher Körperschaften über die Nutzung von (potentiellen) Feriengebieten und über die Bereitstellung von Infrastruktur-Nutzungsmöglichkeiten, unter Berücksichtigung von Möglichkeiten der Arbeitsteilung zwischen verschiedenen Gemeinden.

Die unter Punkt (4) erwähnten Entscheidungen sind eine wichtige Voraussetzung für das Wirksamwerden der anderen Zusammenhänge. Soweit es sich um politische Entscheidungen handelt, sind sie kurzfristig als gegeben zu betrachten; im übrigen können sie nur im Rahmen einer Politik zur Gestaltung der Gesamtstruktur des Raumes gesehen werden und müssen auch insoweit als Datum hingenommen werden. Bei der Beurteilung der Arbeitsteilung zwischen einzelnen Ferienorten kann auf Erkenntnisse aus der Theorie der Struktur der Landschaft zurückgegriffen werden.

Für die Entwicklung der einzelnen Feriengebiete sind folgende Größen wichtig:

(1) Die zu erwartenden Gesamtausgaben potentieller Urlauber als Grundlage für die Prognose eines allgemeinen Trends für das betreffende Gebiet,
(2) deren Einstellung zu diesem Feriengebiet im Vergleich zum allgemeinen Trend, somit der zu erwartende Ausgabenanteil,
(3) Investitionen in verschiedene Beherbergungstypen und
(4) der Ausbau der sonstigen Fremdenverkehrseinrichtungen verschiedenen Typs und verschiedener Qualität.

b) Möglichkeiten eines theoretischen Modells

Eine Theorie der Raumstruktur kann zunächst innerhalb eines statischen Modells mit vorgegebenen Reisewünschen oder Präferenzen abgeleitet werden. Für die Zwecke eines räumlichen Modells müssen diese Präferenzen unter räumlichen Gesichtspunkten vereinfacht und geordnet werden. Die Präferenzen der Reisenden lassen sich unterscheiden in

– Präferenzen für Agglomerationen, also für Typen von Ortsgrößen, und damit für Agglomerationsvor- und -nachteile,
– Präferenzen für die Lage und Unterbringung innerhalb der Gemeinde: im einen Extrem für eine zentrale Lage, im anderen Extrem für abgelegene Quartiere außerhalb der Fremdenverkehrsorte, und schließlich
– Präferenzen für die Lage eines Urlaubsortes innerhalb größerer Fremdenverkehrsregionen, also in bezug auf die Entfernungen zu anderen Orten.

Hiermit werden räumlich wirksame externe Effekte in der Form von zwischenörtlichen Agglomerationsvorteilen eingeführt. Die Präferenzen der Urlauber und damit wesentliche Variablen des zu entwickelnden Modells beziehen sich deshalb auf

(a) Ortsgrößen
(b) Entfernungen und
(c) eine Fremdenverkehrs-Potential-Variable, welche die erwähnten zwischenörtlichen Wirkungen erfaßt – sie wird unten erläutert.[1]

Das Modell entspricht in seinem Abstraktionsgrad den Modellen der Landschaftsstruktur von Christaller und Lösch. Mit der Einführung der drei Typen von Präferenzen hat es jedoch drei Dimensionen und ist dabei komplexer, vor allem wegen der räumlichen externen Effekte. Statt einer simultanen Ableitung der Struktur ist in diesem Modell ein schrittweises Vorgehen angebracht. Die erste Aufgabe ist die Ableitung der Stadtgrößenstruktur aus den Größenpräferenzen der Urlauber. Der nächste Schritt besteht in der Verteilung der ermittelten Städtegrößentypen über die Fläche: Diese Verteilung muß keineswegs regelmäßig sein, wie dies in den Ansätzen von Christaller und Lösch der Fall ist. Gegenüber einer regelmäßigen Verteilung ergeben sich »Verzerrungen« daraus, daß im zweiten Schritt der Ableitung die jeweiligen Präferenzen

---

[1] Die Saisonkomponente wird im folgenden vernachlässigt.

der Urlauber bezüglich der Nähe zu anderen Urlaubsorten berücksichtigt werden. Dies geschieht dadurch, daß die Ortsgrößenstruktur mit der erwähnten Potential-Variablen verknüpft wird. Anschließend werden die ortsinternen Lage-Präferenzen behandelt.

II. Die Ortsgrößenstruktur

a) Die Annahmen des Modells

Die Lage und Größe von Fremdenverkehrsorten hängt wesentlich ab von den Naturgegebenheiten einerseits und von der räumlichen Verteilung aller anderen wirtschaftlichen Aktivitäten, also der Raum- und Siedlungsstruktur des gesamten betrachteten Landes und seiner Wirtschaft andererseits. Will man sich auf den Fremdenverkehr konzentrieren und für diesen begenzten Bereich wesentliche Charakteristika ableiten, so muß man sich räumlich beschränken. Eine sinnvolle Beschränkung besteht darin, ein (von Natur aus) homogenes Feriengebiet zugrunde zu legen und auf dieser Fläche eine Siedlungsstruktur abzuleiten, wie sie sich aus dem Zusammenwirken ökonomischer Faktoren ergibt. In diesem Feriengebiet wird in bezug auf die Nutzung der Natur nur eine Art der Nutzung betrachtet. Die Homogenität der betrachteten Fläche bezieht sich darauf, daß im Vergleich zur Anreise aus den Wohnorten die zusätzlichen Entfernungen und Reisekosten zum Bestimmungsort *innerhalb* des Feriengebietes vernachlässigt werden. Die täglich zu überwindenden Entfernungen während des Urlaubs spielen dagegen sehr wohl eine wesentliche Rolle, denn sonst könnten Lagepräferenzen keine besonders große Bedeutung haben.

Die wichtigsten Variablen innerhalb dieses Modells sind damit zunächst die Ortsgrößen und die daraus folgenden Entfernungen vom Ort bis »in die Natur«: Wer in einem kleinen Dorfe übernachtet, ist schneller in der Natur als derjenige, der erst aus einer größeren Stadt nach draußen fahren muß. Dies gilt hier uneingeschränkt, weil die Natur überall als gleich angenommen wird. Hinzu kommt: In der Nähe einer größeren Stadt sind im Durchschnitt mehr Menschen unterwegs als in der Nähe von kleinen Dörfern. Dies würde nur dann nicht gelten, wenn sich ohne Rücksicht auf Fahrtkosten und -zeiten alle Urlauber völlig gleichmäßig über diese Fläche verteilen würden: Das ist sicher nicht der Fall. Urlauber wählen eher kleine Orte, weil sie der Natur nicht nur näher und allein sein wollen, sondern weil sie kürzere Anfahrtszeiten wünschen und entsprechend mehr Zeit in der Natur zubringen wollen.

Wer seine Unterkunft in größeren Orten sucht, will mehr Geselligkeit oder verbringt mehr Zeit mit anderen Aktivitäten innerhalb des Ortes und er braucht im Durchschnitt mehr Zeit, bis er überhaupt in die freie Natur gelangt. Ob sich dies nun stark oder nur schwach auswirkt: Die Urlauberdichte um die größeren Orte herum ist größer als um einsame kleine Siedlungen.

Hier lassen sich direkte theoretische Analogien zur Betrachtung von Dorfgrößen und der Intensität der Nutzung von landwirtschaftlichen Böden ziehen, ebenso wie zur Wahl städtischer Standorte und von deren Nutzung. So hat man bei der Betrachtung verschiedener Siedlungsgrößen im allgemeinen die Wahl zwischen mehr Agglomeration oder mehr Nähe zum Land und zur Natur, und das Optimum hängt von der Bewertung der gebotenen Agglomerationsvor- und -nachteile im Vergleich zu den Fahrt- beziehungsweise Wegekosten ab.

Eigenschaften der erwähnten Landschaftsstruktur-Modelle finden sich bei der Wahl des Urlaubsortes auf einer homogenen Urlaubsfläche wieder: Es besteht auch hier die Wahl zwischen mehr Agglomerationsvorteilen und mehr Nähe zur Natur, und die vom Standpunkt der einzelnen Urlauber optimale Ortsgröße hängt ab einerseits von

– der Art und der Qualität der jeweils gebotenen Agglomerationsvorteile,
– dem hierfür zu zahlenden Preis,
– dem Zeitaufwand und den Wegekosten bis hin zur »Natur«
und andererseits von
– den jeweiligen Präferenzen in bezug auf die Wahrnehmung der Agglomerationsvorteile und der Wertschätzung der Natur und
– schließlich, wie immer, vom Einkommen und allen Alternativen der Einkommensverwendung und deren Preisen.

Eine wesentliche Eigenschaft des vorzustellenden Modells besteht darin, daß
(1) verschiedene Urlauber unterschiedliche Präferenzen haben. Weiterhin wird angenommen, daß die Investitionen pro Übernachtung in größeren Orten höher sind als in kleinen Orten, genauer, daß
(2) die Vielfalt des Freizeitangebots überproportional mit der Ortsgröße wächst: Betrachtet wird hier nicht eine (weitere) Freizeiteinrichtung, sondern ein Attraktionsbündel. Auch schon wegen der höheren Grundstückspreise ist deshalb

(3) das Preisniveau eine positive Funktion der Ortsgröße. Damit liegen auch die Ausgaben je Urlaubstag im Durchschnitt höher. Dabei gilt, daß die Urlauber im Durchschnitt
(4) mit wachsender Ortsgröße weniger Zeit in der Natur verbringen.

Würden diese Angaben quantifiziert und für die Urlauber entsprechend stark unterschiedliche numerisch spezifizierte Nutzenfunktionen angenommen, so ließe sich hieraus eine Ortsgrößenstruktur und deren Verteilung in der Erholungslandschaft ableiten. Darauf soll hier verzichtet werden. Statt dessen werden die Eigenschaften des Modells in qualitativer Weise aufgezeigt und graphisch illustriert. Wesentliche Charakteristika können so herausgearbeitet werden.

Es sei noch vermerkt, daß man – wie in Modellen räumlicher Konkurrenz – statt einer Fläche auch eine Linie betrachten könnte, hier etwa eine Küstenlinie. Das erleichtert numerische Ableitungen ganz wesentlich.

b) Ortsgrößen: Vielfalt, Kosten und Präferenzen

Für die potentiellen – den Urlaubern gebotenen – Ortsgrößen werden steigende Preise unterstellt: Mehr Vielfalt muß mit höheren Preisen bezahlt werden; p ist eine positive Funktion der Ortsgröße G, weil die Vielfalt mit G wächst – vgl. die Linie p(G) in Abbildung 9.1. Dort sind G und p explizit aufgetragen und V ist nur implizit berücksichtigt; technischer formuliert gilt:

9.1) $V = V(G)$ und: $p = p(V)$ mit $\frac{dV}{dG} > , \frac{dp}{dV} > 0, \frac{dp}{dG} > 0$

Die Urlauber haben nun die wechselseitig abhängigen Variablen Vielfalt (V), Naturnähe (in Form der durchschnittlichen Distanz W_d) und die Kostenpreise (p) zu betrachten und bei Berücksichtigung ihrer Geldmittel die optimale Kombination von (V, W_d, p) zu bestimmen.

Das Ergebnis wird mit Hilfe des bekannten Konzepts der Preis-Indifferenzfunktion illustriert, hier in Form der Ortsgrößen-Preis-Indifferenz. In Abbildung 9.1 sind für drei verschiedene Urlauber (I bis III) jeweils zwei Indifferenzlinien eingezeichnet – als jeweils gleich hoch bewertete Kombination von Preisen und möglicher Vielfalt beziehungsweise Agglomerationsvorteilen. Niedriger gelegene Kurven beinhalten eine als günstiger bewertete Situation.

So ist für den Urlauber I eine einsame Unterbringung die hier am meisten geschätzte; seine Zahlungsbereitschaft sinkt mit der Ortsgröße stark ab. Der

Urlauber II ist bereit, für etwas mehr Vielfalt am Unterbringungsort auch etwas mehr zu zahlen, er wählt einen mittleren Ort. Im Beispiel ist Urlauber III derjenige, der am ehesten einen möglichst großen Fremdenverkehrsort mit vielseitigem Angebot vorzieht, auch wenn dies mehr kostet und er weniger von der Landschaft zu sehen bekommt.

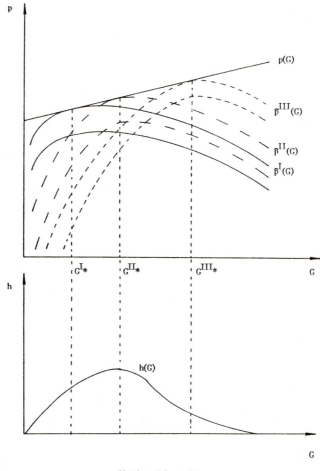

Abbildung 9.1 a und b

Bei der zugrunde gelegten Preisfunktion p(G) ergeben sich als Optima die nachgefragten Ortsgrößen G^{I*} bis G^{III*} in der Abbildung 9.1a. Solche Optima sind nun für alle Urlauber zu bestimmen, die in diese Feriengebiet reisen. Für jede betrachtete Ortsgröße kann man die Zahl der Urlauber ermitteln, für welche diese Größe die optimale ist. Man erhält damit eine Häufigkeitsverteilung h(G)- vgl. Abbildung 9.1b. In diese gehen die drei betrachteten Beispiele aus Abbildung 9.1a ein, was durch die punktierten Verbindungslinien angedeutet wird. Die gesamte Häufigkeitsverteilung hängt natürlich davon ab, wie groß die Anteile der Urlauber sind, die eher kleine oder eher mittlere Ortsgrößen oder möglichst große Agglomerationen bevorzugen. Die Linie h(G) ist hier willkürlich gewählt.

c) Optimale Ortsgrößenzuordnungen

Wie gelangt man nun von der gewünschten Ortsgröße der einzelnen Urlauber zu insgesamt optimalen Ortsgrößen? Dieser Schritt ist kompliziert, denn jemand, der eine Ortsgröße G^* exakt realisiert sehen möchte, braucht dafür Gleichgesinnte, für die ebenfalls G^* die gewünschte Ansammlung von Menschen ist. Dabei ist gleichzeitig die Zusammensetzung der übernachtenden Bürger aus Urlaubern und Einheimischen (Nicht-Urlaubern) zu beachten. Es sei angenommen, daß in Abhängigkeit von der Ortsgröße G (und den betrachteten Freizeitaktivitäten) im Optimum auf jeweils einen Urlauber e_G Einheimische kommen, also $G=(1+e_G)N$. Dann sind auf jeden Urlauber, der die realisierte Ortsgröße G präferiert, jeweils $(G/1+e_G)-1$ andere Urlauber zu finden.[2]

Aus den Daten, welche bisher als Häufigkeitsverteilung der Präferenzen verwendet worden sind, ist für die Zwecke der weiteren Analyse zunächst eine kumulative Häufigkeitsverteilung H der Präferenzen zu bilden (vgl. Abbildung 9.2). Darin ist jeweils kumuliert bis zur jeweiligen Ortsgröße G_k – die Zahl der Urlauber aufgetragen, die höchstens eine Ansammlung von $\hat{N}_k$ Gästen wünschen, wobei $G_k = (1+e_G) \hat{N}_k$. Die kumulative Häufigkeitsverteilung H gibt, vom kleinsten bis zum größten Ferienort die wachsende Anzahl N_k der Urlauber an, für die der Urlaubsort nicht mehr zu

---

[2] Alternativ kann unterstellt werden, daß es bei den gewünschten Ortsgrößen nur auf die Zahl der Urlauber ankommt (G=N).

klein ist – deren Optimum also kleiner oder gleich der betrachteten Größe $\hat{N}$ ist:

(9.2) $N_k \leq H(\hat{N}_k)$

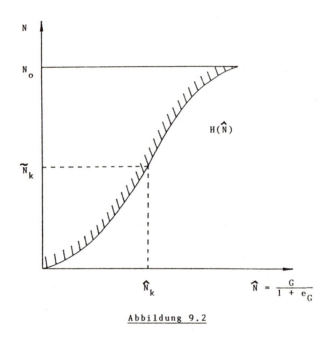

Abbildung 9.2

Aus der Gesamtzahl N_o aller Urlauber wünscht der mit $\hat{N}_k$ schrumpfende Rest – in der Zeichnung oberhalb der Linie H, schraffiert gezeichnet – jeweils noch größere Siedlungen. Der für $\hat{N}_k$ auf der Ordinate bei $H(\hat{N}_k)$ erfaßte Urlauber wünscht als sein Optimum gerade die Größe $\hat{N}_k$.

Bei der Ermittlung von Ortsgrößen, welche aus den Größenpräferenzen folgen, ist es sinnvoll, mit dem größten Ort zu beginnen und von da aus bis zum kleinsten Ort herunter zu gehen. Dieser größte Ort mit der Urlauberzahl N_1 könnte dadurch ermittelt werden, daß man die folgende Bedingung beachtet:

Mindestens N_1 Urlauber müssen für ihr Urlaubsziel eine gesamte Urlauberzahl $\hat{N}_1$ wünschen, damit dort genügend Menschen zusammenkommen.

Es muß gelten: $N_1 = \hat{N}_1$, also höchstens $\tilde{N}_1$ Urlauber dürfen einen kleineren Ort wünschen. Da $N_1 N_o\text{-}H(\hat{N}_1)$, lautet die Bedingung:

(9.3) $\quad N_o - H(\hat{N}_1) = \tilde{N}_1$ oder: $N_o - \tilde{N}_1 = H(\hat{N}_1)$

In Abbildung 9.3 ist diese Bedingung für $\hat{N}_1$ erfüllt: Die Größe $N_o\text{-}\hat{N}$ wird durch eine vom Punkt N_o im Winkel von 45° nach rechts unten verlaufende Gerade abgebildet. Wo diese die Funktion $H(\hat{N})$ schneidet, ist Bedingung 9.3) erfüllt. Der größte Ort beherbergt N_1 Urlauber. Damit bleiben für andere Orte $N_o\text{-}\hat{N}_1 = \tilde{N}_1$ Urlauber übrig. Durch den Schnittpunkt der Geraden $\tilde{N}_1\text{-}\hat{N}$ mit der Funktion $H(\hat{N})$ ergibt sich $\hat{N}_2$ als die zweitgrößte Ansammlung von Urlaubern (vgl. Abbildung 9.3) und so weiter für alle anderen Orte.

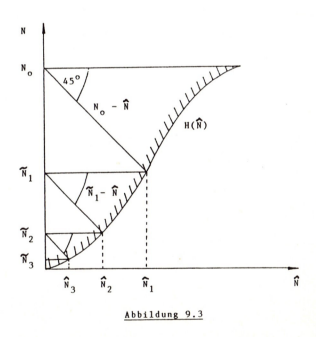

Abbildung 9.3

Diese Lösung ist einfach: Niemand wünscht einen kleineren Ort; sie hat aber auch den Nachteil, daß für fast alle Urlauber (das heißt, außer dem hierbei zuletzt betrachteten) ihr jeweiliges Optimum über dem Wert $\hat{N}_k$ liegt. Eine verbesserte Lösung wäre eine, bei der etwa gleich viele Abweichungen nach oben und nach unten vorkommen. Dies läßt sich erreichen, wenn man eine Ortsgröße $\bar{N}_1$ sucht, bei der (a) die Hälfte der Urlauber eine größere Ansammlung von Urlaubern wünschen würde und (b) die andere Hälfte aus den Urlaubern mit Präferenzen für einen kleineren Ort rekrutiert wird. Die Forderung (a) bedeutet, daß statt (9.3) gilt:

(9.4) $N_o - H(\bar{N}_1) = \bar{N}_1/2$

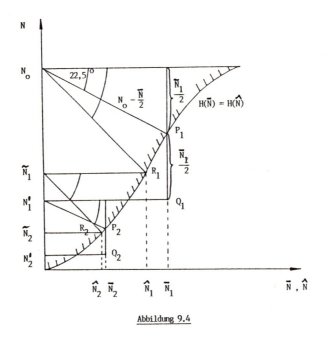

Abbildung 9.4

Zunächst wird also nur die Hälfte der Urlauber in $\bar{N}_1$ berücksichtigt, das heißt nur $\bar{N}_1/2$ wird von N_0 abgezogen (vgl. Abbildung 9.4); die relevante Gerade hat statt 45° nur die halbe Neigung. Durch Bedingung 9.4) wird $\bar{N}_1$ ermittelt (Punkt P_1) und sodann wird noch einmal die Menge $\bar{N}_1/2$ von N_0 abgezogen (Punkt Q_1). Wie ein Vergleich mit Punkt R_1 (für den die Bedingung (9.3) erfüllt ist) zeigt, ist $\bar{N}_1$ wesentlich größer als $\hat{N}_1$. Damit bleiben $N'_1 = N_0 - \bar{N}_1$ noch nicht zugeordnete Urlauber übrig. Jetzt ist mit Hilfe der Bedingung

N'₁-N̄/2=H(N̄₂) die nächste Ortsgröße zu ermitteln: Dabei ergeben sich die Punkte P₂ und Q₂ (analog zu P₁ und Q₁), und daraus folgt wieder die restliche Zahl N'₂, und so fort. Die Größen N̄₁, N̄₂ u.s.w. entsprechen grob formuliert dem *Durchschnitt der Präferenzen*.

Hier hat sich eine nur kleine Anzahl von Ortsgrößen ergeben; das liegt an den unterstellten Werten für H(N) und für N₀. Bei wirklichkeitsnäheren Werten erhielte man eine viel größere Anzahl von Orten. Hat man etwa eine Anzahl von sieben Orten, so kann man sich deren Lage im einfachen Fall eines eindimensionalen Problems – z.B. als Zuordnung von Badeorten zu einer Seeküste – wie in Abbildung 9.5 vorstellen. Dabei sind externe Effekte zwischen verschiedenen Orten berücksichtigt.³⁾

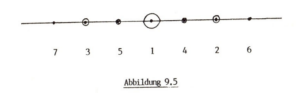

Abbildung 9.5

Wenn jedoch jede Art von externen Effekten und damit auch von Arbeitsteilung und Spezialisierung zwischen verschiedenen Orten und damit auch ein wichtiges Motiv der Urlauber für den Besuch anderer Orte ausgeschlossen wird, könnte es aber auch sein, daß die größten Orte sich jeweils mehr in der Mitte und alle kleineren sich jeweils weiter außen ansiedeln. Dies wäre ein Resultat, welches der Anordnung der Dorfgrößen in der landwirtschaftlichen Standorttheorie entsprechen würde: Die optimale Dorfgröße ist eine abnehmende Funktion der Entfernung der Dörfer vom zentralen Absatzmarkt. Wesentlicher Gesichtspunkt des hier behandelten Modells ist dagegen, daß produzierte, teilweise spezialisierte Fremdenverkehrseinrichtungen existieren und die Urlauber zwischen verschiedenen Orten pendeln, also je nach ihren Präferenzen und nach den Angeboten in verschiedenen Entfernungen mehr oder weniger häufig Tagesausflüge machen oder der Standort ihrer Aktivitäten zwischen den Orten liegt. Will man dies berücksichtigen, so muß das Land-

---

3) Die Numerierung der Orte entspricht der Ordnung ihrer Größen und ihrer Potentiale – dies wird im nächsten Abschnitt erläutert.

schaftsstruktur-Modell über die Ableitungen des Christaller-Lösch-Typs hinausgehen.

III. Die Verteilung der Ferienorte im Raum

a) Zwischenörtliche externe Effekte: Die Fremdenverkehrs-Potentialvariable

Urlauber suchen im allgemeinen etwas Abwechslung – nicht nur bei der Wahl ihrer Urlaubsorte, sondern auch an einem gegebenen Urlaubsziel – manche viel, manche weniger, und manch einer vielleicht auch gar nicht, wenn er sich jeden Tag an derselben Stelle sonnt. All diese Fälle sollten in einem allgemeinen Ansatz enthalten sein. In einem allgemeinen Modell der Struktur eines Feriengebietes können unterschiedliche Grade der Abwechslung, nicht aber verschiedene inhaltliche Wünsche bezüglich der Besuche anderer Orte und ihrer Attraktionen berücksichtigt werden. Die Möglichkeiten, verschieden Typen von Freizeiteinrichtungen von einem gegebenen Ort aus zu erreichen, hängen im allgemeinen von dessen Größe und der Entfernung zu anderen Ferienorten ab. Der eigene Ort ist in den Präferenzen für die (eigene) Ortsgröße berücksichtigt. Die Gesamtheit aller Möglichkeiten wird im folgenden durch einen Potentialvariable erfaßt[4]. Für einen gegebenen Standort werden die Nutzungsmöglichkeiten der Einrichtungen aller überhaupt erreichbaren Orte mit der jeweiligen Entfernung gewichtet, weit entfernte Einrichtungen erhalten ein entsprechend sehr kleines Gewicht. Technisch ausgedrückt: Der eigene Ort geht voll – mit dem Gewicht *Eins* – in die Potentialvariable ein, und alle anderen Orte gehen als eine mit der Entfernung abdiskontierte Größe ein.[5] So werden in aggregierter Form mit Entfernungen (in negativer Weise) gewichtete Größen (oder Massen) erfaßt. Im einfachsten Falle werden benachbarte Ortsgrößen jeweils durch deren Entfernungen dividiert: besser aber durch Funktionswerte der Entfernungskosten oder -mühen vom betrachteten Ort aus.

---

[4] Dieses Konzept wird in der Regionalwissenschaft vielfach verwendet. Vgl. Kau (1970).
[5] In Kapitel 7 wurde bereits ähnlich vorgegangen. Vgl. Kapitel 7, Abschnitt IV,b.

Das so gemessene jeweilige Fremdenverkehrspotential eines Ortes kann somit auch allgemein als *Abwechslungspotential* gesehen werden, welches die Möglichkeiten beschreibt, verschiedene Fremdenverkehrsangebote zu nutzen und dort Menschen kennenzulernen. Das von einem einzelnen Urlauber *gewünschte* Fremdenverkehrspotential bezüglich anderer Orte mag sehr groß sein, es kann aber auch gleich Null sein, wenn er etwa an einem kleinen Ort nur wandern oder nur Ski laufen will. Das Modell berücksichtigt alle diese Fälle und mögliche Übergänge zwischen den Extremen, aber nur in allgemeiner Form. Gefragt wird nach diesem Fremdenverkehrspotential FP, welches jeder Urlauber wünscht, wobei Preise, Einkommen, Transportmöglichkeiten usw. implizit berücksichtigt werden.

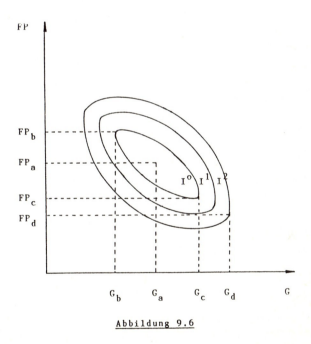

Abbildung 9.6

Die Tagesausflugsmöglichkeiten oder das Fremdenverkehrspotential, das sich ein jeder wünscht, hängt teilweise davon ab, inwieweit im ersten Schritt der Urlaubszuordnung die gewünschte Ortsgröße mit entsprechenden Freizeitmöglichkeiten realisiert werden konnte. Es sei hier ein Zusammenhang der folgenden Art unterstellt (vgl. Abbildung 9.6): Angenommen, ein Urlauber mit einer gewünschten Ortsgröße G_a und dem gleichzeitig als optimal angesehenen Potential FP_a habe bei der Auswahl der Urlaubsorte nur den kleineren Ort G_b (welcher ihm weniger Möglichkeiten bietet) realisieren können; dann möchte dieser Urlauber dies durch ein größeres Potential ausgleichen, hier FP_b. Die Kombinationen (G_b, FP_b) und (G_c, FP_c) werden von diesem Urlauber gleich hoch eingeschätzt. Solche Punkte lassen sich zu einer Indifferenzellipse I^0 verbinden. Kombinationen außerhalb dieser Ellipse werden – mit zunehmendem Abstand von I^0 – immer weniger geschätzt. Gegenüber den I^0-Kombinationen geben die Punkte der Ellipse I^1 einen bestimmten Grad der Verschlechterung und die Punkte der Ellipse I^2 eine noch größere Verschlechterung an.

Unter den möglichen Ortsgrößen suchen die Menschen also diejenige aus, welche ihren Wünschen am ehesten entspricht und gleichen die Abweichung von ihrem Optimum G^* durch entweder mehr oder weniger Tagesausflüge aus, als sie von ihrem optimalen Urlaubsort aus unternommen hätten, also durch ein größeres oder kleineres FP. Lieferte die Größe G_c die nächste Annäherung, so wäre FP_c am günstigsten, und für G_d wäre dies FP_d. Ein zu kleiner Ort sollte näher an anderen Orten sein, da diese Lage sein Potential erhöht, ein zu großer Ort weiter weg von anderen Orten sein.

Diese Information wird nun genutzt, wenn die im ersten Schritt bestimmten Orte verschiedener Größen in der Fläche angeordnet werden sollen. Jeder Urlauber h hat ein für die Betätigung innerhalb und außerhalb des Ortes seiner Unterbringung gewünschtes, optimales Potential FP^h. Diese Information sei für jeden der bisher schon abgeleiteten Orte G_k für alle Urlauber vorhanden. Die Urlauber eines jeden Ortes k können nach der Größe ihres gewünschten Potentials angeordnet werden, man erhält dann eine Häufigkeitsverteilung für die Potentialwerte der Urlauber eines jeden Ortes $g_k(FP)$ wie in Abbildung 9.7.

Nachdem Ferienorte nur in begrenzter Zahl zur Verfügung stehen, sind die Auswahlmöglichkeiten unter jeweils verschiedenen Potentialen außerordentlich gering, so daß die Potentialwünsche nur annäherungsweise berücksichtigt werden können. Man kann z.B. zwischen einigen Typen von Urlaubswünschen unterscheiden und diese Information für die Zuordnung von Urlaubern zu ähnlich großen, aber in unterschiedlichen Nachbarschaften gelegenen Urlaubsorten verwenden. Die weitere Differenzierung nach der Lage innerhalb der Ferienorte (sowie eine weitere nach qualitativen Merkmalen) wird noch später betrachtet werden.

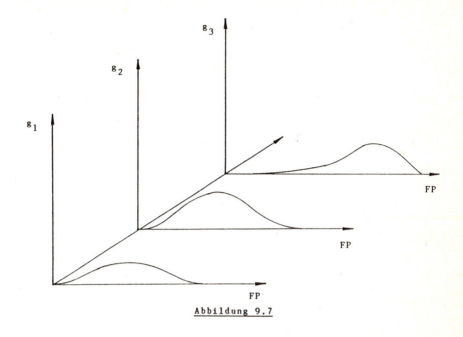

Abbildung 9.7

b) Die Verteilung der Orte im Raum

Die räumliche Zuordnung von Ortsgrößen und Flächenpunkten ist theoretisch ungeheuer kompliziert wegen der vielen Wechselbeziehungen bei externen Effekten und unterschiedlicher Präferenzen für viele Urlauber. Selbst wenn entsprechende Informationen vorhanden wären, könnte ein solches Modell auch mathematisch nur schrittweise gelöst werden. Die praktischen Schwierigkeiten rühren daher, daß es solche Informationen nicht gibt und in exakter Form auch nicht geben kann: Kein Urlauber könnte auch nur annähernd quantitativ exakt solche Angaben über seine Präferenzen machen.

Statt mit exakt formulierten Annahmen zu operieren, wird daher im folgenden mit qualitativen Charakterisierungen von Zusammenhängen versucht, qualitative Ergebnisse abzuleiten, die durch einige Abbildungen illustriert werden sollen.

Unter sonst gleichen Bedingungen ist die günstigste Lage eines Fremdenverkehrsortes diejenige mit dem günstigsten Zugang zur Natur – zu den Naturgegebenheiten –, wenn dies das dominierende Urlaubsmotiv ist. Auf einer (wie hier angenommen) homogenen Fläche ist diese günstigste Lage des größten Ortes das Zentrum der Fläche. Dieses Argument zugunsten einer zentralen Lage des größten Ortes wird unterstützt durch Überlegungen der Versorgung von umliegenden Orten der Fläche mit höherwertigen Gütern [6]. Eine Versorgung des größten Ortes mit Gütern niederer Ordnung, etwa landwirtschaftlichen Gütern, ist am leichtesten bei einer zentralen Lage mit einem möglichst großen eigenen Umland möglich.

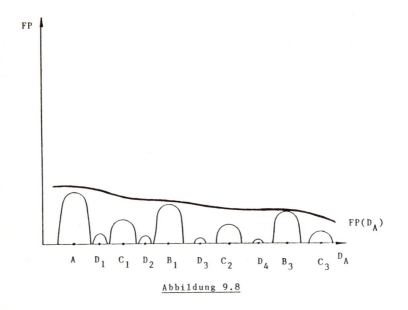

Abbildung 9.8

Solche typischen Zentrale-Orte-Argumente gelten für die nächstgrößeren Orte nur noch in abgeschwächter Form, wenn deren Bewohner und auch deren Besucher zwar räumliche Agglomerationsvorteile wahrnehmen möchten, gleichzeitig aber in verstärktem Maße der Natur nahe sein möchten. Wenn nach dem Zentrum (der als A-Ort bezeichnet wird) als nächstgrößte Katego-

---

[6] Der größte Ort besitzt dann die Funktion eines Zentralen Ortes. Vgl. von Böventer (1979: Kap. 9).

rien von Ferienorten verschiedene B-Orte, C-Orte, usw. aus den Größenwünschen abgeleitet werden, so kann man diese Orte so über den Raum verteilen, daß unterschiedliche Potentialwünsche erfüllt werden. Dies ist *rechts vom Zentrum* A in Abbildung 9.8 für alle Orte entlang einer Linie und für den Ausschnitt einer Fläche in Abbildung 9.9 geschehen.

In Abbildung 9.8 hat A vor allem aufgrund der eigenen Größe das größte Fremdenverkehrs- oder Abwechslungspotential; den zweit- und drittgrößten Wert erreichen B_1 und B_2. Bei den in der Größe folgenden C-Orten ist die Reihenfolge vor allem aufgrund der Lage C_1, C_2, C_3, und die noch kleineren D-Orte – Reihenfolge D_1, D_2, D_3, D_4 – haben ihre Potentiale praktisch allein ihrer Lage zu verdanken. Es ist wichtig zu betonen, daß für die Reihenfolge der Potentiale der Grad der negativen Bewertung der Entfernung entscheidend ist. Sind Kontakte mit anderen Orten unmöglich, so impliziert dies einen unendlich großen Diskontfaktor: Die Potentiale bestehen dann nur aus den Betätigungsmöglichkeiten am eigenen Ort und man erhält eine lexikographische Rangordnung – erst der A-Ort, dann alle B-Orte, dann die C-Orte und schließlich die D-Orte in de Reihenfolge ihrer Größen. Im anderen Extrem – wenn die Entfernung überhaupt keine Rolle spielt und daher kein Gewicht erhält - haben alle Orte das gleiche Potential als die einfache Summe der Möglichkeiten aller Orte.

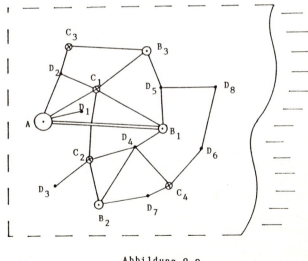

Abbildung 9.9

Bei der hier zugrunde gelegten Gewichtung ergibt sich die in Abbildung 9.8 unten angegebene Ordnung der Potentiale: Sie fällt nach rechts ab und ist nur grob angedeutet. Dem entspricht eine *Katena* als ein Potential-Gradient, welcher in der Abbildung oben durch die von A mit der Entfernung D_A nach rechts fallende Linie FP(D_A) gekennzeichnet ist.

Im Landschaftsausschnitt in Abbildung 9.9 hat, nach dem Zentrum, B_1 wegen seiner guten Verbindung zu A das größte, B_3 das kleinste Potential der drei B-Orte. In ähnlicher Weise kann man nun die Orte dritter Ordnung, etwa vier C-Orte, mit abnehmenden Potentialwünschen der Urlauber über die Fläche verteilen – vgl. die Orte C_1 bis C_4. Das gleiche ist für acht D-Orte geschehen.[7]

c) Die Lagepräferenzen innerhalb der Orte

Als nächste Dimension nach der Betrachtung der Ortsgrößen und der Erreichbarkeit anderer Orte verschiedener Größen und Ausstattungen ist nun die Unterbringung innerhalb der Orte zu erörtern, insbesondere die Entfernung vom jeweiligen Ortskern. Je größer ein Ort, desto wichtiger wird naturgemäß die Lage der Unterkunft innerhalb des Ortes, weil mit der Größe die durchschnittliche Entfernung aller Standorte innerhalb des Ortes vom Zentrum wächst und deshalb für die Urlauber auch mehr Möglichkeiten der Variation dieser Entfernung bestehen. Die Präferenzen der Urlauber bestimmen dabei den Grad der Konzentration der Menschen und ihrer Unterbringungen innerhalb des Ortes, wobei diese räumliche Verteilung natürlich durch die Auslegung und die Qualität des Verkehrsnetzes verändert werden kann.

Durch die Präferenzen bestimmt sich in Wechselwirkungen mit den Bodenpreisen und der vorhandenen Infrastruktur die Struktur der Ferienorte, wobei auch – in Abhängigkeit von der Ortsgröße - das Angebot und die Nachfrage nach produzierten Fremdenverkehrseinrichtungen eine wichtige Rolle spielen. Auch diese Zusammenhänge können nur in einer iterativen Prozedur für die Ableitung der optimalen Struktur erfaßt werden.

Wesentlich ist hierbei, daß mit der Lage (gemessen durch die Distanz vom Ortszentrum W) innerhalb des Ortes der Grad der Urbanität in der unmittel-

---

[7] Die Numerierung entspricht in den jeweiligen Größenklassen der Rangordnung der Potentiale.

baren Umgebung am Ort beeinflußt und gleichzeitig die Erreichbarkeit anderer zentraler Einrichtungen modifiziert werden können: Damit kommt die wechselseitige Abhängigkeit von G, p und W ins Spiel.

Der Zusammenhang zwischen der günstigsten Ortsgröße und der Zentrumsdistanz wird in Abbildung 9.10 erläutert. Die aufgrund der Präferenzen des betrachteten Urlaubers ermittelten optimalen Werte seien G^* und W^*. Dieser Urlauber würde an einem größeren Ort als G^* eine größere Entfernung vom Zentrum, an einem kleineren Ort eine kleinere Entfernung (annahmegemäß entsprechend der in Abbildung 9.10 eingezeichneten Indifferenzellipse I^o) vorziehen. Die auf der Linie I^o eingezeichneten Punkte seien von ihm gleich hoch geschätzt. Kombinationen außerhalb dieser Indifferenzellipse werden weniger geschätzt ($I^o > I^1 > I^2$).

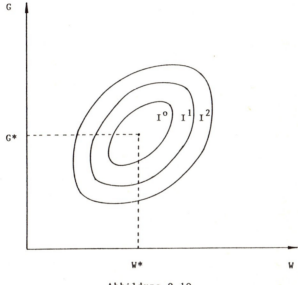

Abbildung 9.10

d) Die Anpassungen des Systems

Der Weg von den vorgegebenen Präferenzen der Urlauber in bezug auf Ortsgrößen, Abwechslungspotentiale und Entfernungen vom Zentrum der Fremdenverkehrsorte ist damit in drei Schritten vollzogen worden.

Mit jedem Schritt konnten aus einem früheren Schritt resultierende Abweichungen zwischen gewünschtem Fremdenverkehrsstandort und dem tatsächlichen Resultat zumindest teilweise kompensiert werden. Dieses Verfahren ließe sich nun mit der Vornahme weiterer Schritte fortsetzen: Man könnte die im ersten Schritt ermittelten Ortsgrößen korrigieren, soweit dadurch eine Verbesserung der gesamten Zuordnung möglich ist. Man könnte danach Anpassungen in der Lage der Orte vornehmen, dann die innere Struktur der Orte selbst noch einmal überprüfen – man könnte eine beliebige Anzahl von weiteren Anpassungen versuchen und würde dabei sehen, ob sich das System überhaupt einem stabilen Gleichgewicht nähert und wie schnell dies geschieht.[8]

Theoretisch viel schwieriger, aber im Resultat vereinfacht, würden diese Schritte durch die Berücksichtigung von Preisänderungen. Bringt man die Wirkungen von Angebot und Nachfrage ins Spiel, könnte sich ein Teil der sonst notwendigen Lageanpassungen erübrigen. Dies gilt insbesondere für die Entfernungen vom Zentrum und für die Größe der Orte selbst: Wenn größere Orte und besonders deren Zentren teurer werden und eine weniger dichte Bodennutzung relativ billiger ist, dann wird für alle diejenigen, die in weniger dicht genutzten Gebieten oder Nachbarschaften untergekommen sind, der Anreiz für einen Wechsel entsprechend vermindert. Das System wird dadurch stabiler.

Daneben besteht für die Urlauber die in der Realität ganz selbstverständliche Möglichkeit, im nächsten Urlaub ein neues Ferienziel auszusuchen und dabei einerseits Korrekturen früherer Entscheidungen in bezug auf nicht erfüllte Wünsche oder Enttäuschungen vorzunehmen und andererseits vor allem entsprechend den eigenen Wünschen nach Abwechslung ein ganz anderes neues Ziel zu wählen. Im kleinen – bei der Betrachtung einzelner Urlauber – wird das System dadurch zwar weniger stabil und weniger vorhersehbar, im großen – bei der Betrachtung großer Urlauberzahlen – kann sich die Verteilung der Urlauber im Raum aber schneller anpassen und Ungleichgewichtssituationen beseitigen, insbesondere wenn dadurch der Preismechanismus

---

[8] Vorausgesetzt die Präferenzen und die Angebotsbedingungen blieben konstant.

optimal genutzt wird. Hierbei spielt auch die (zeitliche) Verteilung der Urlaubsreisen über das Jahr eine Rolle.

Unter den möglichen Prozessen der Anpassung und der Variation im Raum sind noch zwei bisher nicht erwähnte Möglichkeiten zu erörtern: Erstens die Möglichkeit der Differenzierung eines monozentrischen Fremdenverkehrsortes durch die Herausbildung von Subzentren und Vororten, zweitens die Möglichkeit der Spezialisierung des Angebots innerhalb von Ortsteilen und zwischen verschiedenen Orten gleicher Größe innerhalb einer ansonsten homogenen Fremdenverkehrsregion und zwischen verschiedenen Gebieten mit ähnlichem Angebot.

Dabei werden sich neben unterschiedlichen Varianten des Fremdenverkehrsangebots auch verschiedene Qualitätsniveaus herausbilden, insbesondere dann, wenn die Produktion des Angebots Kostendegressionen unterliegt und nicht jeder Ort beliebig viele Qualitäten anbieten kann. Dies folgt aber auch schon allein aus den Präferenzen der Nachfrager, wenn diese eine bestimmte Qualität ihrer Umgebung während der Ferien wünschen und dabei bedeutsame Abweichungen nach oben wie auch nach unten jeweils negativ bewerten und insoweit ein bestimmtes Preisniveau für eine entsprechende Auswahl unter den Nachfragern sorgt, was deren Qualitätsansprüche anbelangt. In bezug auf diese Fragen sind indes kaum Verallgemeinerungen innerhalb eines theoretischen Modells möglich. Das hindert natürlich nicht daran, in empirischen Untersuchungen die Entstehung und Entwicklung von verschiedenen Qualitätsniveaus innerhalb von und zwischen Fremdenverkehrsgebieten systematisch zu analysieren.

Das theoretische System liefert hingegen sehr wohl systematische Anhaltspunkte für die Herausbildung von Subzentren und das Wachstum von Vororten. Damit wird – wie auch schon durch die externen Effekte zwischen verschiedenen Fremdenverkehrsorten, welche durch das Abwechslungspotential erfaßt wurden – die saubere Trennung zwischen verschiedenen Fremdenverkehrsorten aufgehoben. Der Unterschied zwischen kleinen Orten – etwa D-Orten in Abbildung 9.8 und 9.9 – und neu entstehenden Vororten eines größeren Fremdenverkehrsortes, wie auch der Unterschied zwischen Subzentren einer Stadt oder kleinen Einkaufszentren und Vororten sowie umliegenden Zentren verliert an grundsätzlicher Bedeutung und wird im Laufe der Entwicklung immer mehr fließend.

Es sei angenommen, daß in der Ausgangssituation der Betrachtung bestimmte Potential-Dichtefunktionen für einen größeren Fremdenverkehrsort A und für ein Dorf D existieren. Eine gewisse Arbeitsteilung und Spezialisierung der Flächennutzung liegt hier normalerweise in der Form vor, daß das Ortszentrum mehr zentrale (tertiäre) Funktionen aufweist als andere Lagen. Dieses Ergebnis kann man unmittelbar aus der Raumwirtschaftstheorie beziehungsweise der Stadtökonomie übernehmen. Die Wohnnutzung auch für den Fremdenverkehr steigt mit der Entfernung zum Zentrum relativ an. Dies gilt nur insoweit nicht, wie neue Typen der Unterbringung von Fremden etwa in großen zentral gelegenen Luxushotels geschaffen werden (wenn die Flächennutzungspläne dies erlauben). Mit dem Wachstum des Fremdenverkehrs steigt die Dichte tertiärer Einrichtungen insbesondere für den Fremdenverkehr - zumindest im Durchschnitt am schnellsten im Zentrum – und gleichzeitig entstehen (zunächst kleine) Subzentren und Vororte; gleichzeitig wächst das Dorf D.

Diese Entwicklung mag – durch die Potentialdichte gemessen - etwa den in Abbildung 9.11 skizzierten Verlauf nehmen, von der dicken zu der strichpunktierten Linie. Wesentlich ist hierbei der prognostizierbare Prozeß einer Suburbanisierung, Dezentralisierung und teilweisen Spezialisierung innerhalb und außerhalb der Fremdenverkehrsortes. Dabei wächst der tertiäre Sektor mehr innerhalb der alten und neuen Zentren, die Unterbringung der Gäste am stärksten am Rande und außerhalb des Zentrums – von den erwähnten besonderen Entwicklungen (etwa Luxushotels) abgesehen. So kommt es zu einer stärkeren Durchdringung der Absatzgebiete und damit zu einer verstärkten Arbeitsteilung innerhalb dieser Stadt, während gleichzeitig die *gemeinsame* Inspruchnahme der Naturgegebenheiten zwischen verschiedenen Orten innerhalb einer Ferienregion sich verstärkt fortsetzt.

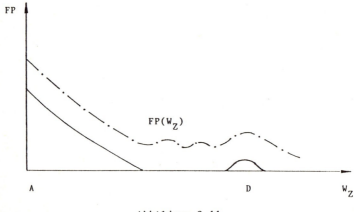

Abbildung 9.11

Zum Schluß dieser Überlegungen sei eine vereinfachte teilweise Anwendung der geschilderten Zusammenhänge erwähnt, welche eine Dynamisierung erlaubt. Man kann ein neu erschlossenes Feriengebiet betrachten, in dem ein (neues) Frerienzentrum entsteht. Zunächst wächst dieser Ort vor allem wegen des natürlichen Freizeitangebots und attrahiert aus diesem Grunde Urlauber. Erst wenn große Hotels gebaut werden und ein nicht auf der natürlichen Ausstattung beruhendes Freizeitangebot entsteht, kommen auch die Agglomerationsvorteile als weiterer Anziehungsfaktor zusätzlich ins Spiel. Im Laufe der Zeit entstehen – entsprechend den Präferenzen der Urlauber – weitere Angebotsorte als Satelliten des Hauptortes. So kann es zu einer zunächst embryonalen, später dichteren Hierarchie von Haupt- und Nebenzentren kommen; diese ist erst »jung« mit all ihren Vorteilen der Anpassung an den gegenwärtigen Geschmack und mag später all den Charakteristika eines Veralterungsprozesses unterliegen.[9]

V. Eigenschaften der gesamten Ferienregion

a) Zusammenfassung

Die gesamte Modell-Region zeichnet sich vor allem durch

– Größendifferenzierung der Orte
– unterschiedlich bequeme und unterschiedlich intensive Nutzungsmöglichkeiten der Natur
– Differenzierung innerhalb der Orte
– Spezialisierung verschiedener Orte und
– Arbeitsteilung zwischen verschiedenen Orten aus.

Das Modell hat damit Eigenschaften

– der Christaller-und Lösch-Modelle hinsichtlich der Intensität der Nutzung der Natur
– Des Lösch-Ansatzes hinsichtlich der Arbeitsteilung und Spezialisierung verschiedener (gleich großer) Standorte

---

[9] Solche Prozesse sind in der Schweiz beobachtet und beschrieben worden. Vgl. Krippendorf u.a. (1982).

– des Christaller-Ansatzes hinsichtlich der Hierarchie zentraler Einrichtungen, welche den Größenpräferenzen der Urlauber zugrunde liegen,
– der Dezentralisierungs- und Polarisierungsansätze, und das Modell verbindet diese mit einem
– Ansatz zur Operationalisierung räumlicher externer Effekte innerhalb eines Raumstruktur-Modells.

Wie in der Anwendung des Christaller-Ansatzes, so ergibt sich auch hier aufgrund ökonomischer Gesetzmäßigkeiten, insbesondere der Wirkung des Preismechanismus, eine gewisse Regelmäßigkeit der Raumstruktur auch dann, wenn die Erholungsfläche von Natur aus nicht homogen ist und für die räumliche Verteilung einzelner Fremdenverkehrsgüter eine solche Regelmäßigkeit nicht gilt. Gewisse natürliche Unregelmäßigkeiten werden über ökonomische Ausgleichsmechanismen ausgeglichen.

b) Ausblick: die Anpassung der Raumstruktur

Ein anderer Weg der Behandlung von Raumstrukturen ist theoretisch weniger anspruchsvoll als der eben skizzierte und gleichzeitig realitätsnäher: Er geht von der räumlich ungleichmäßigen Verteilung der natürlichen und historischen Gegebenheiten einschließlich der Infrastruktur und einer ortsansässigen Bevölkerung als Daten aus und betrachtet die Anpassung des Fremdenverkehrs an diese Gegebenheiten. Der oben ausführlich behandelte Ansatz dient der Herausbildung von Gesetzmäßigkeiten, wie sie in der allgemeinen Raumstrukturtheorie unter Begriffen wie Hierarchie, Zentrale Orte, Arbeitsteilung, Funktionsteilung, Spezialisierung auf einer anfangs homogenen Fläche bekannt sind. Der zweite Ansatz besteht in einer Fortschreibung und laufenden Anpassung der Raumstruktur an ökonomische Veränderungen und neue (nicht-ökonomische) Gegebenheiten technologischer, institutioneller, demographischer und gesellschaftlicher Art.

Die Vorgehensweise läßt sich in der folgenden Weise zusammenfassen:

– Am Anfang stehen die *natürlichen Gegebenheiten* der Erde – Naturräume, Landschaften, Ressourcen, klimatische Bedingungen, – welche im großen sehr stabil sind, im kleinen sich aber laufend verändern und mit den rapide wachsenden technologischen Möglichkeiten immer stärker veränderbar werden.
– Auf der zweiten Stufe kann die Gesamtheit der von den Menschen *produzierten Güter* betrachtet werden. Auch diese unterliegen Veränderungen – ent-

weder im Prozeß der Produktion oder des Konsums oder in einem langsameren Prozeß des Verschleißes oder Verfalls, wie bei Maschinen und auch bei Gebäuden.

– Auf einer dritten Ebene können die *sozialen und kulturellen Gegebenheiten der menschlichen Gesellschaft* untersucht werden: demographische, soziale und politische Strukturen, Normen und Gebräuche. Von besonderem Interesse sind dabei jene Strukturen und Prozesse, die für eine Analyse des Fremdenverkehrs von Bedeutung sind – etwa Freizeit- und Reisegewohnheiten, Beziehungen zwischen Völkern und Regionen - und ihre Änderungen.

Dabei rücken die existierenden *Institutionen*, die für den Fremdenverkehr von Bedeutung sind, in den Mittelpunkt der Betrachtung: Unterkunftsmöglichkeiten, Freizeiteinrichtungen, Verkehrsmittel, Reisebüros, etc..

– Auf der letzten Stufe kann schließlich das einzelne *Individium* – der Reisende, der Urlauber oder der Tourist - mit seinen Vorstellungen und Wünschen hinsichtlich seiner Urlaubsmöglichkeiten gewürdigt werden. Von besonderem Interesse ist hierbei, wie sich die individuellen Bewertungen der Reisemöglichkeiten im Zeitablauf durch Erfahrungen, neue Informationen oder den Wunsch nach Abwechslung ändern. Diese Veränderung stellen ein stetes dynamisches Element dar, denen eine Theorie der Ableitung ökonomischer Tourismusstrukturen Rechnung tragen muß.

Veränderungen auf allen Ebenen stehen in einem interdependenten Zusammenhang, wobei die Geschwindigkeit der Veränderung sehr unterschiedlich sein kann.

Zehntes Kapitel
Entwicklungstendenzen des Tourismus

I. Grundlagen und wichtige Einflußfaktoren

a) Betrachtungsmethoden und Ziele

Am Anfang dieser Untersuchung wurde festgestellt, daß es sich beim Gut Ferienreisen um ein äußerst komplexes ökonomisches Gut handelt. Nicht nur das Gut selbst ist schwer zu fassen, sondern auch die Entscheidungsprozesse, welche zur Auswahl bestimmter Reiseziele und an den Reisezielen zu verschiedenen Arten der Betätigung und Erholung oder Verausgabung führen, sind schwer nachzuvollziehen; sie sind in vielfältiger Weise dem Zufall unterworfen. Was für Einzelentscheidungen schier unmöglich ist, läßt sich dennoch für Gesamtheiten mit vielen Menschen und vielen Verhaltensweisen systematisieren. Für die Aggregate gibt es Regelmäßigkeiten und ökonomische Gesetzmäßigkeiten, welche man, von Einzelbeobachtungen ausgehend, für ganz unvorstellbar halten könnte. Solchen Zusammenhängen nachzugeben, wurde in den bisherigen Kapiteln dieser Abhandlung versucht. In ähnlicher Weise soll im folgenden versucht werden, Entwicklungsrichtungen zukünftigen Geschehens im Fremdenverkehr aufzuzeigen. Dabei können Entwicklungen nicht im einzelnen vorhergesagt, sondern nur grobe Linien erfaßt werden, welche in den hier erörterten ökonomischen Funktionalzusammenhängen begründet sind.

Jegliche zukünftige Entwicklung des Fremdenverkehrs geschieht auf der Grundlage der historisch gewachsenen Raumstruktur – der Siedlungsstrukturen und Produktionsstrukturen im weitesten Sinne dieser Begriffe einschließlich der Fremdenverkehrseinrichtungen und ihrer räumlichen Verteilung. Diese Strukturen werden durch technologische und wirtschaftliche, institutionelle und politische, gesellschaftliche und psychologische Entwicklungsprozesse laufend verändert – in manchen Zeiten langsamer, zu anderen Zeiten schneller und mit unterschiedlichen Wirkungen auf den Fremdenverkehr. Auch bisher beobachtete Trends im Fremdenverkehr können nicht einfach in die Zukunft hinein extrapoliert werden. Dies gilt auch für stark aggregierte Größen.

Nach der Anlage dieser Abhandlung kann es ohnehin nicht Aufgabe dieses abschließenden Kapitels sein, eine notwendigerweise sehr zeitbedingte Prognose über den Fremdenverkehr im nächsten oder übernächsten Jahre oder auch »im Jahr 2000« zu liefern. Ebenso wenig soll versucht werden, ein System von Abhängigkeiten zu formulieren, welches den Leser dieses Buches in die Lage versetzt, unter Verwendung eigener Zahlen die zukünftige Entwicklung exakt zu prognostizieren.

Die folgende Analyse hat stattdessen zwei Ziele. Sie soll zum einen anhand von Erörterungen für die Zukunft noch einmal den allgemeinen Rahmen der bisher entwickelten Fremdenverkehrstheorie abstecken. Zum zweiten sollen die für zukünftige Entwicklungen wesentlichen Variablen herausgearbeitet werden. Für diese wenigen Variablen werden Annahmen bezüglich ihrer Veränderungen in der Zukunft gesetzt. Im wesentlichen geht es dabei um die Entwicklung der Einkommen und der Freizeit insbesondere in der Bundesrepublik Deutschland. Die eigentlich in den Bereich der Psychologie und Sozialpsychologie fallenden Einstellungen zum Reisen (vgl. hierzu Hartmann, 1979) werden behandelt, aber nicht auf der Grundlage von Ergebnissen der genannten Disziplinen, sondern im Rahmen des in Kapitel 9 abgeleiteten ökonomischen Modells. Diese *Einstellungen* sind insoweit ökonomisch abhängige Variablen, was aber nicht ausschließt, daß die Ergebnisse etwa denen der Verhaltensforschung entsprechen können.

Wesentliche Größen, nach deren Entwicklung zu fragen ist, sind Reise-Intensität und -Ausgaben, Reisedauer und Reiseentfernungen. Hinter den Bewegungen dieser Größen stehen Ferienort-Aufenthaltsentscheidungen und damit Entscheidungen über die Raumstruktur, insbesondere die Siedlungsstruktur und die Verteilung der Aktivitäten und der Einkommensströme im Raum. In dem Aufzeigen solcher Entwicklungen liegt das wesentliche Interesse der folgenden Überlegungen.

Als Ausgangspunkt für solche Überlegungen dient die am Ende des letzten Kapitels entwickelte Konzeption der Ableitung einer Raumstruktur im Fremdenverkehr. Dabei ging es um verschiedene Ebenen der Betrachtung und verschiedene Geschwindigkeiten der Anpassung. Die vergleichsweise langsamen Veränderungen auf der untersten Ebene, den naturräumlichen Gegebenheiten als der »Grundlage« für alle menschlichen Aktivitäten, können dabei außer acht gelassen werden: Große Katastrophen können nicht vorhergesagt werden, und vergleichsweise kleine Katastrophen, welche sich etwa aufgrund der Umweltbelastungen in bestimmten Feriengebieten langsam und teils vorhersehbar anbahnen, bleiben detaillierten inhaltlichen Analysen vorbehalten.

b) Relativ »sichere Variablen«: Fortsetzung bisheriger Trends

Es sollen im folgenden vor allem Entwicklungsrichtungen aufgezeigt werden: Für diese ist es nicht notwendig, bezüglich bestimmter Variablen quantitativ exakte Prognosen aufzustellen. Dies gilt insbesondere für die Bevölkerungsentwicklung und das Wachstum des Pro-Kopf-Einkommens. Die zu betrachtenden Tendenzen sind nicht davon abhängig, ob die Bevölkerung der Bundesrepublik weiter schrumpft (wie in den letzten Jahren allgemein angenommen wurde oder ob die Änderungsrate hiervon abweichen wird. Eine andere Frage ist die, inwieweit strukturelle Veränderungen der Bevölkerung und der Nachfrage in der Zukunft wirksam werden. Bereits jetzt absehbare strukturelle Veränderungen, welche für die Fremdenverkehrsnachfrage bedeutsam sind, sollten natürlich in die Analyse Eingang finden. Dies gilt besonders für die in Kapitel 2 beschriebenen Tendenzen.

Qualitative Veränderungen im Fremdenverkehr werden auch nicht davon abhängen, ob das wirtschaftliche Wachstum ein wenig größer oder ein wenig kleiner sein wird als in den letzten Jahren. In jedem Fall wird es weiter qualitative Veränderungen geben, und diese werden die bestehenden Trends verstärken. Die Kosten der Raumüberwindung werden weiter abnehmen und damit die Reisemöglichkeiten der Menschen weiter verbessern.

Zu den im großen sicher voraussagbaren Änderungen gehört der Verschleiß des Kapitalstocks im Fremdenverkehr durch Abnutzung und Veralterung. Mit der in den letzten Jahrzehnten beschleunigten Einführung technischer Veränderungen und dem schnelleren Auftreten von Modeeinflüssen wächst die Notwendigkeit schneller als bisher für die Anbieter von Fremdenverkehrsleistungen, Ersatz- und Verbesserungsinvestitionen vorzunehmen, wenn sie mit ihren Konkurrenten und den steigenden Ansprüchen der Urlauber Schritt halten wollen. Darüber hinaus gehende Verallgemeinerungen sind kaum möglich. Es ist jedoch wahrscheinlich, daß eine verstärkte Differenzierung sowohl bei der Nachfrage als auch beim Angebot zu beobachten sein wird. (Bei der Betrachtung der zukünftigen Raumstruktur ist hierauf zurückzukommen.) *Sicher* ist in diesem Zusammenhang lediglich eine vergrößerte Unsicherheit und damit ein größeres Risiko. Dies gibt einfallsreichen und risikofreudigen Unternehmern vergrößerte Chancen, erhöht aber das Risiko von Fehlinvestitionen.

Die Reiseausgaben in der Zukunft werden einerseits durch längerfristig wirkende Einflußfaktoren bestimmt, bezüglich der im wesentlichen eine Extrapolation bisheriger Entwicklungen möglich erscheint. Dazu kommen kurzfristig wirksame, konjunkturelle Einflüsse, deren Stärke sowohl von der Einkommensentwicklung als auch von schwer für die Zukunft vorhersehbaren kurzfristigen Stimmungen und Unsicherheitsfaktoren abhängig ist. Für die Bestimmung dieser Einflüsse benötigt man konkrete empirische Untersuchungen, und diese gehen über die vorliegende Studie hinaus. Informationen über solche Einflüsse, wie sie in der ersten Hälfte der achtziger Jahre beobachtet worden sind, werden bei der Untersuchung der gesamten Reiseausgaben verwendet, ihr Zustandekommen – etwa anhand detaillierter quantitativer Modelle – aber nicht weiter analysiert. Dies gehört zu dem Gebiet quantitativer Untersuchungen über den Fremdenverkehr, welche durch die vorliegende Studie angeregt werden sollen, aber hier nicht ausgeführt werden können. Hier geht es mehr um systematische Einflüsse, welche über längere Zeiträume wirken.

c) *Einstellungen und institutionelle Faktoren*

Die folgende Betrachtung ist vor allem zwei Einflüssen gewidmet: Erstens den *Einstellungen* der Menschen und zweitens den *institutionellen Faktoren* – also potentiellen Einflußfaktoren auf der dritten Ebene im Sinne der im letzten Kapitel erörterten Konzeption. Die im weiteren Sinne institutionellen Faktoren betreffen hier in erster Linie die Flexibilisierung und die Verkürzung der *Arbeitszeit*; bei den Einstellungen der Menschen geht es um eine Anwendung des Konzepts der Bestände an Urlaubserfahrungen und -erlebnissen.

Die *Werturteile* der Menschen über das Reisen lassen sich in den folgenden Aussagen zusammenfassen: Die Menschen – vor allem junge Menschen – wollen auch in der Zukunft Neues sehen und fremde Länder und deren Sehenswürdigkeiten und Leute kennenlernen. Auch wenn die Einkommen weniger schnell steigen als über lange Abschnitte in der Vergangenheit, werden aufgrund wachsender Verflechtungen in der Welt bei relativ sinkenden Transportkosten und damit immer günstigeren Reise- und Urlaubsangeboten für ferne Ziele – immer mehr Menschen immer mehr von der Welt sehen wollen (vgl. z.B. Opaschowski, 1987a).

Soziale Entwicklungen und sozialpsychologische Tendenzen werden verstärkt den Drang aus der Enge des Alltags heraus fördern. Die verbesserten kommunikationstechnischen und ökonomischen Möglichkeiten werden verstärkt genutzt werden. Es ist deshalb damit zu rechnen, daß aufgrund dieser Einstellungen wie auch der Möglichkeiten der Menschen weiter neue Fremdenverkehrsziele und Erholungsgebiete erschlossen werden.

Die bisherige Entwicklung kann indes nur abgeschwächt in die Zukunft extrapoliert werden. Für eine weniger schnelle Expansion des Tourismus in neue Länder spricht zunächst einmal, ganz einfach gesagt, die Begrenztheit unserer Welt. Bei der Entwicklung neuer Möglichkeiten der Entspannung, Erholung und Beschäftigung der Urlauber sind der Phantasie der Anbieter keine Grenzen gesetzt. Bei der Erschließung der Natur sind (vor allem in Mitteleuropa) aber mehr als in der Vergangenheit ökologische Folgewirkungen zu berücksichtigen. Dies fördert auf der einen Seite den »sanften« Tourismus[1] und mag auf der anderen Seite den Massentourismus verstärkt in Räume lenken, in denen die Anbieter noch weniger ökologie-bewußt sind, weil die Natur bisher insgesamt weniger gelitten hat.

Im Zusammenhang mit den hier bedeutsamen Werturteilen und Einstellungen der Menschen spricht für die Wahl fernerer Urlaubsziele noch ein zweites sozialpsychologisches Argument: Wenn Urlauber ein fernes Land besuchen und das Land anderen durch Berichte und Bilder bekannt gemacht haben, mag für viele andere zunächst – auch aus Motiven der Nachahmung und des Sozialprestiges – der Anreiz steigen, das Land auch selbst zu sehen: Dies ist einer der Beweggründe für den heutigen Massentourismus gewesen.

Das Streben der Urlauber ins Ausland ist zwar ungebrochen. Die eben erwähnte Phase des Massentourismus wird dennoch ihren Charakter ändern. Der Prestigewert einer Reise ins Ausland ist im Laufe der letzten Jahrzehnte geringer geworden. Besonders aufwendige Reisen zumal in besonders unzugängliche Länder mögen noch immer einen hohen Prestigewert besitzen, ihr Anteil ist aber relativ klein.

Die positive Einschätzung der »Entfernung an sich« einer Reise wird geringer, die Kosten der Entfernungsüberwindung gewinnen demgegenüber *relativ* an Gewicht, während gleichzeitig die Reisemöglichkeiten gemessen

---

[1] Dieser Begriff wurde von R. Jungk geprägt. Vgl. Jungk (1980) und Rochlitz (1986).

an den Reisebudgets weiter ansteigen. In dieser Situation wird die Qualität des Urlaubs eine zunehmend wichtigere Rolle spielen.

Hinsichtlich der Urlaubsreise lassen sich neben dem in Anspruch genommenen Aufwand die Kategorien *Komfort* und *Vergnügen* unterscheiden. Komfort ist dabei mit Begriffen wie Ruhe und Erholung, hohe Qualität der Unterkunft und der Verpflegung in Verbindung zu bringen, während Vergnügen mit Erlebnissen und möglicherweise Abenteuern, vor allem aber mit Abwechslung zu tun hat. Beide Begriffe sind unscharf und sollen hier nicht weiter präzisiert werden: Beide Aspekte gehören – wie in früheren Kapiteln erläutert – zum Urlaub, mit unterschiedlichen Gewichten für verschiedene Menschen.

Qualität bedeutet neben einem hohen Komfort, daß

- die Erholungsmöglichkeiten den Ankündigungen und Erwartungen entsprechen und/oder
- interessante Freizeitaktivitäten geboten werden und/oder
- Neues entdeckt beziehungsweise erlebt werden kann und/oder
- Natur- und Kunstschätze und historische Schätze wiederentdeckt oder erstmalig erlebt werden.

Mit dem Rückgang des Prestigewertes von Reisen in weit entfernte Länder und der höheren Bewertung damit verbundener Unsicherheits- und Risikofaktoren ist in der jüngeren Vergangenheit eine gewisse Heimat-Nostalgie einhergegangen, dies könnte auch die weitere Entwicklung des Reiseverhaltens beeinflussen. Diese Tendenzen stehen im Zusammenhang mit der früheren Analyse von vergangenen Reisen (vgl. Kapitel 7), welche in einen psychischen Bestand an Erinnerungen eingehen und das zukünftige Verhalten beeinflussen: Je mehr man von einer Urlaubsmöglichkeit in der Vergangenheit mitbekommen hat und je mehr andere diese wahrgenommen haben, desto mehr verliert sie an Reiz – nachdem, wie oben ausgeführt, die Phase der Neugier abgeklungen ist. Danach kommt es wesentlich darauf an, ob der einzelne mehr den Komfort des Gewohnten oder mehr der Reiz des Neuen schätzt.

Von großer Bedeutung für die Entwicklung des Fremdenverkehrs werden die zukünftigen Veränderungen in der Arbeitszeit sein. Es kann davon ausgegangen werden, daß die Arbeitszeit tendenziell weiter verkürzt wird – sowohl die Wochen- und Jahresarbeitszeit als auch – über sehr lange Zeiträume gesehen – die Lebensarbeitszeit (vgl. Opaschowski, 1987b, und Freyer, 1988: 31). Davon profitiert zunächst einmal der immer stärker ins Gewicht fallende »Rentnertourismus«. Wenn die Freizeit und damit die für Reisen zur Verfügung stehende Zeit anwächst, so bedeutet dies, daß Konsumausgaben zeitlich und räumlich verlagert werden: Aus der Arbeitswoche in die Ferienzeit und vom Wohnort in Ferienorte. Dies verstärkt oder stützt zumindest den Trend zur Erhöhung der Ausgaben für Reisen wie für die Freizeit allgemein und bringt von daher eine Vergrößerung sowohl der Urlaubsdauer als auch der Entfernung – jeweils im Durchschnitt. Daraus ergibt sich aber kein qualitativ neues Argument für die bisherigen Überlegungen über Ausgabentrends. Bedeutsamer sind die Wirkungen, welche diese Entwicklung für die Ausgabenstandorte und damit für die Raumstruktur hat. Dieser Aspekt wird deshalb im übernächsten Abschnitt III wieder aufgenommen.

II. Reiseausgaben in der Zukunft

a) Die Gesamtausgaben

Die Reiseausgaben werden in der nächsten Zukunft dem bisherigen Trend folgen: Sie werden weiter wachsen, aber vermutlich mit im Trend abnehmenden Wachstumsraten, insbesondere im Vergleich zu der Entwicklung in der Mitte der achtziger Jahre (vgl. Tietz, 1980: Kap. 5 und Wolf/Jurczek, 1986). Hinter diesem positiven Trend stehen zwei große Gruppen von Einflußfaktoren:

(1) Das Wirtschaftswachstum mit technologischen, für die Reisetätigkeit günstigen Veränderungen und langsam weiter ansteigenden Pro-Kopf-Einkommen und Reise-Angeboten,

(2) Veränderungen der Sozialstruktur, der Siedlungsstruktur und demographischer Faktoren.

Dazu kommen kurzfristige konjunkturelle Einflüsse, etwa Unsicherheiten über die Beschäftigungsmöglichkeiten.

Die Reiseintensität wird deshalb weiter zunehmen und sich einer Sättigungsgrenze nähern. Die Reiseausgaben sind immer das Resultat kombinierter Einflüsse. Die unter (2) erwähnten systematischen strukturellen Einflußfaktoren wirken unabhängig von den ökonomischen Faktoren auch zu Zeiten langsamen wirtschaftlichen Wachstums oder einer Rezession bzw. Stagnation und trotz aller daraus resultierenden Unsicherheiten weiter fort.

Während einer Phase wirtschaftlicher Unsicherheit, insbesondere bei Befürchtungen wegen hoher oder gar steigender Arbeitslosigkeit, sinken deshalb die Reiseausgaben weniger stark als es der verschlechterten Beurteilung der wirtschaftlichen Lage entspricht – vgl. hierzu Abbildung 10.1. Die gestrichelte Linie gibt die Entwicklung der Reiseausgaben wieder, während die durchgezogene Linie den allgemeinen Konjunktur- und Wachstumstrend widerspiegelt. Der Einbruch bei den Reiseausgaben fällt relativ geringer aus (Phase b).

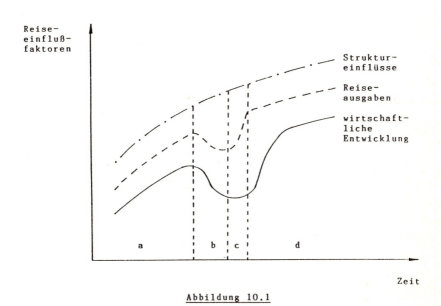

Abbildung 10.1

Dem entspricht, daß nach Überwindung einer rezessiven Phase und einer wieder positiveren Beurteilung der wirtschaftlichen Entwicklung die Reiseausgaben viel schneller ansteigen (vgl. die Phase c in der Abbildung 10.1) als die vielleicht nur relativ wenig verbesserten wirtschaftlichen Daten allein erwarten ließen. Die Beschleunigung der Ausgaben kann nicht einfach extrapoliert werden, denn mit dem Anschluß an den früheren Trend (Phase d) setzt sich die Entwicklung der Reiseausgaben wieder in den durch strukturelle Faktoren geprägten Bahnen fort.

b) Die Reiseentfernungen

Auch für die Entwicklung der Reiseentfernungen sollen hier einige qualitative Aussagen formuliert und durch ein einfaches Schaubild grob illustriert werden. In Abbildung 10.2 werden einige wenige Einflüsse für verschiedene Zeitperioden gegenübergestellt. Dabei kann auf die Überlegungen des Abschnittes I dieses Kapitels zurückgegriffen werden. Einerseits sind im Laufe der letzten Jahrzehnte die Reisekosten und -mühen, vor allem relativ zu den Einkommen, deutlich sichtbar zurückgegangen; im Schaubild wird diese Senkung der Reisekosten in Abhängigkeit von der Entfernung W durch die Bewegung der Linie K_o nach unten – Linie K_1 – wiedergegeben.

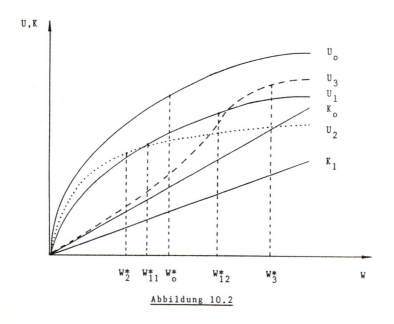

Abbildung 10.2

Diesen Kosten der Reisen ist die jeweilige Einschätzung des aus ihnen erwarteten »Gewinns« oder »Nutzens« gegenüberzustellen (Linie U_o). Für die folgenden Betrachtungen kann man davon ausgehen, daß ein weiter entferntes Ziel dann gewählt wird, wenn der zusätzliche Nutzen höher bewertet wird als die zusätzlich damit verbundenen Kosten. Bei entsprechender korrekter Wahl der Maßstäbe ist die optimale Entfernung dadurch charakterisiert, daß die erwarteten Vorteile einer Ausdehnung der Reiseentfernung nicht mehr schneller ansteigen als die Kosten und Mühen der Reise (beides subjektiv – in den Augen des betrachteten potentiellen Urlaubers.) Der erwähnte Rückgang des Prestigewertes weiter Reisen während der letzten Jahrzehnte ist durch die Verminderung der Bewertung von Linie U_0 nach Linie U_1 angedeutet worden. Anfangs – bei Gültigkeit der Linie U_0 und K_0 – ist die optimale Entfernung W^*_0. Eine isolierte Senkung des Nutzens führt zur Wahl einer geringeren Entfernung W^*_{11}. Diese Tendenz kann jedoch durch eine starke Senkung der Kosten überkompensiert werden, so daß W^*_{12} gewählt wird.

In diese Bewertungen spielen nun wieder die Überlegungen hinein, welche im Zusammenhang mit der Dauer der Reiseerlebnisse als Erfahrungsschatz oder Erlebnis-Kapital angestellt worden sind. Es werden nur in Ausnahmefällen immer gleiche Orte oder auch gleiche Typen von Erholungsgebieten aufgesucht. Das Streben nach Abwechslung läßt im *Zeitablauf verschiedene Typen* von Zielgebieten als besonders wünschenswert erscheinen. Dies beinhaltet im Sinne der Abbildung 10.2, daß nahe Orte relativ aufgewertet und weiter entfernte relativ abgewertet werden – entsprechend der punktierten Linie U_2 –, ein anderes Mal die näher gelegenen Orte abgewertet, weitere Ziele hingegen aufgewertet werden, wie es der gestrichelten Linie U_3 entspricht. Im ersten Fall ist die Entfernung W^*_2 die günstigste, im zweiten Fall wird die Entfernung W^*_3 vorgezogen. So kann es zu einer Abwechslung zwischen näheren und weiteren Ferienzielen kommen, wobei aber im Sinne einer längerfristigen Urlaubsplanung die entfernten Ziele (wie erwähnt) immer weiter entfernte Weltgegenden betreffen können und die nahen Ziele auch in verschiedenen Ländern und unterschiedlichen Himmelrichtungen liegen mögen. Die in Abbildung 10.2 beschriebene Situation trifft den Spezialfall, daß genau zwei optimale Entfernungen einander ablösen, in denen jeweils der Anstieg der Bewertungsfunktion (U_2 beziehungsweise U_3) gleich dem Anstieg der Kosten und Mühen ist (Linie K_1). Solche Abwechslungen gehen Hand in Hand mit Abwechslungen in der Qualität der Reisen, auf welche noch einzugehen ist.

Bei gegebenem Reisebudget sind Aufenthaltsdauer und Reiseentfernung miteinander negativ korreliert. Dies gilt für den gleichen Typ eines Erholungsaufenthalts, aber natürlich nicht nur für aufwendige Reisen in ferne Länder, bei denen die Erlebnisse eines jeden Tages entsprechend viel höher bewertet werden als ein normaler Urlaubstag in bekannten Gefilden.

In der Tendenz werden zunehmend weitere Entfernungen und längere Aufenthalte gewählt, wobei aber wie mehrfach betont Entfernungen an sich auch tendenziell weniger bedeutsam werden als Qualitätsunterschiede und die damit einhergehenden Kostenunterschiede. Damit gewinnen sowohl die natürlichen als auch die produzierten Qualitätsunterschiede verschiedener Zielgebiete an Bedeutung, einschließlich der erwarteten Unterschiede im Milieu der Orte.

c) *Qualitäten und Entfernungen*

Zur Qualität einer ins Auge gefaßten Reise gehören insbesondere die Stabilität und Vorhersehbarkeit des Wetters sowie die Anzahl der zu erwartenden Sonnentage. Daher bewerten deutsche Urlauber die Zielgebiete um das Mittelmeer herum und weiter südlich im Durchschnitt eindeutig positiver als nördlichere Ziele. Für nördlichere Ziele, insbesondere an der Nordsee, haben viele Urlauber spezielle Präferenzen, und für sie sprechen weiterhin die kurzen Reisezeiten und geringeren Fahrtkosten[2] im Vergleich zu Fahrten ans Mittelmeer, insbesondere bei einem zweiten (kürzeren) Jahresurlaub. Mit steigender Mobilität der Urlauber sind andererseits die Reisezeiten und -kosten bis zur Nordküste des Mittelmeers gegenüber den Alpen relativ geringer geworden.

Nimmt man Qualitätsvorzüge und Entfernungen und die Möglichkeiten verlängerter Urlaubszeiten zusammen, so sind folgende Phasen der Entwicklung der bundesdeutschen Touristenströme leicht ableitbar, welche sich auch aus den Statistiken ablesen lassen:

(1) Bei noch geringem Einkommen und geringer Mobilität fand eine hohe absolute Zunahme der Reisen im Inland statt – von der Nordsee bis hin zu den Alpen. Dabei waren – von niedrigerem Niveau aus – die *Wachstumsraten* der Übernachtungen in weiter entfernten Zielorten ständig höher als diejenigen für nahe Ziele.

(2) In Phasen schnell wachsender Mobilität hat sich die durchschnittliche Reichweite der Urlauber laufend weiter nach Süden verschoben. Davon profitieren die Alpengebiete sehr stark, noch mehr aber der Nordrand des Mittelmeers.

---

[2] Dies gilt zumindest für den größten Teil der deutschen Bevölkerung, der im westlichen und nördlichen Teil des Bundesgebietes lebt.

(3) Weitere Ausweitungen der Reisemöglichkeiten kommen einerseits wettersicheren Zielen im Ausland, besonders am Mittelmeer, andererseits aber auch näheren Zielen im Inland und an der Nordsee- und Ostseeküste zugute. Das Alpenland ist relativ saturiert und verzeichnet geringere Zuwachsraten.

Es folgen schließlich mit den höchsten Wachstumsraten immer aufwendigere Reisen in ferne Länder beziehungsweise exotische Gegenden, vor allem als aufwendige Erlebnisreisen, wobei deren Anteil gering bleiben wird.

Von besonderem Interesse bleibt die Frage, wie groß der Anteil der Reisenden ist, der im Inland verbleibt und wie die räumliche Struktur der Siedlungen in der Zukunft sich entwickeln wird. Diese Frage soll im letzten Abschnitt dieses Kapitels behandelt werden.

III. Die Entwicklung der Raumstruktur

a) Freizeit, Nachfrage und Agglomerationseffekte

Unter den Einflüssen, welche für die Zukunft im besonderen untersucht werden müssen, ist die Länge der Arbeitszeit und damit der Freizeit hervorzuheben. Die Frage ist, wie dadurch die bestehenden Siedlungsstrukturen verändert werden[3]. Hierfür sollen einige wichtige Tendenzen angegeben werden.

Eine Verkürzung der Arbeitszeit generell wie auch deren größere Flexibilität bedeutet, daß mehr Zeit für Freizeitaktivitäten am Wohnort selbst übrigbleibt. Ableitungen über die Beeinflussung der Siedlungsstruktur erfordern eine Differenzierung nach a) der Zahl der freien Tage pro Woche während der normalen Arbeitsmonate und b) der Länge der Ferien während verschiedener Jahreszeiten. Wesentliche Gesichtspunkte sind daher (a) die Zahl der Fahrten von der Wohnung zum Arbeitsplatz und (b) die Länge der Abwesenheit vom Wohnort während der gesamten Ferien. Dabei sind drei Aufenthaltsstätten zu unterscheiden: die Wohnstätte, die Arbeitsstätte und der Ferienort.

Eine geringere Zahl von Arbeitstagen beinhaltet eine Verringerung der gesamten Fahrtkosten (pro Jahr) zwischen Wohnung und Arbeitsplatz. Dies er-

---

3) Wandlungen des Freizeitverhaltens und ihre räumlichen Auswirkungen wurden vor allem von K. Ruppert untersucht. Vgl. Ruppert (1973, 1975, 1979, 1980) und Ruppert / Gräf / Lintner (1983).

möglicht eine Vergrößerung der Pendelentfernung und verstärkt die Tendenzen zur Suburbanisierung. Andererseits vermindert sich mit längeren Ferien – über das Jahr gerechnet – die Länge des Aufenthalts am Wohn- und Arbeitsort. Beim Übergang zu einer Vier-Tage-Arbeitswoche und wesentlich längerem Urlaub lohnt es sich eher als bisher, sich »festere« Feriensitze oder Urlaubswohnungen zu besorgen, vor allem, wenn dabei der Ausgabenanteil für die Erstwohnung vermindert wird. Dies würde zumindest eine teilweise Verlagerung des Lebensschwerpunktes vom Wohnort zum Urlaubsort beinhalten und gilt auch dann, wenn der Ferienort von Urlaub zu Urlaub wechselt.

Für die eigentlichen Wohnorte sind zwei gegenläufige Tendenzen zu beobachten, deren relative Stärke von vielen Faktoren abhängt, welche in empirischen Untersuchungen näher zu bestimmen wären. Neben der erwähnten Möglichkeit der Vergrößerung der Pendelentfernungen ist die Möglichkeit zu sehen, daß eine größere Nähe zu den hochwertigen spezialisierten Angeboten der alten Stadtzentren gesucht und auch an den Arbeitstagen abends wahrgenommen wird, während das »Leben im Grünen« stärker als bisher hauptsächlich an Wochenenden als Naherholung, vor allem aber während der langen Ferien gesucht wird.

Hieraus ergibt sich eine Tendenz zur Rekonzentration der Wohnsiedlungen, welche den Suburbanisierungstendenzen entgegenwirkt und die Revitalisierung der Stadtzentren fördert.

Die Zunahme der Ferienreisen im Inland verstärkt die Siedlungsdichte in den Feriengebieten und führt verstärkt zu einer Art von Urbanisierung in diesen Gebieten. Ein Teil dieser Entwicklung ist die Suburbanisierung in der Verdichtung der Feriengebiete. Damit geht ein vergrößertes Angebot an Gütern höherer Ordnung einher, und dies geht Hand in Hand mit einer verstärkten Nachfrage nach Gütern höherer Ordnung während der verlängerten Ferienaufenthalte. Somit wird insgesamt eine dichtere Hierarchie von Ferienorten geschaffen, in welcher ein stärker spezialisiertes Angebot an vielfältigen Waren und Dienstleistungen angeboten und nachgefragt wird.

b) Einflüsse auf die Gesamtstruktur

Die beschriebene Entwicklung beinhaltet im Durchschnitt eine Verstärkung der *Konzentration* sowohl der Wohnstätten in den Städten als auch der Ferienwohnungen in den Urlaubsgebieten. Wegen der Verschiebung der Gewichte – mit verringertem Anteil der Wohnorte und vergrößertem Anteil der Feriengebiete an der gesamten Zeit des Jahres – steht dies nicht im Widerspruch zu einer *allgemeinen* stärkeren *Dezentralisierung* der Aufenthaltsorte der Menschen.

Bei solchen Überlegungen spielen auch die Entwicklungen im Verkehrsbereich und die (relativen) Fahrtkosten eine wichtige Rolle. Je geringer das Niveau der Realeinkommen ist oder je weniger es wächst, in desto stärkerem Maße werden sich zusätzlich dichte Fremdenverkehrshierarchien in der Reichweite der großen Bevölkerungsballungen entwickeln – also eher im Inland als im fernen Ausland. Selbst wenn die bisherigen Tendenzen genau bekannt wären, würde eine Prognose über längere Zeiträume in der Zukunft sehr schwierig sein: Hier ist Raum für vielfältige empirische Untersuchungen unter Zusammenarbeit von Wissenschaftlern verschiedener Disziplinen.

Literaturverzeichnis

Akademie für Raumforschung und Landesplanung (Hrsg.): Empirische Untersuchungen zur äußeren Abgrenzung und inneren Strukturierung von Freizeiträumen, Forschungs- und Sitzungsberichte Bd. 132, Hannover 1980.
Alonso, W.: A Theory of Movements, in: Hansen, R.M. (Hrsg.): Human Settlement Systems, Cambridge/Mass. 1978, S. 197-211.
Assenmacher, W.: Lehrbuch der Konjunkturtheorie, 3. Auflage, München 1987.
Barff, R.; Mackay, D.; Olshavsky, R.U.: A Selective Review of Travel Mode Choice Models, in: Journal of Consumer Research 10 (1982), S. 370-380.
Bökemann, D.: Theorie der Raumplanung, München 1982.
Von Böventer, E.: Land Values and Spatial Structure: A Comparative Presentation of Agricultural, Urban and Tourist Location Theories, in: Regional Science Association, Papers Vol. XVIII (1967), S. 231-242.
Von Böventer, E.: Wirtschaftstheoretische Aspekte des Fremdenverkehrs, in: Wissenschaftliche Zeitschrift der Hochschule für Verkehrswesen »Friedrich List«, Dresden, 14 (1967), S. 519-27.
Von Böventer, E.: Regressionsanalyse, in: Methoden der empirischen Regionalforschung (1.Teil), Veröffentlichungen der Akademie für Raumforschung und Landesplanung, Hannover 1973, S. 53-83.
Von Böventer, E.: Standortentscheidung und Raumstruktur, Hannover 1979.
Von Böventer, E. u.a.: Einführung in die Mikroökonomie, 5. Auflage, München 1988.
Christaller, W.: Beiträge zu einer Geographie des Fremdenverkehrs, in: Erdkunde, H.1 (1955), S. 1-19.
Datzer, R.: Informationsverhalten von Urlaubsreisenden: Ein Ansatz des verhaltenswissenschaftlichen Marketing, Starnberg 1983.
Freyer, W.: Tourismus. Einführung in die Fremdenverkehrsökonomie, München 1988.
Friedman, J.: Game Theory with Applications to Economics, New York, Oxford 1986.
Hartmann, K.D.: Psychologie des Reisens, in: Hinske, N.; Müller, M.J. (Hrsg.): Reisen und Tourismus, Trier 1979.
Henderson, J.M.; Quandt, R.E.: Mikroökonomische Theorie, 5. Auflage, München 1983.
Hunziker, W.; Krapf, K.: Grundriß der Allgemeinen Fremdenverkehrslehre, Zürich 1942.
Jungk, R.: Wieviel Touristen pro Hektar Strand? in: Geo H.10 (1980), S. 154-156.
Kaspar, C.: Die Fremdenverkehrslehre im Grundriß, St. Galler Beiträge zum Fremdenverkehr und zur Verkehrswirtschaft, 3. Auflage, Bern 1986.
Kau, W.: Theorie und Anwendung raumwirtschaftlicher Potentialmodelle, Tübingen 1970.

Kersiens-Köberle, E.: Freizeitverhalten im Wohnumfeld, in: Münchner Studien zur Sozial- und Wirtschaftsgeographie, Bd. 19, München 1979.

Koch, A.: Die Ausgaben im Fremdenverkehr in der Bundesrepublik Deutschland, Schriftenreihe des DWIF, H.35, München 1980.

Krippendorf, J.: Die Landschaftsfresser, 3. Auflage, Bern, Stuttgart 1981.

Krippendorf, J.; Hänni, H.; Messerli, P. (Hrsg.): Tourismus und regionale Entwicklung, Diessenhofen 1982.

Leibenstein, H.: Bandwagon-, Snob- und Vebleneffekte in der Theorie der Konsumentennachfrage, in: Streißler, E.; Streißler, M. (Hrsg.): Konsum und Nachfrage, Köln 1966.

Lösch, A.: Die räumliche Ordnung der Wirtschaft, Jena 1940.

Mazanec, J.: The Tourism/Leisure Ratio – Anticipating the Limits of Growth, in: The Tourist Review 36 (1981), S. 2-12.

Mazanec, J.: Tourist Behaviour Model Building: A Causal Approach, in: The Tourist Review 38 (1983), S. 9-17.

Münnich, F.E.: Einführung in die empirische Makroökonomik, 3. Auflage, Berlin 1982.

Opaschowski, H.W.: Wertewandel und Tourismus, in: Stadtfeld, F. (Hrsg.): Wettbewerb und Innovation im Tourismus, Worms 1987(a).

Opaschowski, H.W.: Wie leben wir nach dem Jahr 2000? Hamburg 1987(b).

Rochlitz, K.H.: Sanfter Tourismus: Theorie und Praxis, in: Maier, J. (Hrsg.) Naturnaher Tourismus im Alpenraum – Möglichkeiten und Grenzen, Bayreuth 1986, S. 1 ff.

Ruppert, K.: Spezielle Formen freizeitorientierter Infrastruktur: Versuch einer Begriffsbestimmung, in: Information H. 6 (1973), S. 129-133.

Ruppert, K.: Zur Stellung und Gliederung einer allgemeinen Geographie des Freizeitverhaltens, in: Geographische Rundschau H. 1 (1975), S. 1-6.

Ruppert, K.: Freizeitverhalten und Umweltgestaltung, in: Augsburger Sozialgeographische Hefte Nr. 6 (1979), S. 90-100.

Ruppert, K.: Gedanken zur Gebietsabgrenzung im Freizeitraum, in: Forschungs- und Sitzungsberichte der Akademie für Raumforschung und Landesplanung Bd. 132, Hannover 1980, S. 45-49.

Ruppert, K.; Gräf, P.; Lintner, P.: Persistenz und Wandel im Naherholungsverhalten – aktuelle Entwicklungen im Raum München, in: Raumforschung und Raumordnung 41 (1983), S. 147-153.

Schätzl, L.: Wirtschaftsgeographie, Bd.1, 3. Auflage, Paderborn 1983, Bd. 2 1981, Bd. 3 1986.

Shafer, W.; Sonnenschein,H.: Market Demand and Market Excess Demand Functions, in: Arrow, K.; Intriligator;M.D. (Hrsg.): Handbook of Mathematical Economics, Vol.II, Amsterdam 1982, S. 671 ff.

Tietz, B.: Handbuch der Tourismuswirtschaft, München 1980.

Todt, H.: Über die räumliche Ordnung von Reisezielen, FrankfurtM. 1965.

Tschurtschenthaler; P.: Die Berücksichtigung externer Effekte in der Fremdenverkehrswirtschaft, in: Deutsches Wirtschaftliches Institut für Fremdenverkehr (Hrsg.): Jahrbuch für Fremdenverkehr 1980/81, München 1982.

Wolf, K.; Jurczek, P.: Geographie der Freizeit und des Tourismus, Stuttgart 1986.

Reihe »Wirtschaftswissenschaft« im Campus Verlag

Herausgegeben von den Professoren Niklaus Blattner, Dieter Bös, Edwin von Böventer, Bernhard Gahlen, Harald Gerfin, Gerd Hansen, Richard Hauser, Christof Helberger, Reinhart Hujer, Erhard Kantzenbach, Heinz König, Jürgen Kromphardt, Hans-Jürgen Krupp, Karin Peschel, Hajo Riese, Manfred Rose, Kurt W. Rothschild, Winfried Schmähl, Horst Siebert, Hans-Werner Sinn, P. Bernd Spahn, Hans-Jürgen Vosgerau.

Band 1:
Heinz König (Hg.)
Möglichkeiten und Probleme der Rezessionsbekämpfung
Ergebnisse eines makroökonometrischen Simulationsmodells
1988. 297 Seiten. ISBN 3-593-33876-9

Band 2:
Gabriele Rolf, P. Bernd Spahn und Gert Wagner (Hg.)
Sozialvertrag und Sicherung
Zur ökonomischen Theorie staatlicher Versicherungs- und Umverteilungssysteme
1987. 595 Seiten. ISBN 3-593-33844-0

Band 3:
Joachim Weimann
Normgesteuerte ökonomische Theorien
Ein Konzept nicht empirischer Forschungsstrategien und der Anwendungsfall der Umweltökonomie
1987. 360 Seiten. ISBN 3-593-33813-0

Band 4:
Gisela Färber
Probleme der Finanzpolitik bei schrumpfender Bevölkerung
1988. 264 Seiten. ISBN 3-593-33934-X

Band 5:
Edwin von Böventer
Ökonomische Theorie des Tourismus
1989. 229 Seiten. ISBN 3-593-34111-5

Band 6:
Jutta Räbiger
Zahnmedizinische Prävention
Vorschläge zur optimalen Organisation und Finanzierung in der Bundesrepublik
Vorwort von Christof Helberger
1989. Ca. 220 Seiten. ISBN 3-593-34088-7

Sonderband:
Martin L. Weitzman
Das Beteiligungsmodell (The Share Economy)
Vollbeschäftigung durch flexible Löhne
1987. 212 Seiten. ISBN 3-593-33847-5